U0124731

字
文
烛
照
未
来
TopBook

李开周——著

大宋朋友圈

陕西新华出版
陕西人民出版社

图书在版编目（CIP）数据

大宋朋友圈 / 李开周著 . -- 西安 : 陕西人民出版社 , 2024.3

ISBN 978-7-224-15155-8

Ⅰ . ①大… Ⅱ . ①李… Ⅲ . ①中国历史－宋代－通俗读物 Ⅳ . ① K244.09

中国国家版本馆 CIP 数据核字（2023）第 210971 号

出 品 人：赵小峰

总 策 划：关　宁

出版统筹：韩　琳

策划编辑：王　倩

责任编辑：武晓雨　凌伊君

装帧设计：杨亚强

大宋朋友圈

DASONG PENGYOU QUAN

作　　者　李开周

出版发行　陕西人民出版社

（西安市北大街 147 号　邮编：710003）

印　　刷　陕西金和印务有限公司

开　　本　787 毫米 ×1092 毫米　1/16

印　　张　21.5

字　　数　265 千字

版　　次　2024 年 3 月第 1 版

印　　次　2024 年 3 月第 1 次印刷

书　　号　ISBN 978-7-224-15155-8

定　　价　69.80 元

如有印装质量问题，请与本社联系调换。电话：029-87205094

序言
Preface

要么做精英，要么做英雄

写完这本书时，2023年高考刚结束，全国超过一千万考生在考场上拼杀了两天，然后再等半个月左右，他们就能在线上查分，获悉自己的拼杀战果。

那么在距今千年左右的宋朝，参加科举考试的考生要考几天？从考完到放榜间隔的时长又是几天呢？

宋朝科举考试分为三级：解试、省试、殿试。解试是各个州府组织的地方考试，考中就是举人，相当于明清时期的乡试；省试是由中书省或礼部组织的中央考试，考中就是准进士，相当于明清时期的会试；殿试由皇帝亲自主持，主要是给通过省试的准进士们排名次，只要不出意外，差不多所有参加殿试的考生都能成为进士。

从宋朝第三任皇帝宋真宗开始，宋朝科举制度就基本成熟，考试时间也基本确定：解试一般考三天，省试也是考三天，而殿试通常考一天，最多两天——加上一次补考的时间。

考完试以后，什么时候才能看到考试结果呢？宋仁宗在位时，大臣富弼上了一道关于省试和殿试的奏章："贡院凡两月余，日研究差次，必俟穷功悉力……（殿试）考校不过十日，不暇研究差次。"全国举人赶到京城参加省试，要过两个多月才会放榜公布名次；参加完省试再参加殿试，只需十天左右就会放榜。顺便说一下，这位名叫富弼的大臣很了不起，本书当中会多次提到他，他是著名词人兼神童宰相晏殊的女婿，也是王安石升官期间的担保人，还是苏东坡的爱徒黄庭坚的老上司。

省试结束，要等两个多月才公布结果，比现在高考出分慢得多，为什么？因为宋朝没有答题卡，没有机器阅卷，所以效率低，时间长。殿试结束，只等十天左右就出结果，这又是为什么呢？因为参加殿试的考生人数相对较少，考题数量也少，所以改起卷来就快一些。

在宋朝三级科举考试当中，殿试是出题数量最少的考试。以宋仁宗嘉祐六年（1061年）殿试为例，考生只需答三道题，即一首诗、一篇赋、一段策论，其中诗题为"天德清明诗"，赋题为"王者通天地赋"，策论为"水几于道论"。

虽说考题数量少，但是殿试时防止作弊的制度设计仍然很严密。宋朝发明了"糊名"和"誊录"的制度：考生交上答卷，名字和籍贯那一栏会被立刻密封起来，这叫"糊名"；然后又会有专人来誊抄这些答卷，免得被考官认出某个考生的笔迹，这叫"誊录"。既要糊名，又要誊录，怎样才能避免这些答卷被搞混呢？方法就是"编排"，即给原始答卷和誊录后的答卷编上完全相同的编号，最后凭编号来比对。在宋朝省试当中，糊名、誊录、编排，缺一不可，殿试也同样如此。

《宋史·选举志》总结宋朝殿试的改卷流程："试卷，内臣收之，付编排官，去其卷首乡贯状，别以字号第之；付封弥官，誊写校勘，用御书院印；付考官，定等毕，复封弥，送覆考官，再定等。编排官阅其同异，未同者再考之。"考生交卷，由宦官收上来，交给"编排官"糊名和编号；编排官糊完名、编完号，交给"封弥官"誊录，每一份誊录过的答卷都要再交由宦官审查，盖上"御书院”（实则是御药院，下面会说到）的大印；宦官盖完印，再交给“考官”批改答卷和拟定名次；考官拟完名次，再交给“覆考官”重新批改和拟定名次；考官和覆考官拟定的名次肯定会有差异，再由编排官审查一遍，看看差异有多大；假如差异太大，那就让考生们补考，补考完了再糊名、誊录、审查、盖章、批改、定名……

《宋史·选举志》给出的总结对吗？大体上没错，细节上有误。其实宋朝并没有“御书院”这种机构，只有相当于明清太医院的“御药院”。御药院本是皇家医疗机构，凭什么能在科举考试里插一杠子呢？因为宋朝皇帝跟其他历朝历代的皇帝一样，对大臣比较防范，对宦官比较信任，让掌管御药院的宦官审查官员誊录后的卷子，实际上就是让宦官监督官员，可以减少官员徇私的空间。

宋朝科举制度设计得如此严密，录取结果是不是也非常公平呢？恐怕不能这样说。公元1064年，司马光统计了1059年、1061年和1063年三届省试的录取结果，发现开封籍贯的考生竟然占到全部取中名额的三分之一！因为开封是当时的首都，而朝廷留给首都的录取指标最多，远远超过其他州府。

宋朝人管录取指标叫“解额”，与司马光同时代的另一位官员苏颂总结道：“天下州郡举子，既以本处人多解额少，往往竞赴京师，旋求户贯。乡举之弊，无甚于此。虽朝廷加以禁文而终不能禁止者，盖以开封府举人不多，解额动以数百人，适所以招徕之而使其冒法。”意思是说开封府考生不多，却拥有几百个录取指标，所以全国各地有条件的考生都争着“高考移民”，想方设法冒充开封府的户籍。

宋朝最典型的“高考移民”案例，应该是苏东坡和他的弟弟苏辙。公元1056年，苏东坡和苏辙花了将近半年，从四川老家赶到开封，在一座寺庙开办的浴池里租住两个多月，得以参加那年八月份举行的开封府解试，进而顺利考中举人。苏东坡是眉山人，归成都府路管辖，他应该去成都府参加解试，为什么千里迢迢跑到开封府呢？没别的原因，就是因为开封府的指标多，容易被录取。

宋朝人管高考移民叫“冒籍”，朝廷一直在打击冒籍。怎么打击呢？按《宋会要辑稿》记载，主要有两种方法：一是让考生互相担保，结成小组，一人冒籍，全组担责；二是让官员考察籍贯，开封籍考生要么拥有开封户口，要么拥有开封房产，假如既没有户口也没有房产，那就查家谱、查祖坟。家谱上没这位考生的名字，祖坟墓碑上的姓名也跟报考档案上填写的祖上三代姓名对不上，即被认为属于冒籍。

乍一听，上述政策既合理又全面，似乎能堵住考生冒籍的可能。然而您知道，“聪明”的考生和考生家长总是能从政策里找出漏洞。小明没有开封户口，那么小明的家长就赶紧在开封买一套房；小强家里穷，买不起房，那么就找开封城郊的农民洽谈，给他们一笔小钱，抄下他们祖坟墓碑上的名字，冒充成自己的祖宗。至于考生之间互相担保，更不必担心，因为又不是一个人冒籍，冒籍的人多了，谁还不清楚谁怎么回事！冒籍考生与冒籍考生互相担保，同风险，共进退。

如此一来，北宋开封不仅搞出了学区房，甚至还搞出了“学区坟”。《宋会要辑稿》记载如下：“或买同姓为宗族，或指丘垄为坟墓，百计营求，以觊一试，于是妄冒诞谩之风成矣！”明明是别人的家谱，塞点儿钱过去，就成了自己的家谱；明明是别人的祖坟，塞点儿钱过去，就成了自家的祖坟。

宋朝考生冒籍，不仅需要花钱，而且需要人脉。南宋短篇小说集《夷坚志》里写了一个真名实姓的故事：南宋临时首都临安（即杭州）拥有的录取指标很多，于是有湖州考生沈枢去临安府冒籍参加解试，他担心被其他考生举报，所以找了两位官员做担保，一位官员是他的大舅哥范彦辉，另一位官员是他大舅哥范彦辉的同僚。为了让大舅哥的同僚签字担保，沈枢送给对方两万五千文铜钱。

咱们来思考一下：假如考生沈枢没有一个当官的大舅哥，他能让官员替他担保吗？就算他送钱过去，人家敢收吗？过去中国有句俗语："没有小鬼引见，你抬着供品都找不到神仙。"说的就是这个意思。

冒籍考试是违法行为，只能偷偷摸摸地使用人脉。然而，即使在正大光明的科举考试资格审查当中，来自官场的人脉也不可或缺。南宋初年，朝廷在临安举办"流寓试"，只许衣冠南渡的北方考生参加。怎样才能确保进场考生是来自北方的呢？方法就是让官员做担保——每个报名参加"流寓试"的考生，都必须有两名以上在职官员签字担保，否则禁止入场。这样一来，那些没有官场人脉的北方考生就无法参加，而一些拥有官场人脉的南方考生却有了机会。

宋朝的科举考试只是学位考试，并非选官考试，考生中了进士，未必一定能做官，还要参加类似于今天公务员选拔考试的"铨试"。等进入官场以后，从低级官员"选人"升为中级官员"京官"，或者从中级官员"京官"升为高级官员"朝官"，都需要考试。以上这些考试统称为"选官"考试，全都需要更高级别的在职官员提供"举状"，即举荐某人参加选官考试的推荐书。比如说，公元1010年，选人参加京官的选官考试，必须有两名以上京官或朝官写举状；到了公元1019年，对举状的数量要求更高，参加京官考试的选人必须有五名以上京官或朝官写举状。

宋朝是这颗星球上第一个全面推行文官制度和选官考试制度的政权，想做官就得考试，想升官还得考试，这些都容易理解。问题是，为什么非要让考生拿到在职官员的推荐书，然后才能参加考试呢？为的是通过"连坐"制度，选拔出真正有才能和有品德的官员。根据宋朝皇帝的制度设计，凡是为其他官员提供举状的官员，都负有长期的连带责任。假如被举荐者政绩突出，则举荐人受赏；假如被举荐者无才无德，甚或锒铛入狱，则举荐人将一起受罚。

这种制度设计的负面影响显而易见：它会阻断寒门子弟的上升渠道，因为寒门子弟往往缺乏官场人脉，不太可能拿到足够数量的举状；同时也会让整个社会迅速走向阶层固化，一代高官，则世代高官，就像如今美国的“一代藤校、代代藤校”一样。

宋朝皇帝难道不知道举荐制度的负面影响吗？肯定知道。可是如果将举荐制度彻底废除，那么朝廷就只能通过纸面上的考试来选拔官员，而纸面上的考试往往只能选拔出擅长考试的人。所以，两害相权取其轻，宋朝皇帝宁可让阶层固化，也要保留举荐制度。

事实上，宋朝皇帝经常出手打击阶层固化。例如宋哲宗在位时，要求高官子弟在连续通过三次选官考试以后才能升官，而平民家庭出身的官员只要通过一次选官考试就能被提拔。再比如宋神宗在位时，某高官子弟从选人升京官，竟然有十三个京官为其写举状，把神宗惹恼了：“有举状一十三纸者是甚人？特与改次等官！”（《清波杂志》卷1《改秩》）拿到十三份举状的是什么人？背景肯定不简单，背后肯定有猫腻，给他个次等官职！

即使皇帝在打击阶层固化，宋朝社会仍然不可避免地走向了阶层固化。本书正文中有大量案例和数据，将宋朝考场、官场、婚配、师生甚至宫廷内部的各种复杂关系网络一一呈现给您，将范仲淹、欧阳修、司马光、王安石、苏东坡、李清照、辛弃疾、文天祥等宋朝名人的亲朋关系和社会交际呈现给您，假如您有兴趣和耐心读一读，肯定会为两宋三百余年连绵不断的阶层固化而感到震惊。

不过，阶层固化并非宋朝独有，在任何一个时代，在任何一个国家，在古今中外的任何政体当中，只要社会发展，只要长期和平，那么阶层固化就不可避免，这种社会演化简直就像是自然界的生物演化一样，无人可以阻挡，也没有必要阻挡。一个社会能在看似固化的阶层里，为一部分愿意努力的人保留一些上升空间，那么这个社会就算得上是生机勃勃的健康社会。

现代社会有“精英”和“英雄”两个概念：出身不凡的孩子如果能靠努

力奋斗来保住自己的阶层，那就属于精英；寒门出身的孩子如果能靠努力奋斗来打破上升的天花板，那就属于英雄。

按照以上定义，在本书中浓墨重彩讲述的苏东坡就是英雄，因为他以平民子弟的身份进入考场和官场，还在政治、文化和艺术领域都留下了光彩夺目的遗产；而本书写到的另一位大腕李清照就是精英，因为她出身豪门，并能在战乱之际通过自己的艺术才华和苦心经营的官场人脉，成功保护了自己和藏品。

所以，如果您出身寒门，那么请做苏东坡那样的英雄；如果您的父辈为您留下大笔财富，那么也不妨去做李清照那样的精英。

这本小书并非励志书，更非鸡汤书，它只是一个尝试，一个从社会关系网络角度重新审视历史名人的尝试。鉴于我们每个人都活在社会关系网络之中，所以本书并非解构，而是重建；并非戏说，而是还原。希望您能通过此书，对那些大名鼎鼎的宋朝人物再多一层更为深刻的理解，并且能有信心往前猛跨一步，接近他们，或者成为他们。

本书总共五章，分为四十八个小节，每节都有一张人物关系网络作为插图，这是为了在文字叙述之外，帮您用更直观的方式观察古人。

这些关系网络原本是用我写的一个Python脚本程序自动生成的，由于样式不够美观，又请专业插画师做了加工处理。感谢插画师的工作，感谢责编晓雨对此书的全程把关，最后祝您阅读开心。

目录
Contents

第五章 婚嫁之网

第三章 科举之网

第四章 师友之网

第一章 宫廷之网

宋朝皇帝真的不杀士大夫吗？

皇后斗得过宰相吗？

被追击的太后

太监的武功

太后的外甥赶走了太后的侄子

贵妃抢房

从芈月到刘娥

公主相亲

当诗人遇到皇亲

宋朝皇帝真的不杀士大夫吗？

公元 1075 年 5 月，农历闰四月二十一，北宋京城开封，宋神宗亲自下令，处死了两个人。

这两个人的名字分别是李逢、赵世居。

对于这两个名字，绝大多数朋友都会感到陌生，但是提到他们的祖上或亲戚，您一定非常熟悉。

先说李逢，他是官三代，祖父当过副宰相（参知政事），父亲当过公安厅厅长（提刑），姑姑嫁给了《岳阳楼记》的作者范仲淹。也就是说，李逢是范仲淹的内侄。

再说赵世居。此人来头更大，竟是宋太祖赵匡胤的直系后代。赵匡胤生下赵德芳，赵德芳生下赵惟能，赵惟能生下赵从赞，赵从赞生下赵世居。所以说，赵世居是宋太祖的玄孙。

即使不看出身，李逢和赵世居也各有不凡之处：李逢年纪轻轻就中了进士，被派到浙江余姚当主簿，相当于县政府办公室主任；赵世居则被史

本节人物关系网

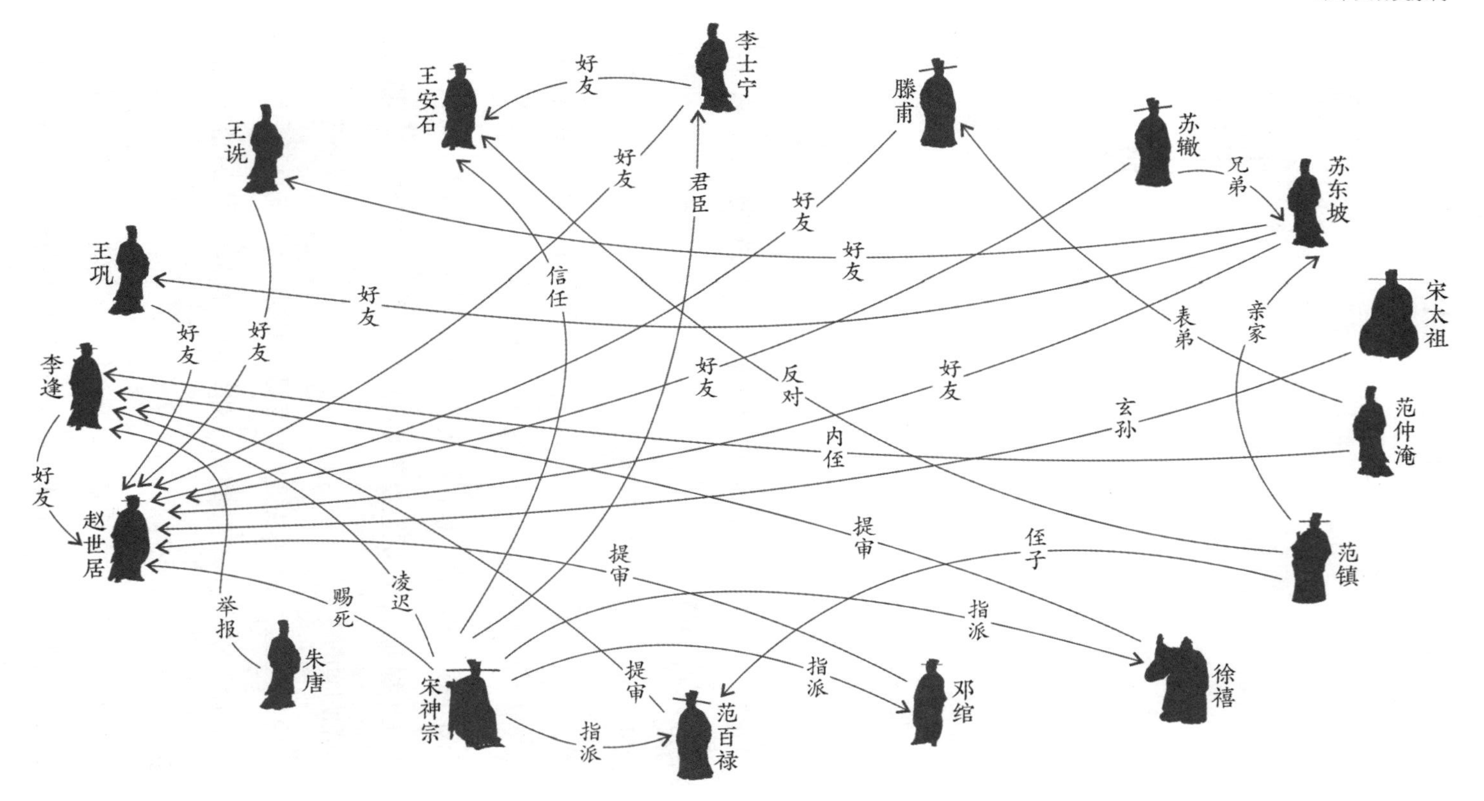

李士宁
王安石
好友
王诜
滕甫
苏辙
兄弟
苏东坡
王巩
好友
好友
好友
信任
君臣
好友
好友
宋太祖
李逢
好友
好友
好友
反对
表弟
亲家
玄孙
范仲淹
内任
好友
赵世居
提审
提审
任子
范镇
凌迟
赐死
举报
指派
指派
朱唐
宋神宗
提审
邓绾
徐禧
指派
范百禄

学家司马光写进专著《涑水记闻》。司马光说，赵世居“颇好文学，结交士大夫，有名称”[1]，意思是赵世居爱好文学，结交雅士，文坛有名声，往来无白丁。

可惜的是，如此风雅的宗室子弟，却被宋神宗杀害了——1075年闰四月二十一日那天，宋神宗将赵世居捆送家庙，让几个太监活活勒死了他。至于李逢，死得更惨，竟被处以凌迟之刑！

赵世居和李逢死于同一天，他们也是同一个案子的判决对象，下面我们从头说说这个案子。

这话要从李逢说起。身为官三代，同时又是青年进士，李逢的官运却很差。他的第一顶乌纱帽是余姚主簿，最后一顶乌纱帽也是余姚主簿，他自从当了主簿以后，就再也没有升过官。他不满，他愤懑，他发牢骚，他把对工作的热情转移到星象学和占卜术上面，经常与江湖术士鬼混。中年以后，他把官混没了，在徐州府彭城县（今江苏徐州市区）定居，每天跟算命先生谈论命理，还跟街坊邻居批评时政，一喝醉酒，就骂官场，从京中大佬到府县官员都得被他臭骂一遍。

李逢有一个朋友，名叫朱唐，是徐州当地的老百姓。也不知道是李逢得罪了朱唐，还是朱唐想从衙门那里得一份赏钱，有一天，朱唐竟去彭城县衙告发李逢，说李逢怎样怎样结交匪人、怎样怎样辱骂朝廷。彭城县官并没有当回事儿，朱唐又去徐州衙门告状，徐州知州也没有受理。朱唐锲而不舍，一直告到京东提刑司（相当于省公安厅），终于被京东提刑王庭筠接了案子。王庭筠提审李逢，发现并无大罪，于是将审理结果和判决建议上奏皇帝，说李逢辱骂朝政、妄谈命理，但并没有图谋不轨的迹象，建议将其发配。

[1]《涑水记闻》卷16。

哪知道，宋神宗从王庭筠上交的审判记录里发现了一个漏洞：李逢与宗室子弟赵世居关系密切，书信频繁，书信里还常常出现预测国运的字句。宋神宗勃然大怒，认为王庭筠太糊涂，差点儿放过一个谋反大案，于是立即派钦差去徐州重审。

被派去的钦差名叫蹇周辅，最擅长鸡蛋里面挑骨头。经过一番摸底排查，蹇周辅果真找出了李逢与赵世居“密谋造反”的“证据”。宋神宗接到蹇周辅的回奏，先将王庭筠罢官，又将李逢和赵世居押往京城，指派三位大臣仔细审理。

宋神宗指派的三位大臣分别是御史中丞（相当于监察院院长）邓绾、同知谏院（相当于监察院副院长）范百禄，以及《梦溪笔谈》的作者沈括。当时沈括官居知制诰，属于皇帝智囊团重要成员。不过，沈括很快出使辽国，审案官空缺由监察御史徐禧替补。

三位大臣接手此案，将李逢骂朝廷的事情放在一边，主要审理赵世居谋反一事。他们搜了赵世居的家，检查了赵世居的通信，调阅了可能与此案有关的物证，还提审了与赵世居交往密切的许多人。最后审出几条结果：第一，赵世居与苏东坡、苏辙、王巩、驸马王诜、范仲淹的表弟滕甫均有来往，但都没有涉及“谋反”；第二，在赵世居的朋友圈里，有一个名叫李士宁的算命先生，曾经送给赵世居一把雕刻着龙纹的宝刀，还暗示赵世居会以太祖子孙的身份承继大统；第三，算命先生李士宁是王安石的好友，王安石当宰相时，李士宁是相府常客。

三位大臣都认可这几条结果，然而他们的判决意见却大不相同。御史中丞邓绾建议将涉案之人全部逮捕，同知谏院范百禄只建议逮捕王安石，监察御史徐禧则主张严惩赵世居、李士宁和李逢，不要牵连王安石、苏东坡、王巩、滕甫等人。徐禧甚至还跟范百禄大吵一架，并且上奏宋神宗：“百禄之意，以为士宁尝在王安石门下，擅增损案牍，必欲锻炼附致妖言死罪。……夫挟大臣故旧，以枉陛下之法，与借人死命以赠己相疑者，相去几何？”[1]范百禄仅仅因为李士宁是王安石的门客，就要借此打击王安石，擅自涂改案卷，大肆严刑诱供，试图置王安石于死地，这是典型的徇私枉法，与借刀杀人有什么区别呢？

平心而论，在邓绾、徐禧、范百禄这三个问案官当中，徐禧是最公平的，而邓绾和范百禄都有借刀杀人的意图。

范百禄是三朝元老范镇的侄子，因为范镇非常激烈地反对变法，受到王安石的冷遇，所以范百禄要替叔父范镇报复王安石。与此同时，范镇的孙女嫁给了苏东坡的儿子，所以范百禄跟苏东坡有亲戚关系，他是苏东坡的亲家。所以范百禄只想打击王安石，不想让苏东坡受到牵连。

邓绾跟范百禄不同，他是宰相吕惠卿的亲信，而吕惠卿是王安石的接班人。吕惠卿推行变法，打击保守派，但又不想让已经罢相的王安石东山再起。所以，邓绾要将变法派的王安石和保守派的苏东坡等人一网打尽。

问案大臣立场不同，意见各异，只能请宋神宗来裁决。宋神宗是什么立场呢？首先，他信任王安石，绝对不相信王安石会谋反；其次，他还想重新起用王安石，代替吕惠卿，因为吕惠卿的威望和人品都差王安石太远，难以完成变法大业；最后，宋神宗虽然对赵世居、李士宁、李逢等人“结党谋反”的“罪行”半信半疑，但他绝对不能容忍宗室子弟觊觎皇位，哪怕是有一点点嫌疑都不行，所以他一定要杀鸡儆猴，一定要通过见血的判决来震慑所有宗室，以此稳固自己的皇帝宝座。

经过一番深思熟虑之后，宋神宗下旨宣判：赵世居赐死，李逢凌迟，李士宁从宽处以杖刑。另外，赵世居的子孙都被贬为庶民，交给开封府长期看管，赵世居的妻子、女儿、儿媳、孙女被押往皇家寺庙出家为尼。李

---

[1]《续资治通鉴长编》卷264。

逢的妻子已经与李逢离异，出家为尼，儿女成为官家奴婢。掌管宗室子弟事务的两个长官也受到处罚：大宗正丞降级留用，前任大宗正丞罚铜十斤。另外还有宋太祖的孙子赵从贲，因为是宋太祖那一支的族长，平日对赵世居看管不严，所以其官位和爵位各降一级。

前面说过，苏东坡、苏辙、王巩、滕甫、驸马王诜等人与赵世居都有交往，因为没有参与赵世居的“谋反”，所以从轻处罚。其中王巩降两级留用，滕甫暂时停职，王诜罚铜三十斤。苏东坡兄弟在外地做官，与赵世居来往较少，免予处罚。

这绝对是宋神宗考虑再三做出的最“合理”的判决结果。李士宁身为江湖术士，赠送宗室雕龙宝刀，还暗示赵世居会当皇帝，为何却被轻判？因为李士宁是王安石的故交，如果判李士宁死刑，那些反对变法的保守派就有可能一哄而起，借机弹劾王安石，那可是宋神宗最不想看到的结局。王巩、滕甫、王诜等人并未参与“谋反”，为何受到惩处呢？因为他们是保守派，一贯反对变法，而宋神宗要借机打击保守派。

从大臣的审理，到宋神宗的判决，我们可以清晰地看出古代中国的判案特征：法律并不重要，事实也不重要，重要的是立场和目的。所以，宋朝像其他任何朝代一样，都是典型的人治社会，与法治无关。

这场案子还告诉我们一条事实：宋朝皇帝并非不杀士大夫，只要某个士大夫危及皇权，或者被认为危及皇权，就一定会被杀掉。宋神宗一朝被凌迟的李逢，宋高宗一朝被赐死的张邦昌（张邦昌曾经在金兵威逼下暂时登上皇位），都是这样被杀掉的士大夫。

最后补充一点：赵世居被赐死以后，大宋宗室噤若寒蝉，不但不敢再觊觎皇位，也不敢再反对变法。包括宋神宗一奶同胞的亲弟弟赵颢，原先一直站在保守派一面，经过赵世居一案，“尔后惟求医书，与其僚讲汤液方论而已”[1]，彻底远离政治，一心只谈医学。从这个例子就能看出，宋神宗的判决达到了预期目标。

此后几年，宋神宗亲自上阵，继续变法，各项政策都雷厉风行地颁布下去，再也没有遇到太大阻力。但讽刺的是，正是因为反对的声音小了，无论是可行还是不可行的政策，都被强力推行，宋朝百姓从此受到更加严酷的盘剥，国富民强的理想在现实面前被撞得粉碎，由宋神宗亲自推行的这场变法最后仍然以失败而告终。

[1]《萍洲可谈》卷 1。

皇后斗得过宰相吗？

公元997年，农历三月二十九，宋太宗驾崩。

国不可一日无君，老皇帝一死，马上就得有新皇帝登基。按照宋太宗的遗命，应该让第三个儿子赵元侃继承大统。但是，宋太宗的皇后李氏不这样想，她坚持“立储必立长”的原则，希望大儿子赵元佐能当皇帝。

实际上，赵元侃也好，赵元佐也罢，都不是李皇后的儿子，而是由宋太宗另一个嫔妃李贤妃所生的。不过，李贤妃死得早，34岁[1]病逝，死后第二年，李皇后才入宫为妃，成了宋太宗一群儿子的后妈。李皇后也生过一个儿子，但不幸夭折，直到宋太宗驾崩，她都没能再生养皇子。

李皇后很年轻，她19岁嫁给宋太宗，当时宋太宗的大儿子赵元佐已经14岁，二儿子赵元僖已经13岁，三儿子赵元侃已经11岁。仨儿子当中，她最喜欢元佐，因为元佐性情宽厚，人品正直，会替别人着想。遗憾的是，

[1] 遵照宋朝人计算年龄的惯例，本书中所有年龄均为虚岁，即在周岁基础上再加一岁。

元佐太过宽厚正直了，辜负了她的期望，也辜负了宋太宗的期望。

我们知道，宋朝前两个皇帝走的是“兄终弟及”的路子，宋太祖不明不白暴毙，弟弟宋太宗接了班。按照这个路子，太宗百年以后，得让更小的弟弟赵廷美接班，等赵廷美驾崩，再让太祖的儿子接班。宋太宗想把皇位传给自己的儿子，不想传给弟弟，更不想传给侄子。可若是不传给弟弟或侄子，就违背了他亲手奠定的“兄终弟及”传统。所以，他干脆来一个釜底抽薪，在自己活着的时候，把弟弟搞死，把侄子们也搞死。

宋太祖的四个儿子，老大和老三死得早，老二赵德昭和老四赵德芳长大成人，赵德昭被宋太宗逼得拔剑自刎，赵德芳在 23 岁暴卒，极可能是被宋太宗下毒害死的。而赵廷美呢？被宋太宗安上“骄横跋扈”“图谋不轨”“结交奸党”“篡夺皇位”等罪名，先剥夺王爵，再削夺官职，最后流放到湖北。在流放途中，赵廷美突然吐血而亡，年仅 38 岁。

弟弟死了，侄子死了，宋太宗安心了，以为将来可以把皇位传给儿子，儿子再传给孙子，子孙相续，万世一系。但他没有料到的是，他内定的皇位继承人，也就是他的大儿子元佐，竟然疯了。

在堂兄德昭被逼得自杀时，元佐替堂兄鸣不平。在叔父廷美被流放湖北时，元佐也替叔父鸣不平。他请求父亲高抬贵手，遭到拒绝。他眼见伯父、堂兄、叔父一个接一个死去，杀人凶手却是他的亲生父亲，他备受煎熬，精神逐渐分裂。有时候，他会因为一点点小事，拔刀劈砍手下人。有时候，他把自己锁在内室，不吃不喝，不跟任何人交谈。还有一回，他喝到烂醉，纵火焚烧宫殿，似乎想把皇宫深处隐藏的血腥和罪恶烧成灰烬。宋太宗大怒，将他贬为庶人，剥夺了他继承大统的资格。

宋太宗本想立长子为太子，现在长子疯了，只能立次子或者三子。次子名叫元僖，在元佐发疯的那一年，晋封王爵，加官中书令，出任开封府尹，成为实际上的皇位继承人。可是元僖体弱多病，27 岁病逝，宋太宗

本节人物关系网

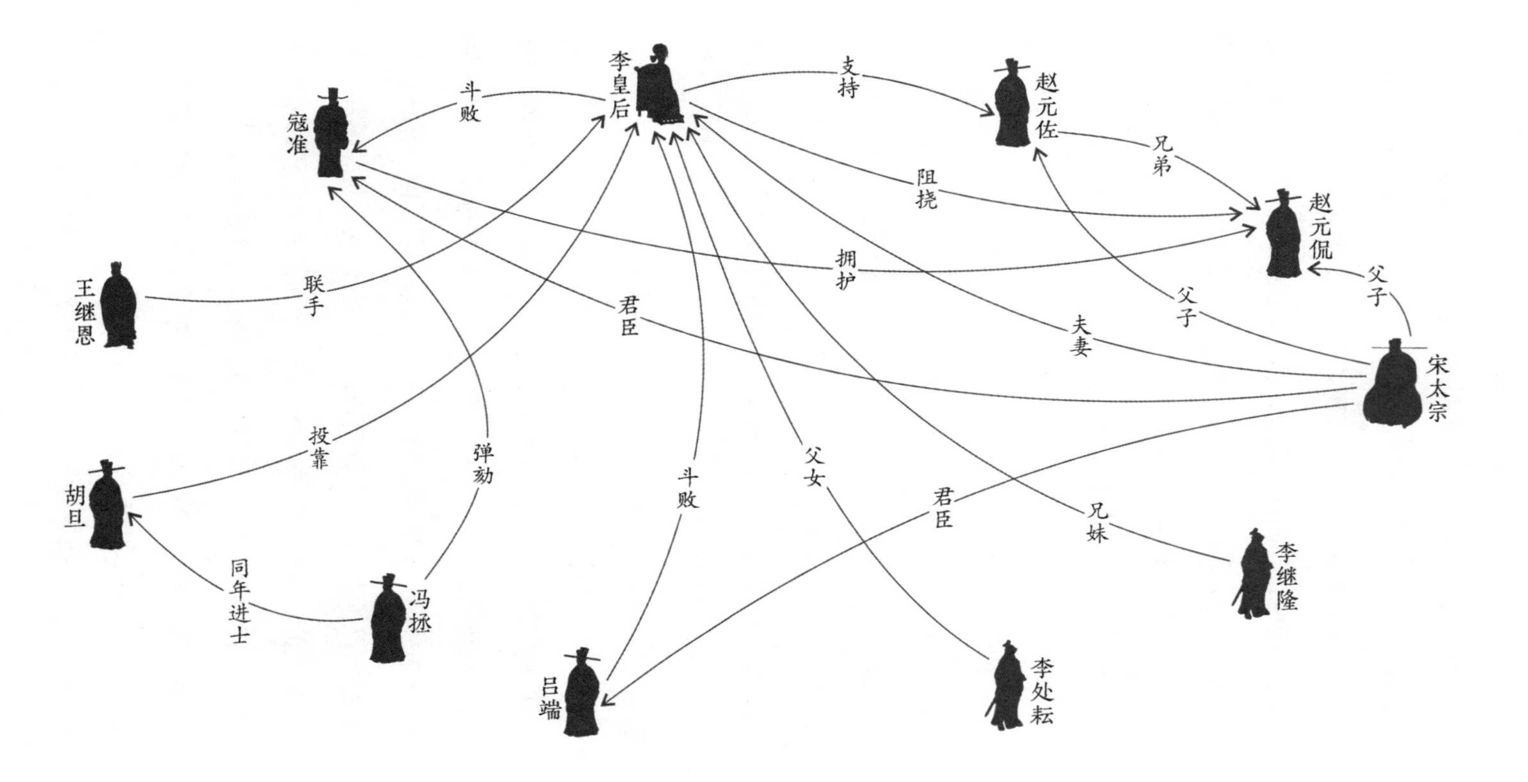

李皇后
寇准
赵元佐
赵元侃
王继恩
宋太宗
胡旦
冯拯
吕端
李处耘
李继隆
斗败
支持
兄弟
阻挠
拥护
父子
父子
联手
君臣
夫妻
投靠
弹劾
斗败
父女
君臣
兄妹
同年进士

只能把三儿子定为继承人。三儿子本名赵德昌，后来改名赵元侃，再后来又改名叫赵恒，成为宋朝第三任皇帝宋真宗。

前面说过，李皇后是元佐、元僖、元侃等人的后妈，她跟太宗意见不一，太宗让元侃当皇储，她却偏向于让元佐当皇储。宋太宗在世时，她扭不过太宗这条大腿，只能暗着来，让亲信太监联络朝中拥护元佐的大臣，偷偷给元侃使绊子，使元侃失去太宗的欢心，这样元佐就有可能重新夺得皇储的位置。

朝中大臣分为两派，一派以相臣寇准为首，拥护元侃；另一派以状元胡旦为首，拥护元佐。寇准实际上是第一个建议元侃当皇储的大臣，太宗曾经问他："朕这几个儿子，老大疯，老二病，老三、老四年龄小，将来传位给谁呢？"寇准答道："陛下为天下择君，谋及妇人、中官，不可也；谋及近臣，不可也。唯陛下择所以副天下望者。"[1] 这段话听起来滑头，实际上大有玄机："妇人"指的是后宫首领李皇后，"中官"指的是大内总管王继恩，"近臣"指的是中书舍人胡旦。胡旦是状元出身，嫌升官太慢，投靠了李皇后。晚上李皇后在宋太宗身边吹枕头风，说元佐疯病已好，堪当大任；白天胡旦在宋太宗身边敲边鼓，说元侃收买人心，不够忠心。胡旦的同年进士冯拯、赵昌言、李昌龄也大力帮忙，通过太监王继恩向李皇后输诚，愿意赔上身家性命，共保皇长子赵元佐荣登大宝。宋太宗知晓这些，寇准也知道宋太宗知晓这些，所以他虽然没有明讲，意思却很清楚：陛下，您千万别听李皇后、王继恩和胡旦他们的，您千万别让元佐接班啊！

不让元佐接班，那就得让元侃接班。寇准跟元侃有亲戚关系吗？没有。有师门之谊吗？也没有。寇准拥护元侃，完全是出于公心，他认为宋太宗的儿子当中，只有元侃能力出众，并且胸有城府，喜怒不形于色，符合当

[1]《宋史・寇准传》。

皇帝的标准。比较起来，元佐太差劲了，才受一点点刺激，就发了疯，偌大的江山社稷怎么能交到这样的软蛋皇储手上呢？

寇准正大光明地拥护元侃，帮助元侃开展工作，又是赈灾，又是治河，又是调兵防御边患，搞得有声有色。但寇准性子过激，秉性刚烈，对上对下都缺乏心机，批评下属不留情面，跟宋太宗争辩起来也是慷慨激昂。有些大臣本来拥护元侃，因为被寇准骂得狗血淋头，一怒之下投向李皇后的阵营，改成拥护元佐了，胡旦的同年冯拯就是这样的例证。

冯拯文采了得，人品低下，被寇准斥责之后，一直在罗织证据，准备对付寇准。此人联络了许多反对寇准的官员，集体向宋太宗上表，说寇准专权跋扈，结党营私，百官只知有寇准，不知有陛下。宋太宗阴险好猜忌，岂能容得下专权跋扈的相臣？于是立即将寇准赶出朝廷。

寇准一去，元侃没了靠山，李皇后一派都很开心，以为元佐复位有望。但是元佐丝毫没有跟元侃竞争的欲望，宁可当平头百姓，也不愿意再经历血淋淋的宫斗。与此同时，另一位宰相吕端接替了寇准的任务，成为拥护元侃一派的首脑人物。

明代思想家李贽有一自题联语："诸葛一生唯谨慎，吕端大事不糊涂。"这个吕端确实是每逢大事不糊涂，比寇准厉害得多，为人处世也好，处理政务也罢，都不给政敌留下把柄。吕端知道宋太宗的身体越来越差，知道李皇后的势力越来越大，知道大太监王继恩战功赫赫，在军中极有威望，一旦太宗晏驾，李皇后和王继恩联手发难，谁接班当皇帝都会被李皇后废掉。所以吕端步步为营，不显山不露水地撤换掉王继恩当年指挥过的战将，以及李皇后经常联络的文臣，还在宫里安插了许多跟王继恩有私仇的太监和宫女。

宋太宗驾崩那天，李皇后紧急召见元佐和亲信大臣入宫，王继恩则试图出宫调动禁军。结果呢？早有准备的吕端将王继恩诱骗到一个小房间里软禁起来，自己则陪同钦定皇储元侃入宫。李皇后见胡旦等人不到场，王继恩也没有率领禁军精锐赶到，知道大势已去，只能乖乖地和吕端一起宣布遗诏，让她一直不喜欢的元侃当了皇帝。

李皇后和吕端的较量，是皇后与宰相之间的较量，最终皇后败了，宰相赢了。李皇后和寇准的较量，也是皇后与宰相之间的较量，最终皇后赢了，宰相败了。在宋朝历史上，像这样的较量发生过很多次，有时候是皇后占据上风，有时候是宰相占据上风。一般规律是，如果皇帝体弱多病，任凭皇后执掌军政大权（例如北宋第三位皇帝宋真宗晚年和南宋第三位皇帝宋光宗在位时），则宰相很难斗得过皇后；如果皇帝英明神武，宰相又执政多年，则君权第一，相权第二，皇后加上外戚都斗不过宰相（宋朝大多数时候都是如此）。不过，不管怎样争斗，宋朝的皇后和宰相都不至于斗到血流成河的地步。宰相失败，轻则罢相，重则罢官；皇后失败，遭殃的只是皇后的亲戚和亲信。

李皇后是北宋开国大将李处耘的女儿，她的哥哥叫李继隆，也是一员猛将，既能打硬仗，又很得民心，是外戚当中不可多得的人才。可惜的是，李皇后斗败之后，吕端和新即位的宋真宗都怕外戚捣蛋，收回了李继隆的兵权，任其闲散多年。后来辽军大举入侵，宋军抵挡不住，宋真宗不得不让李继隆出山。李继隆作为前线总指挥，跟辽军打了一个平手，然后宋辽订立澶渊之盟，换来两国百余年和平。所以说，外戚也不全是坏蛋和笨蛋。

太监的武功

宋太祖“杯酒释兵权”那段历史，尽人皆知，但大家想过没有，开国大将的兵权都被收回来了，那以后再有外敌入侵，由谁来指挥军队呢？总不能让皇帝老子亲自带兵冲锋吧？就算这皇帝比较神勇，每次都御驾亲征，他也不能身外化身，同时在多个地方指挥多场战役啊！要知道，宋朝运气可不太好，碰巧在强敌环伺的恶劣环境下建国，北边是疆域辽阔的契丹，西边是骁勇善战的西夏，万一契丹和西夏同时入侵，宋太祖又当如何是好呢？

其实宋太祖早就考虑到了这个问题，他杯酒释兵权，释的只是一小部分老同事的兵权，例如韩令坤、石守信、王审琦、高怀德、李汉超这些人。这些老同事当年都是周世宗麾下的大将，是宋太祖的同袍，曾经与宋太祖平起平坐，军功和威望都不低。所以，宋太祖特别害怕这些老同事造反，必须解除他们的兵权才能安心。还有一些人，虽然也是武将，但级别较低，资历较浅，可能还是宋太祖一手带出来的，例如李处耘、楚昭辅、王仁赡、潘美等人。后面这些人不但没有被解除兵权，实际权力还扩大了，因为宋太祖对这些人比较放心，不怕他们造反，想反也反不起来。

不过，宋太祖对于亲手提拔的武将仅仅是比较放心，并非完全放心。为了牵制这些武将，他又迅速往军队里安插了两批亲信。这两批亲信都是什么人呢？一批是他的妹夫、女婿、外甥、小舅子，简称“外戚”；一批是宫里的中高级宦官，俗称“太监”[1]。我们暂且不谈外戚，重点说说太监，即在北宋前期带兵打仗的那些太监。

您可能还记得，上一节提到一个带兵打仗的大内总管：王继恩。这个人是宋太宗朝李皇后的亲信，曾经统领大军平定四川叛乱，功劳超过绝大多数武将。可惜王继恩骄傲自满，不守本分，平定四川后，纵容部下抢掠百姓，被宋太宗召回问罪；等到宋太宗驾崩，他又跟李皇后联起手来，试图废掉太子，另立新君。当然，他被宰相吕端给软禁了，在皇储争夺战中一败涂地，最后被流放。

王继恩担任的最高官职是“入内内侍省都知”，简称“入内都知”，属于宋朝版的大内总管。他死后，继任者名叫秦翰，也是一个能带兵打仗的太监，立下的战功几乎不亚于王继恩。

秦翰是河北真定人，跟《三国演义》里的常山赵子龙是老乡，小时候因为家里穷，13 岁阉割入宫。跟我们印象中那些娘娘腔太监不一样的是，秦翰“倜傥有武力，……以善战闻”[2]，长得高大帅气，武功高强，擅长打仗。

宋太宗即位后，跟北汉和契丹开战，秦翰被派到大将崔彦进部下当监军。本来他只需要负责监督崔部作战是否卖力就行了，但他主动请缨，亲临前线，先后参加了攻打太原、攻打幽州、阻击辽军三场战役。由于作战勇猛，他受到宋太宗嘉奖。宋太宗第二次伐辽，大内总管王继恩被任命为

[1] 严格讲，直到明清两朝，“太监”才成为人们对宦官的俗称。而在宋朝，“太监”与宦官无关，只有司天监、将作监、军器监、都水监、少府监等中央机构的长官才有此尊称。

[2]《宋史・宦者传一・秦翰传》。

“排阵钤辖”，秦翰被任命为“排阵都监”，成了王继恩的副手。

伐辽失败后，宋太宗把注意力放在西边的党项人首领李继捧和李继迁那里，派秦翰为钦差，去党项部落打探虚实。秦翰不辱使命，不但探明了敌情，还得到了李继迁的信任。他回京复命，对太宗说：“李继迁表面归顺，实则野心勃勃，奴才愿意豁出命去暗杀此贼。”宋太宗认为李继迁不会反叛，否决了秦翰的提议。后来李继迁果真起兵作乱，宋太宗将秦翰任命为灵州、环州、庆州、清远四个战区（今宁夏、甘肃一带）的总监军，该任命直到太宗驾崩才结束。

公元 999 年，即位不久的宋真宗御驾亲征，抵挡入寇的辽军，秦翰久经战阵并且忠心耿耿，被任命为前路、中路、后路总监军。前军统帅名叫傅潜，临阵怯敌，不管沿边城堡怎样飞书告急，就是不发一兵一卒出战。辽军如入无人之境，占领河北保定、石家庄、邢台、邯郸等地。秦翰赶到傅潜军中，催促傅潜赶紧出兵，傅潜这才分兵迎敌，终于取得大捷。

公元 1000 年，四川再次叛乱，泸州观察使雷有终苦战半年，平息未果，宋真宗任命秦翰为“两路捉贼招安使”，去四川协助雷有终。一个月后，成都从叛军手中光复；两个月后，四川叛乱平定。在光复成都的战役中，秦翰击鼓督战，身中两支冷箭，依然屹立不退。宋真宗收到捷报和战报节略，亲自写信慰劳秦翰。

公元 1001 年，辽军再次入侵，宋真宗派已故老将杨继业的儿子杨延朗（后来改名“杨延昭”，即《杨家将传奇》里杨六郎的历史原型）和另外两名武将当前锋，秦翰和另外五名太监也被派到杨延朗军中督战。这些太监与武将共同努力，成功击退了辽军。

同年初冬，辽军又一次入侵。仍在前线镇守的秦翰听探子回报，得知一股辽军在附近山上驻扎，他立即带兵从后山偷袭，成功歼灭了这股辽军。

同年岁末，党项入侵，秦翰领兵六万到边境驰援。次年春天，党项人

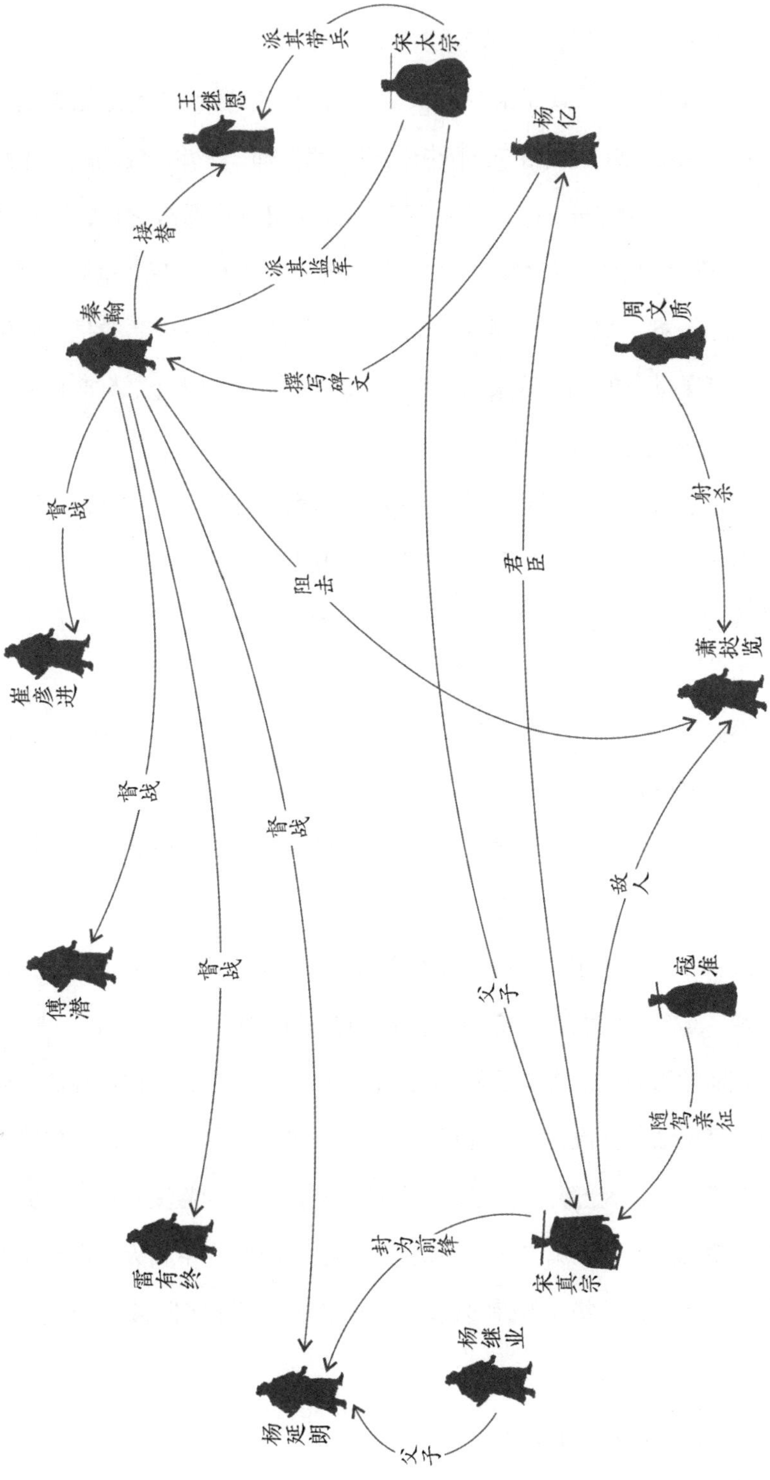

秦翰
崔彦进
傅潜
雷有终
杨延朗
王继恩
宋太宗
杨亿
宋真宗
杨继业
寇准
萧挞览
周文质
督战
督战
督战
督战
接替
派其带兵
派其监军
撰写碑文
阻击
父子
君臣
封为前锋
父子
敌人
随驾亲征
射杀

本节人物关系网

退出，秦翰奉命驻守，在边境修筑了很多城堡。

公元1004年，辽军最后一次大举入侵，宋真宗在大臣寇准建议之下又一次亲征，外戚武将李继隆担任东路军主帅，秦翰担任西路军副帅。这年农历十一月二十四，在秦翰所部与辽军又一次激战之后，澶州城上的一小部宋军悄悄合力将床子弩拉满，一箭把辽军统帅萧挞览钉在地上，辽军锐气大挫，然后宋辽议和，订立澶渊之盟。需要说明的是，使用床子弩射杀萧挞览的那一队宋军，领队人竟然也是一个太监，名叫周文质。

宋辽和议达成后，秦翰率领大军回京，他交回兵权，回宫担任“入内都知”，也就是大内总管。但在1005年以后的几年里，他又被宋真宗派往陕西和甘肃，巡查沿边各地防御工事，凡是不牢固的城堡都要重新修筑，凡是兵力薄弱的地方都要加强战备。他在北宋西部边境驻防了五年半，勤于王事，不辞辛劳，累得头发都白了。

公元1010年，秦翰受命还朝，继续担任大内总管，直到1015年中风去世，享年64岁。

秦翰去世，宋真宗非常惋惜，为其追赠官职，还让翰林学士杨亿撰写了碑文。宋真宗在宰相王旦面前夸奖秦翰：“翰尽忠国家，不害人，亦不妄誉人。”[1] 如果宋真宗没有过誉的话，那么秦翰的人品应该属于正直善良那种，与影视剧里阴险狡诈残忍变态的太监形象完全不同。

太监的历史在古代中国源远流长，皇帝派太监督战、传送军情、巡查地方，甚至派太监代替自己批阅奏章、草拟圣旨，这样的事例同样史不绝书。对于太监，大部分皇帝是比较放心的：第一，太监没有后代，篡权夺位的欲望相对不强；第二，很多皇帝从小在太监陪伴下长大，自然对太监有感情；第三，一些太监确实表现优异，跟文官武将相比毫不逊色，可以

[1]《续资治通鉴·宋纪三十二》。

圆满完成皇帝指派的任务。咱们姑且不说改进造纸术的蔡伦，姑且不说下西洋的郑和，就连本文主角，这位不为大众所熟知的宋朝太监秦翰，在军事上的功劳不也是在那儿明摆着的吗？

太监立军功，北宋前期屡见不鲜，除了秦翰、王继恩以外，还有阎承翰、张崇贵、石知颙、窦神宝、李神福、李神祐、周绍忠、卫绍钦、韩守英、蔡守恩、蓝继宗……这些太监对外征伐，对内平叛，战功赫赫，他们的事迹在《宋史·宦者传》中都有记载。

北宋前期为何能出这么多能打仗的太监呢？因为北宋前期的皇帝喜欢派太监督战，给太监提供了打仗的机会。皇帝为何派太监督战呢？因为怕武将造反。太监督战，往往会打击士气，武将指挥起来也备受牵制，但宋太祖、宋太宗乃至宋真宗等人的高明之处在于知人善任，选派的监军太监大多是德才兼备、能顾大局的人才。秦翰去世二十多年后，大臣孙沔总结道："先朝秦翰等数人，履行端谨，节义深厚，心皆好善，意不害人，出则总边方之寄，归则守内庭之职，俾之兼领，亦不侵官。"[1] 即先帝重用的武职太监，例如秦翰等人，工作严谨，待人宽厚，能胜任各种职位，去边疆能统率军队，回京城能侍候皇上，让他们镇守地方，他们也不专横跋扈、欺负地方官。

另外，从宋真宗起，朝廷对太监的任用政策也比较理性，所有带兵太监都是临时差遣，打完仗立即回京，不许他们长期担任军中要职。太监如有军功，封赏不能超过武将；太监如有过错，惩罚则比武将还要严厉。

非常可惜的是，这样的政策并没有变成宋朝皇帝的祖宗家法。等到宋徽宗即位，他既不能知人善任，又不懂恩威并施，让一个不懂军事且人品低劣的太监童贯总领天下兵马，一败于辽，再败于金，北宋很快就完蛋了。

---

[1]《续资治通鉴长编》卷 132。

从芈月到刘娥

热播电视剧《芈月传》第68集，芈月戴上纯金的发冠，披上织金的翟衣，与儿子嬴稷一起登上大殿，并排坐上王座，接受秦国群臣的跪拜和朝贺。那一刻，是这部历史剧的高光时刻，可能也是追剧观众最开心的时刻。因为在此之前，我们的女主角芈月整整受了67集的委屈，她被歧视，被嘲笑，被虐待，被毒打，被囚禁，被追杀，在后宫争斗中屡次陷入死局。到第68集，她总算熬出头了——儿子当上了秦王，自己当上了太后，并且还代替年少的儿子发号施令，统治大秦，不仅成了后宫争斗的赢家，也成了政治斗争的赢家。

历史上有没有芈月这个人呢？确实有。但她的名字未必叫芈月，我们只知道她姓芈，来自楚国，嫁到秦国，给秦惠文王生了三个儿子，被封为“八子”。我们还知道，秦国后宫嫔妃的等级是这样的：王后最大，其次是夫人，其次是美人，其次是良人，其次是八子，其次是七子，其次是太使，最低等级是少使。在儿子当上秦王之前，这个来自楚国的芈八子只是后宫里的中等嫔妃。而在儿子当上秦王之后，她一步登天，被儿子和群臣奉为“太后”。她是中国历史上第一个被称为太后的女人，也是中国历史上第一个以太后身份执掌朝政的女人。她执掌秦国大权将近半个世纪，直到儿子嬴稷——也就是秦昭襄王——60岁时，才恋恋不舍地交出权柄。又过了几十年，秦昭襄王的曾孙嬴政灭掉六国，自称“始皇帝”。

芈八子开创了太后听政之先河，在她之后的两千多年里，每逢幼君登基或者朝局不稳的时候，都有可能跳出来一位听政的太后。比如，战国时期赵孝成王的母亲孝威太后、西汉时期汉惠帝的母亲吕太后、东汉时期汉安帝的嫡母邓太后、北魏时期献文帝的嫡母冯太后、盛唐时期唐中宗和唐睿宗的母亲武则天、辽国中叶第六位皇帝耶律隆绪的母亲萧太后、北宋时期宋仁宗的嫡母刘太后、南宋初年宋高宗的伯母孟太后、南宋中叶宋理宗的嫡母杨太后、南宋末年宋恭帝的祖母谢太后、元朝时期第三位大汗贵由的母亲乃马真后、明朝万历年间明神宗的母亲李太后、清朝前期康熙的祖母孝庄、清朝后期同治的母亲慈禧，都曾经以太后或者太皇太后的身份临朝听政。其中武则天最狠，当太后当得不过瘾，干脆把儿子一脚踢开，自己做了皇帝。

古代中国是男权社会，几乎所有的士大夫都反对女性掌权。武则天当皇帝的时候，即使她治国有方，诗人骆宾王仍然以“秽乱春宫”的罪名骂得她狗血淋头。某处发生地震，某处暴雨成灾，本来是自然灾害，儒生们仍将天灾归罪于武则天，纷纷上书劝她退位，因为“女主居阳位”导致“天降灾祸”。帝制时代长达两千余年，为什么只出现武则天这一位被官修史书认可的女皇帝呢？肯定不是因为女性没能力治理国家，而是因为男权居上的传统太坚实，女性治国的阻力太强大。

古代中国以儒家文化为正统，而儒家倡导孝道，即使贵为君王，也要听从母亲或者祖母的教导。照理说，太后治国是名正言顺的，但这又跟男权至上的思想相矛盾。所以在绝大多数朝代，太后都只能在皇帝年幼之时暂时听政。而在极个别朝代，某些君主唯恐太后把持朝政而架空君权，干脆将皇位继承人的母亲杀掉。等到老皇帝驾崩，新皇帝即位，就只有新君，没有太后，理论上就不会再有太后听政的可能了。

杀掉皇位继承人的母亲，如此残忍野蛮的方式是由汉武帝开创的。汉武帝 70 岁那年才生下汉昭帝，在他决定把皇位传给汉昭帝之前，第一件事就是杀掉汉昭帝的亲生母亲钩弋夫人，理由是“主少母壮”“女主独居骄蹇，淫乱自恣，莫能禁也”[1]。皇帝年纪还小，太后正当壮年，保不齐会出现骄横跋扈和淫乱后宫的局面。

到了南北朝时期的北魏，一个名叫拓跋珪的皇帝完全继承了汉武帝的变态做法：“后宫产子，将为储贰，其母皆赐死。”[2]后宫嫔妃所生的儿子，凡是要被立为太子的，其母亲都要被杀。

讽刺的是，这种极端方式并没能挡住太后专权。皇帝杀了太子的亲妈，太子却还有一个奶妈。亲妈没机会临朝听政，奶妈的机会就来了。比如东汉后期，汉顺帝的亲妈被杀，奶妈宋娥开始专权；汉安帝的亲妈死于宫斗，奶妈王圣把持朝政。再如北魏时期，拓跋嗣、拓跋焘、拓跋濬，连续三代皇帝的亲妈都被赐死，而他们的奶妈慕容氏、窦氏、常氏，先后都被封为“保太后”，意思就是“保姆太后”。这三位保姆太后拥有极高的威望，都曾经垂帘听政，堪称历史上权力最大的保姆。

宋朝皇帝不像汉武帝和北魏皇帝那样残忍，太子的亲妈不会被杀，保姆太后不会登场，垂帘听政者要么是皇帝的生母，要么是皇帝的嫡母，要么是皇帝的祖母。特别幸运的是，宋朝这些垂帘听政的太后都表现得相对克制，相对理性，没有一个人被私欲冲昏头脑，把国家搞得一团糟。

---

[1]《史记·外戚世家》。

[2]《北史》。

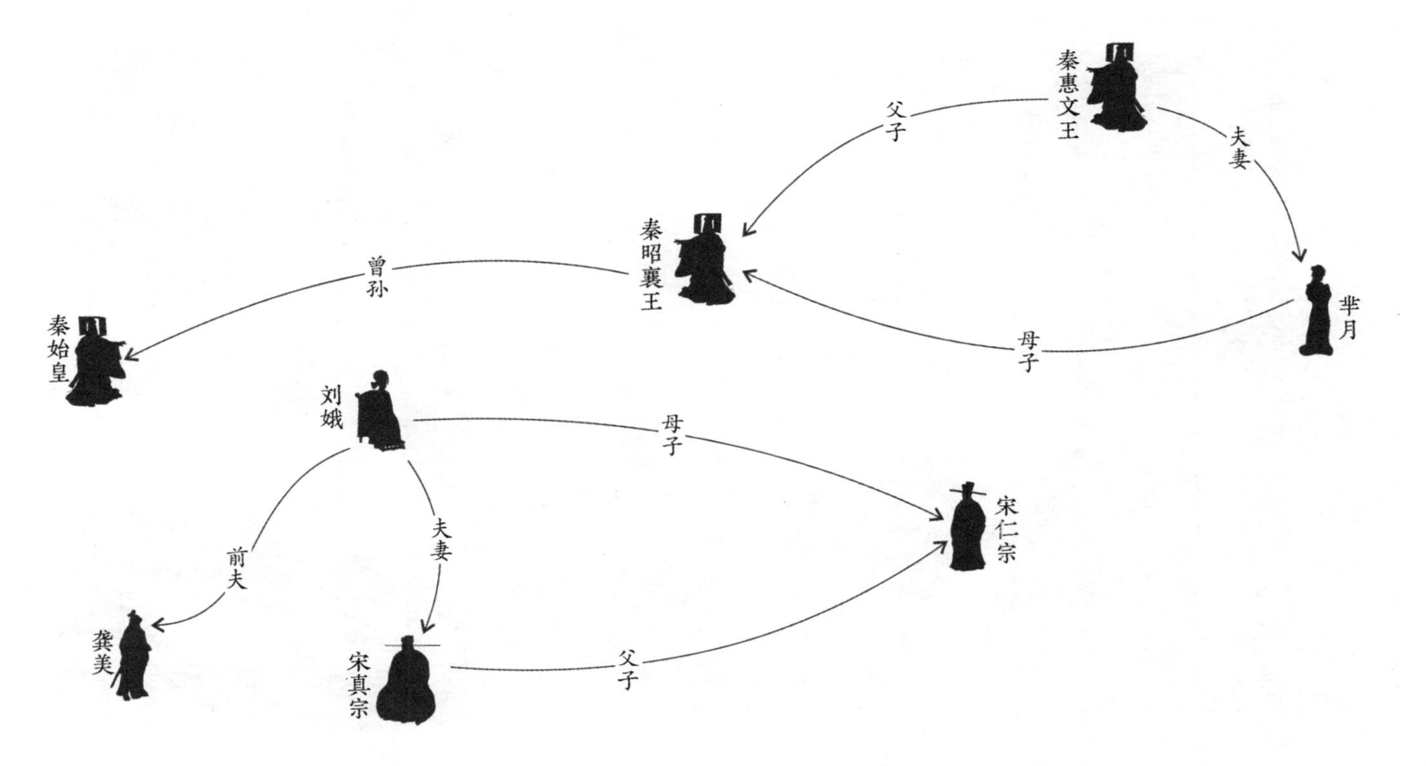

本节人物关系网

宋朝最著名的垂帘听政者是宋仁宗的嫡母刘太后，她芳名可考，名叫刘娥。在宋朝所有临朝听政的太后当中，刘娥有五项之最：

一是出身最低——孤儿出身，从四川逃荒到开封，先嫁给一个名叫龚美的银匠，然后才改嫁宋真宗；

二是衍生故事最多，她是戏曲《狸猫换太子》里的大反派，为了争宠，用剥了皮的狸猫换走并且试图杀死另一个嫔妃生下的皇子，也就是后来的宋仁宗；

三是听政最早，她是宋朝第一位垂帘听政的太后；

四是听政时间最长，垂帘长达十余年；

五是能力最强，执政期间杀伐决断雷厉风行，堪称武则天的翻版。

刘娥刘太后是怎么垂帘听政的呢？《宋史》和宋代典章汇编《皇朝类苑》略有记载。她每五天上一次朝，每次上朝都跟皇帝并排坐，她坐在右侧，年幼的宋仁宗坐在左侧。宋仁宗面前没有隔帘，而刘娥面前有一道用珠子编成的隔帘，她可以看到群臣，群臣则看不清她的面容，这也是"垂帘"听政的由来。但是只要有紧急军情，她可以随时在偏殿召见大臣、处理国事，这时候不算正式朝会，她和大臣之间没有那道帘子。

在正式朝会上，宋仁宗肯定要穿龙袍。刘太后穿什么呢？也是龙袍，只不过龙袍上的花纹比宋仁宗少两道。宋仁宗过生日，被叫作"圣诞节"，大臣要祝寿，小臣要放假；刘太后过生日，被叫作"长宁节"，同样是大臣祝寿、小臣放假。宋仁宗有一个玉玺，那是皇权的象征；刘太后则有一个玉宝，那是太后临朝的权力象征。宋仁宗跟群臣讲话，自称"朕"；刘太后跟群臣讲话，自称"吾"。

总而言之，刘娥虽然是宋仁宗名义上的母亲，实际地位仍要比宋仁宗低半级。换句话说，她可以辅佐皇帝，但不能代替皇帝。

当诗人遇到皇亲

宋朝文坛大腕欧阳修，身为“唐宋八大家”之一、北宋古文运动的领袖，他的朋友圈肯定不缺知名人物。比如，曾巩是他的学生，苏东坡和苏辙是他担任主考官时取中的门生，包拯是他的同僚，《沧浪亭记》的作者苏舜钦、《岳阳楼记》开篇“滕子京谪守巴陵郡”的那位滕子京都是他的好友……

还有一个人，名气可能不算最大，但在欧阳修朋友圈里出现的频率最高，跟欧阳修交往的时间最长，两人的关系最密切。这个人是谁呢？他叫梅尧臣，是跟欧阳修同时代的诗人。

欧阳修在青年时代就认识了梅尧臣。那时候，欧阳修中了进士，通过了公务员选拔考试（时称“铨试”），被朝廷派到洛阳当留守推官，相当于市长助理。梅尧臣则在洛阳某县当主簿，相当于县政府办公室主任。他们俩在公务上有往来，又都能诗善文，于是结成过命之交。

梅尧臣，字圣俞，比欧阳修大 5 岁，在家排行第二，在整个家族同辈

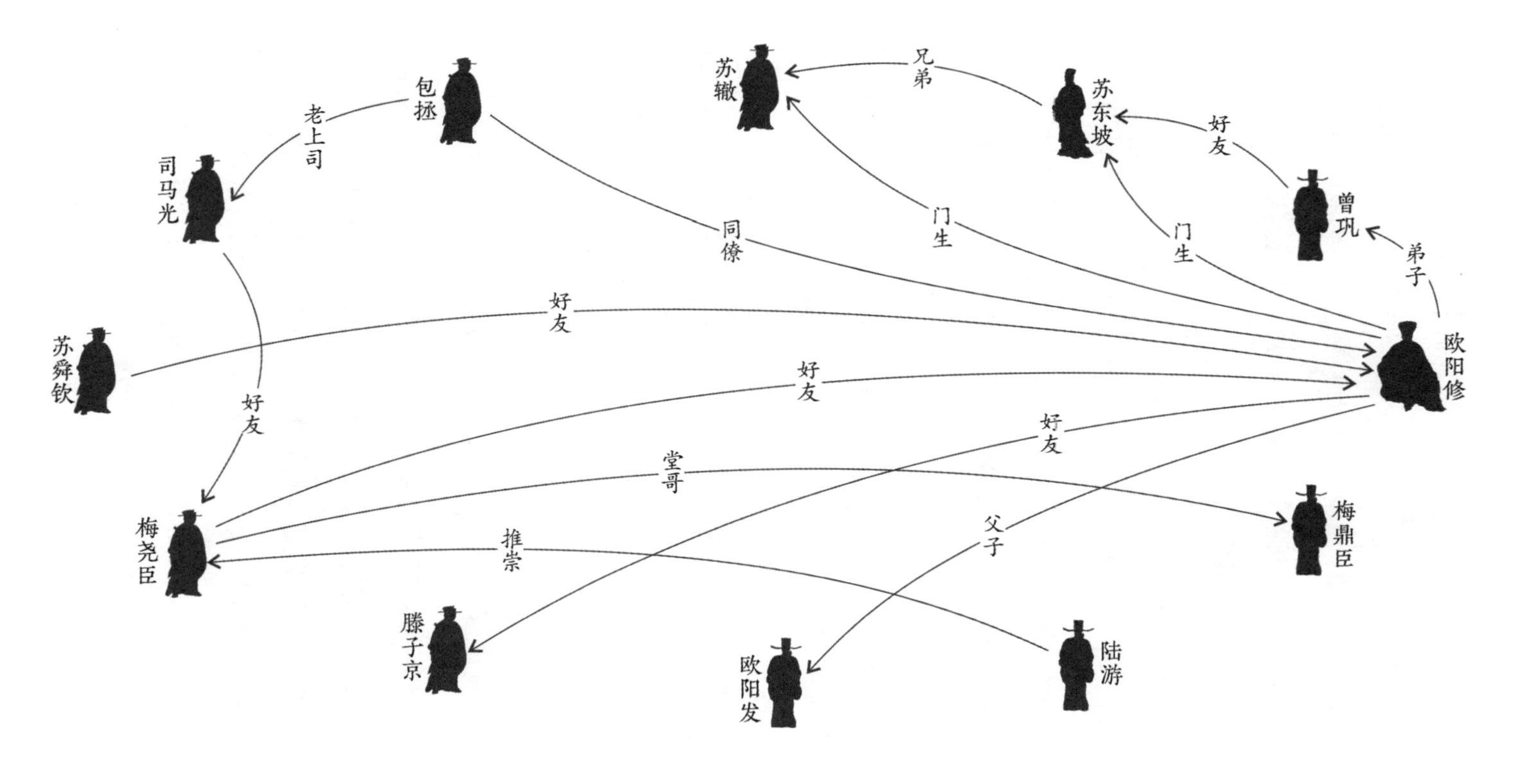

苏辙
兄弟
苏东坡
好友
曾巩
弟子
欧阳修
门生
门生
包拯
老上司
司马光
同僚
苏舜钦
好友
好友
好友
好友
梅尧臣
堂哥
梅鼎臣
推崇
父子
滕子京
欧阳发
陆游

本节人物关系网

兄弟当中排行第二十五。所以，欧阳修非常亲切地喊他“圣俞二哥”，有时候也喊“圣俞二十五兄”。苏东坡是欧阳修的门生，比梅尧臣低一辈，给梅尧臣写信的时候，总是尊称他为“梅二丈”，翻成现代白话，就是“梅二大爷”。这个称呼既隆重又亲切，就像德云社云字科和鹤字科的弟子称呼于谦“于大爷”一样。

于谦于大爷三大爱好，天下皆知：抽烟、喝酒、烫头。梅尧臣梅大爷生在宋朝，当时还没有烟草，也没有烫头的时尚，但他有一样爱好跟于谦雷同：喝酒。苏东坡很生动地描写道：“梅二丈长身秀眉，大耳红颊，饮酒过百盏。”梅二大爷身材魁梧，一双剑眉，大耳朵，红脸庞，喝酒能喝百余杯。

多年以后，欧阳修调回京城开封，梅尧臣也去了京城。他们都没有房子，一个在东城租房，一个在南城租房。每到休假的日子，要么欧阳修骑马去南城找梅尧臣下棋，要么梅尧臣步行去东城找欧阳修喝酒。梅尧臣少年时在江南生活过，烧得一手好菜，尤其擅长做鱼，欧阳修去他的住处，会拎上几条鲜鱼，让他下厨。

欧阳修父亲死得早，靠叔父资助才完成学业，做官以后，钱包依然不鼓，租住的房子地势低洼，一下雨就被淹。宋仁宗嘉祐二年，也就是公元1057年，夏天暴雨，欧阳修床底下小溪潺潺，灶膛里面有青蛙鸣叫，只能用瓦盆往外舀水[1]。梅尧臣担心好朋友揭不开锅，便送去了慰问和干粮。

梅尧臣父亲倒还健在，可惜是个平民百姓，梅尧臣12岁那年被寄养到做官的叔父家里，也是靠叔父资助才完成学业。比欧阳修更倒霉的是，他在科举上屡战屡败，到了50岁还没中进士，靠叔父的关系才当上小官，俸禄微薄，收入比欧阳修低得多。两人交往几十年，更多的时候是欧阳修

---

[1] 欧阳修《答梅圣俞大雨见寄》：“虾蟆鸣灶下，老妇但欷歔。”

接济他，而不是他接济欧阳修。

欧阳修给梅尧臣写过这样一首诗："我今俸禄饱余剩，念子朝夕勤盐齑。舟行每欲载米送，汴水六月干无泥。"[1]我现在的俸禄吃不完，一想到你一日三餐只吃咸菜，过意不去，想送一船大米给你，可是汴河里的水都干了，暂时不能行船。

梅尧臣也给欧阳修写过一首满怀感激之情的诗："昔公处贫我同困，我无金玉可助公。公今既贵我尚窘，公有缣帛周我穷。"[2]过去你跟我一样穷困潦倒，我没钱帮你；现在你阔气了，我照旧，你用丝绸来周济我。这首诗的题目是《永叔赠绢二十匹》，说明欧阳修曾经一次送他二十匹丝绸。

欧阳修中晚年出任地方官，收到什么好东西，也不忘分给梅尧臣一份。在寄给梅尧臣的信里，有一篇写道："阴雨累旬，不审体气如何？北州人有致达头鱼者，素未尝闻其名，盖海鱼也，其味差可食，谨送少许。不足助盘飧，聊知异物尔。"[3]这十来天一直下雨，不知道你的健康有没有受到影响？北州有人送我"达头鱼"，我从来没听说过，应该是一种海鱼吧？味道还不错，送一些给你。东西不多，不够你塞牙缝的，仅供尝鲜，聊表心意。

梅尧臣先后娶过两个妻子，总共生下五男二女。收入低，孩子多，导致他经济上更加困难。欧阳修的儿子欧阳发回忆道："梅圣俞家素贫，既卒，公醵于诸公，得钱数百千，置义田以恤其家。"[4]梅尧臣家里一直穷，他去世时，没有留下遗产，儿女无人抚养，幸亏欧阳修出面帮忙，从朋友圈里筹到几百贯钱，为梅家购置了一些土地。

有意思的是，梅尧臣穷到这个份儿上，家里竟然不断美酒。欧阳修在

[1]《寄圣俞》。

[2]《永叔赠绢二十匹》。

[3]《与梅圣俞》。

[4] 欧阳发《先公事迹》。

《归田录》中叙述如下："圣俞在时，家甚贫，余或至其家，饮酒甚醇，非常人家所有。问其所得，云：'皇亲有好学者宛转致之。'余又闻皇亲有以钱数千购梅诗一篇者。"

欧阳修去梅家，有时能喝到非常醇厚的酒，那些酒太名贵了，不像是普通家庭应该有的。一问梅尧臣，才知道是一些皇亲送来的厚礼，为的是能向梅尧臣学习写诗的手艺。欧阳修还听说，有的皇亲会花几千文铜钱购买梅尧臣的一首诗。

梅尧臣写诗绝对是高手级别，宋朝人对他评价极高。司马光说："我得圣俞诗，于家果何如？留为子孙宝，胜有千年珠。"[1] 如果能得到梅尧臣一首诗，那将是最有价值的财产，可以传给子孙后代，比千年珠宝都要珍贵。陆游说："欧阳公之文，蔡君谟之书，与先生之诗，三者鼎立，各自名家。"[2] 欧阳修的散文，蔡襄的书法，梅尧臣的诗，三足鼎立，并驾齐驱，都在各自领域达到了最高造诣。

欧阳修讲过一个小故事，说梅尧臣的堂哥梅鼎臣有一个女儿，嫁给了一个大官，被封为诰命夫人，进宫向太后谢恩。

太后问："你父亲姓甚名谁？"

"回太后，臣妾是梅鼎臣的女儿。"

太后马上又问："哦，梅鼎臣，他跟那个写诗的梅尧臣是什么关系啊？"

其实梅鼎臣老早就中了进士，官位比梅尧臣高得多，但是太后只听说过梅尧臣，没有听说过梅鼎臣。这当然是梅尧臣写诗太好、名气太大的缘故。

诗歌是艺术，当时的一首好诗如同现在的一支好歌和一部好电影一样，会受到大家的追捧，诗的作者也会被大家视为明星。太后高居深宫大内，

---

[1]《圣俞惠诗复以二章为谢》。

[2]《〈梅圣俞别集〉序》。

听过梅尧臣的大名，并不奇怪，奇怪的是，皇亲们贵为龙子凤孙，为什么会屈尊给梅尧臣送去美酒，向梅尧臣这个穷书生请教怎样写诗呢？

表面上看，是因为这些皇亲爱诗，想学会写诗。本质上讲，其实是因为学习写诗的行为和创作一首诗的技艺能给他们带来巨大的利益。为啥这样说呢？您听我仔细解释。

宋朝皇帝为了杜绝皇室宗亲争夺宝座的可能性，从宋太宗开始就形成一套祖宗家法：除了已经被确立为太子的皇族子弟，或者即将被确立为太子的皇族子弟之外，其他所有皇亲都不能担任高官，更不能执掌兵权，甚至不能正常地参加科举考试（除非经过皇帝特许），只能老老实实地待在家里，靠朝廷发放的生活费度日。

这套家法到南宋才有所松动，而在整个北宋，没有哪个皇亲敢于触犯，他们都被管束得死死的，即使才能出众、有心报国，皇帝也不会给他们掌权的机会。

皇亲们锦衣玉食，衣食无忧，却不能担任朝廷的重要工作，总得给他们一些事来做。在皇帝看来，皇亲们最适合做的事，就是搞搞文艺，画个画啦，写个诗啦，玩个音乐啦，琢磨琢磨茶道、香道和棋道啦，既安全，又高雅，不但不会对皇权构成威胁，还能提升他们老赵家的门面和美誉度。大臣们提到皇亲，都会跷大拇哥："哇，还是本朝皇家基因优秀，净出文艺家！"

皇帝的叔父、伯父、堂叔、堂伯、侄子、侄孙，以及没有当上太子的皇子，都是皇亲。这些人一生下来就有官职，但是高低有别，能从朝廷领到的生活费也差异极大。有的皇亲顶着低级武官的虚衔，每月只有 20 贯生活费；有的皇亲顶着节度使的虚衔，每月能有 400 贯生活费。而决定皇亲官职级别的关键因素有两个，一是与皇帝的亲疏关系，二是个人的文艺修养。

宋仁宗在位时，每年除夕都会率领皇亲集体祭祖，每次祭祖之后都会让皇亲比赛背诗和写诗，凡是在比赛中表现突出的皇亲，都会得到丰厚的赏赐，官位和生活费也会提升一大截。

梅尧臣后半生正是生活在宋仁宗时期，皇亲们为了赢得比赛和升官发财，给他这个诗坛领袖送去美酒，想学习学习写诗的本事，也就不足为奇了。

公主相亲

李清照的外公，名叫王珪，是宋神宗在位时的宰相。北宋官员李清臣给王珪撰写神道碑时说过："女，长适郓州教授李格非。"[1] 王珪的大女儿嫁给了时任郓州教授的青年才俊李格非。我们知道，李格非是李清照的爸爸，所以王珪是李清照的姥爷。当然，史学界还有一种考证，说欧阳修的同年进士、北宋状元名臣王拱辰是李清照的姥爷。但这种考证是错误的，本书后文会详细解释，这里暂且不提。

下面我们要讲的故事，跟李清照的正版姥爷王珪有关。

这个故事发生在宋神宗熙宁年间（1068—1077）。话说有一天，散了早朝，宋神宗叫住王珪，吩咐道："昭陵二女，皆朕之姑，卿可选勋贤之后，有福者尚之。"

昭陵，指的是宋仁宗，因为宋仁宗埋葬在永昭陵。昭陵二女，是指宋

[1]《王文恭公珪神道碑》。

仁宗的两个女儿。

宋仁宗留下两个闺女，论辈分，是宋神宗的姑姑。两个姑姑都到了嫁人的年纪，宋神宗想让王珪帮忙做媒，从开国功臣的后代子孙里面挑选两个驸马。

王珪不敢怠慢，派人到处打听，打听哪个功臣的后代既年轻，又帅气，还有学问，并且没有结婚。因为只有达到如此标准的优秀青年，才有资格迎娶宋神宗的姑姑。

王珪有一个小儿子，名叫王敏甫，正在太学念书，放学回家对王珪说："近有一钱少监子，风骨不群，文采富赡，恐可奉诏。"[1] 俺们班上新来一个学生，听说是钱少监的儿子，长得帅，才气高，出类拔萃，鹤立鸡群，我觉得这个小钱应该符合皇上的要求。

王珪大喜，专门安排了一个饭局，让儿子把全班同学都请来赴宴，为的是观察观察小钱的长相，并且检验一下小钱的才华。宴席过后，王珪偷偷对儿子说："你小子说得没错，这个小钱确实出众，要相貌有相貌，要口才有口才，称得上才貌双全。只是不知道他目前学习成绩怎么样，你下回把他的作业带回来几本，让我好好瞧瞧。"

第二天，王敏甫就把小钱的作业捎回家来。王珪一看，嗯，好，字好，文章也好。于是乎，王珪进宫复命，向宋神宗大力推荐小钱，夸他英俊潇洒，努力学习。宋神宗听了很满意，对王珪说："朕以前也听说过这个小钱，他是吴越国王钱俶的曾孙，名叫钱景臻。朕这里还有一个人选，是开国大将曹彬的曾孙，名叫曹诗。朕挑个好日子，宣召他们二人进宫，让太皇太后看看，也让公主们看看。"

几天后，钱景臻和曹诗都接到了圣旨，在太监带领下进宫觐见。太监

[1] 钱世昭《钱氏私志》。

把他们带到一座小小的宫殿里面，太皇太后曹氏面南背北坐着，宋神宗坐在太后旁边，神宗后侧方站立许多嫔妃。宫殿左后方还挂着一个小帘子，帘子后面站着宋仁宗的闺女，也就是那两位待嫁的公主，一个是庆寿公主，一个是承寿公主。

钱景臻和曹诗向曹太后磕头行礼，曹太后一张老脸乐开了花，吩咐两个年轻人平身近前，让她细看。曹太后先对曹诗说："你是我们曹家的子孙，论辈分是我的娘家侄儿，你小时候跟着你母亲进宫，我还见过你呢！这几年不见，现在都长这么大了。"又拍着钱景臻的肩膀说："钱郎，好女婿！"意思是夸钱景臻人才出众，有资格做皇家的女婿。

宋神宗在旁边笑道："是个享福节度使！"意思是夸钱景臻有福气，将来娶了公主，有资格封为节度使[1]，有享不尽的荣华富贵。

钱景臻叩头谢恩，满面惶恐，很谦逊地表示自己配不上太后和皇帝的夸奖。

曹太后向帘子前面侍立的宫女招招手。宫女会意，走到帘子后面，悄声询问庆寿公主和承寿公主的意见。过了一会儿，宫女出了帘子，向曹太后躬身施礼，一边行礼，一边点头。曹太后知道，两位公主分别看上了钱景臻和曹诗，当即口传懿旨："钱景臻可尚庆寿公主，曹诗可尚承寿公主。"

懿旨一出，满殿的宫女和太监都向太后和神宗磕头道贺，钱景臻和曹诗也赶紧谢恩。宋神宗吩咐太监把两个小伙子领到偏殿更衣，让他们换上御赏的锦袍和玉带，然后又赐宴，每人赏了五杯御酒。

酒宴结束，钱景臻和曹诗联袂出宫，各回各家。他们来的时候单枪匹马，走的时候却各有二十名御林军护送，因为他们已经是皇家的准女婿了。

三天后，钱景臻与庆寿公主正式订婚。次年开春，庆寿公主下嫁钱府，

---

[1] 节度使是宋朝皇族、宗室和外戚所能封到的最高级别的武官虚衔。

本节人物关系网

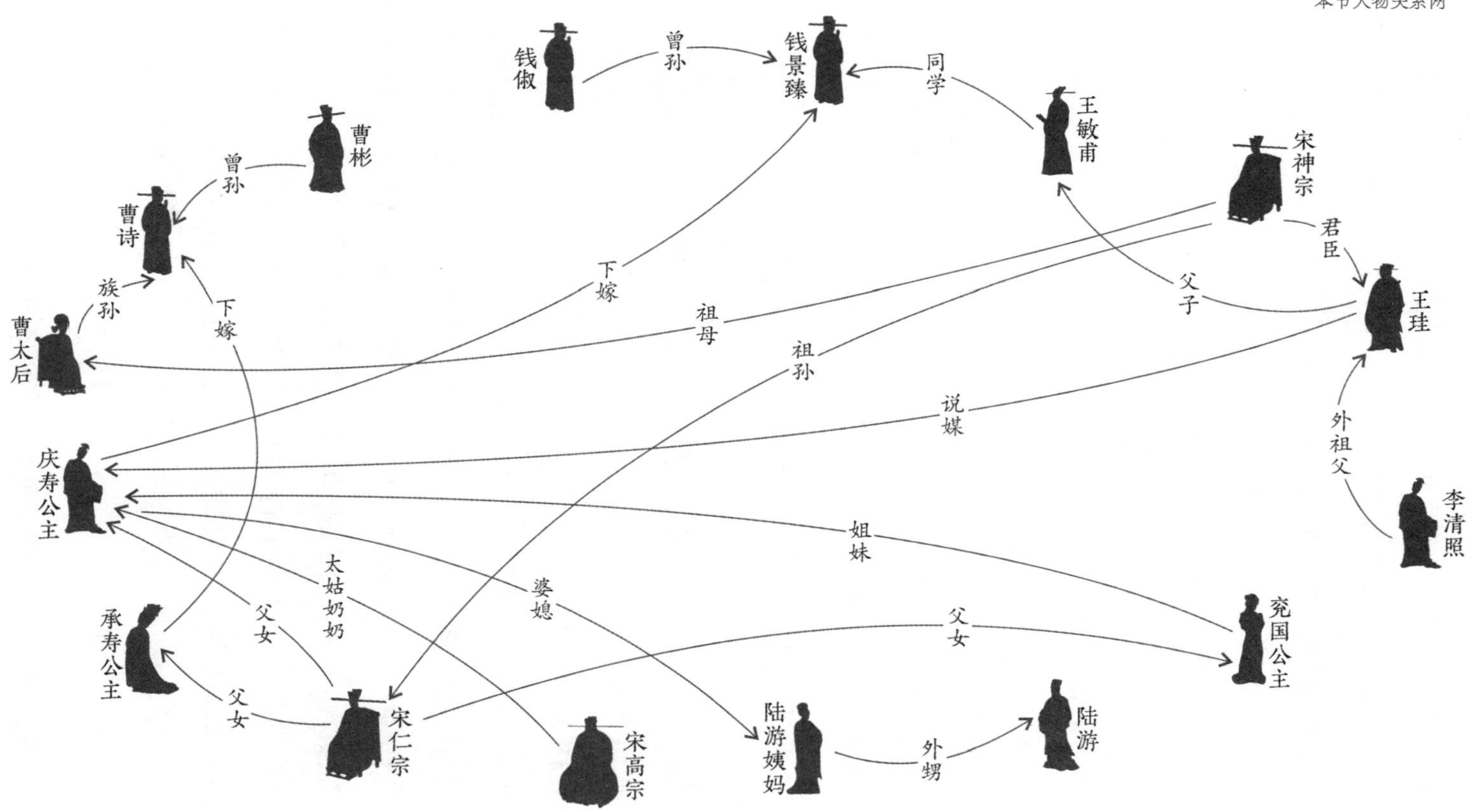

钱俶
曾孙
钱景臻
同学
王敏甫
宋神宗
君臣
王珪
父子
曹彬
曾孙
曹诗
族孙
曹太后
下嫁
下嫁
祖母
祖孙
说媒
外祖父
李清照
庆寿公主
姐妹
太姑奶奶
婆媳
父女
父女
兖国公主
承寿公主
父女
宋仁宗
宋高宗
陆游姨妈
外甥
陆游

与钱景臻洞房花烛，从此两人开始了几十年的婚姻生活。直到北宋末年，金兵攻进开封，夫妻俩带着儿孙南逃，钱景臻死在了路上，庆寿公主则一直活到南宋前期，以 86 岁高龄寿终正寝，是宋朝最长寿的公主。

遥想当年，金兵攻进开封的时候，庆寿公主和钱景臻的驸马府被金兵洗劫一空。当时庆寿公主年过五旬，所以被金兵放过，没有像其他多数公主一样被掳往北国。但是，虽然金兵放过了庆寿公主，土匪却没有放过她——沿路抢劫的土匪们截住庆寿公主一家，逼迫公主献出钱财。公主拿不出钱，土匪一怒之下，当场杀死了她的二儿子。她的驸马钱景臻也年过五旬，因痛失爱子，再加上逃难途中缺衣少粮，生了一场大病，没等渡过长江，就一命呜呼了。

公元 1127 年，庆寿公主携儿带女逃到扬州，在扬州暂时安顿下来。随后她收到宋高宗的邀请，以宋高宗太姑奶奶的身份备受优待，她和她儿女的一切生活开支都被朝廷承包下来。最终，庆寿公主非常恬淡地度过了余生。

查《宋史·公主列传》，庆寿公主还有好几个称号。下嫁之前，她是庆寿公主；下嫁之后，她被宋神宗封为“秦国长公主”；宋高宗即位后，她又被封为“鲁国大长公主”；后来她去世，宋高宗让大臣拟定她的谥号，定为“贤穆明懿大长公主”，简称“贤穆”。所以，我们读宋朝史料的时候，如果见到“庆寿公主”“秦国长公主”“鲁国大长公主”“贤穆明懿”或者“贤穆”等称号，不要惊讶，也不要迷茫，它们指的其实是同一个人。

南宋大诗人陆游描写过庆寿公主的晚年生活，他对公主的称呼是“秦国公主”，并且对公主谦逊待人的品行赞赏有加。

陆游为什么知道公主谦逊待人呢？因为他在很小的时候，就跟随母亲去公主家走亲戚，拜见过公主。

陆游与庆寿公主的亲戚关系有点儿绕——庆寿公主和钱景臻生了几个

儿子，其中一个儿子娶了陆游的姨妈。也就是说，庆寿公主是陆游的姨妈的婆婆，陆游是庆寿公主的儿媳的外甥。

宋朝皇帝喜欢跟功臣后代结亲，特别是北宋前几位皇帝，要么娶功臣的女儿为妃，要么挑选功臣的儿孙当驸马。庆寿公主之所以嫁给钱景臻，既因为钱景臻人才出众，又因为钱景臻是吴越国王的后代——吴越国王钱镠和钱俶父子主动归顺大宋，没有让宋太祖和宋太宗浪费一刀一枪，白白获得了江南一大片国土，绝对是大宋的功臣。

有意思的是，宋朝皇帝虽然跟功臣联姻，却从来不让这些功臣外戚进入权力核心，以此来规避外戚专权的风险。比如庆寿公主的老公钱景臻，虽然富有才华，但他娶了公主，就只能一辈子老老实实待在驸马府里，领着极高的俸禄，过着奢华的生活，戴着很大的乌纱帽，唯独没有一丁点儿实权。

宋朝的公主也备受约束，跟飞扬跋扈的唐朝公主完全不一样。唐太宗的妹妹平阳公主、唐高宗的女儿太平公主、唐中宗的女儿安乐公主，不仅在历史上声名显赫，而且是影视剧里经常出现的角色。可是宋朝的公主呢？如果不去翻查《宋史·公主列传》的话，您能讲出一个大宋公主的名字或者封号吗？估计很难。

为什么唐朝公主出尽风头，宋朝公主却默默无闻呢？因为宋朝的皇帝严格禁止公主出风头。

随便举个例子。宋仁宗的大女儿兖国公主，也就是庆寿公主的亲姐姐，备受宋仁宗宠爱。宋仁宗为了让宝贝女儿有面子，命翰林学士为她撰写一篇文章。但是，所有的翰林学士都抗命不从，集体向仁宗进谏："皇上，您这样做完全不合祖宗法度。我们只负责处理军国重事，哪能为公主写文章呢？如果您开创这个先例，将来您的接班人也会效仿，公主的权力渐渐大起来，就有可能形成外戚威胁朝廷的局面，甚至还有可能产生公主谋夺皇位的风险，对朝廷不利，对她们自己也不利啊！”

正是因为有朝中大臣的制衡，有祖宗家法的约束，所以宋朝的公主都没什么实权，她们只能读读诗书，学学女红，为了皇权稳固，被迫克己复礼，在枯燥单调的漫长人生中修炼出谦逊的性格和优雅的礼节。

我觉得，这是公主的悲剧，但的确也是使皇权稳固的一种保障。

贵妃抢房

北宋时期，开封内城东南角有一座城门，叫“丽景门”，俗称“旧宋门”，又叫“老宋门”。出了这道城门，再往东走不远，有一个社区，叫“汴阳坊”。听名字就知道，该社区位于汴河北岸。您知道，水南为阴，水北为阳，汴水之北，故名汴阳。

古人迷信风水。假如不从“理气”（诸如“九宫飞星”）上推算，只从“峦头”（可以粗略理解为地势）上观测，则汴阳坊北边地势高，南边地势低，又有汴河曲曲弯弯地从前方流过，堪称环山抱水，属于上上之宅。用大俗话来讲，就是风水好得不得了。

这么好的风水宝地，谁有资格住呢？北宋初年，宋太祖从汴阳坊里指定一处豪宅，分给了南唐后主李煜的弟弟李从善。

那时候，南唐还没有被大宋吞并。但在大宋威慑之下，南唐后主不得不派弟弟李从善北上开封，进献贡品。贡品被宋太祖笑纳，弟弟却没有被宋太祖放走。宋太祖对李从善说：“你们南唐迟早都会并入大宋版图，你哥哥也会来开封投降，所以你又何必回去呢？我在汴阳坊赐给你一处宅子，你搬过去住吧！”

公元975年，南唐被攻占，李煜被俘虏，宋太祖又在城北赐给李煜一处宅子，大致位置就在今日开封龙亭区的孙李唐新村（原名“逊李唐”）。哥哥李煜住孙李唐，弟弟李从善住汴阳坊，兄弟俩一在城区西北，一在城区东南，都做了大宋的顺民。

可惜他们当顺民也当不长。宋太宗即位后，害怕南唐臣民打着李煜的旗号起来造反，派人毒死了李煜。又过了几年，李从善也死了，享年只有48岁。按常理推测，估计也不是善终。

李从善一死，汴阳坊的豪宅就空了出来。宋英宗在位时，那处房产被赐给大臣王畴。

王畴是谁呢？他是梅鼎臣的女婿，而梅鼎臣又是著名诗人梅尧臣的堂兄，所以王畴是梅尧臣的侄女婿。梅尧臣与欧阳修相交莫逆，欧阳修主编《新唐书》时，梅尧臣推荐侄女婿王畴帮忙，所以王畴还曾经在欧阳修手下做过事。

王畴的名气不大，后来的官位却很高，一直做到枢密副使，相当于国防部副部长。北宋皇帝优待大臣，有赏赐大臣住房的传统。王畴对宋英宗忠心耿耿，所以住进了李从善住过的那座宅子。

1065年，王畴去世，汴阳坊房产没有被收回，由他的儿孙继续居住。但是王畴的儿孙碌碌无为，既没有当大官，也没什么活动能力，不能保住那处房产，那处房产最后竟然被一个贵妃娘娘给抢走了。

对，贵妃抢房，这就是我要分享给您的故事。

这位贵妃姓崔，是宋徽宗的妃子。众所周知，宋徽宗非常好色，是宋朝皇帝当中嫔妃最多的皇帝，崔贵妃只是其中之一。应该是1119年或者1120年，崔贵妃得到了宋徽宗的暂时宠幸，却没能给宋徽宗生养儿子。

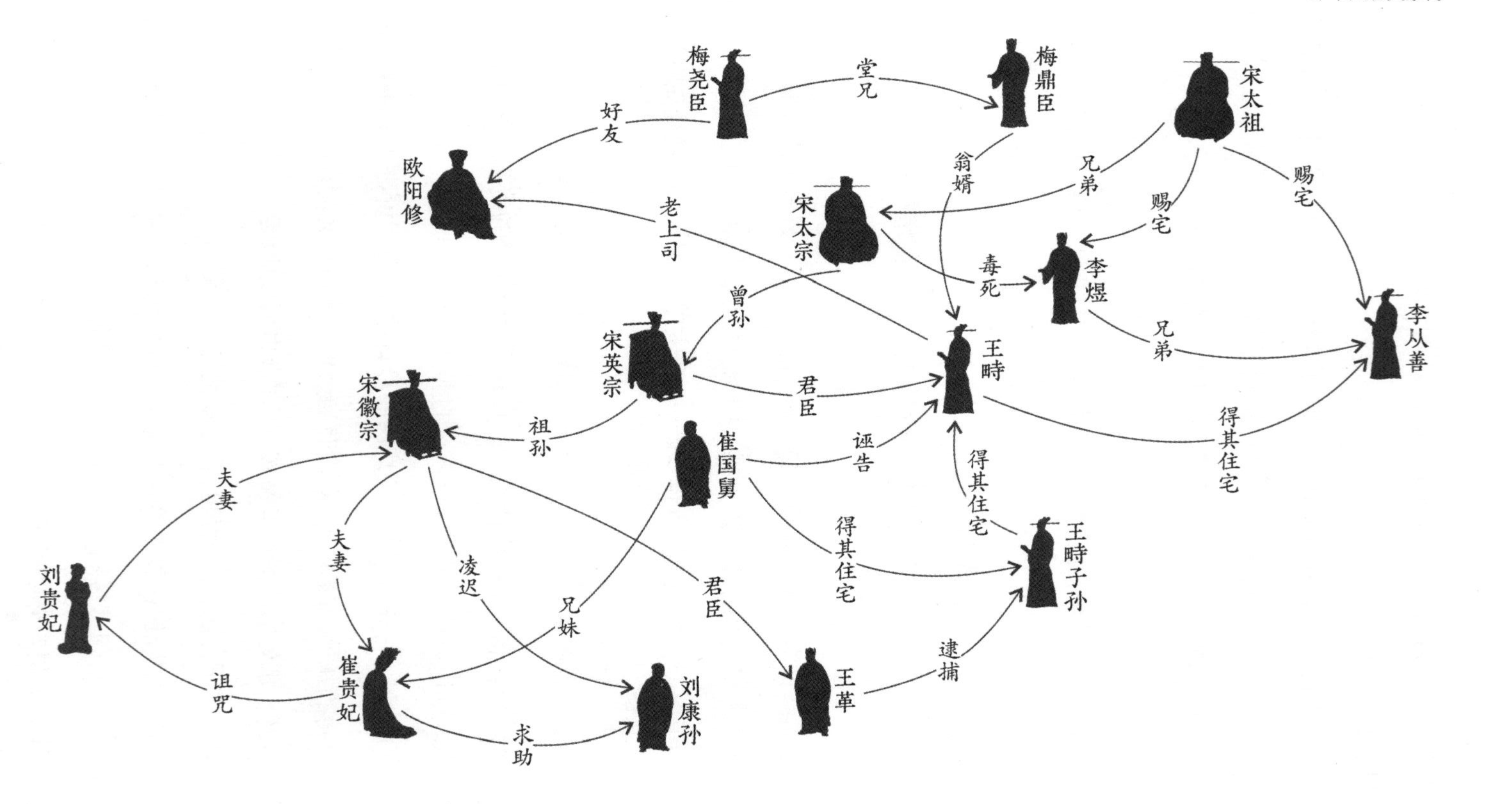
本节人物关系网
梅尧臣
堂兄
梅鼎臣
宋太祖
好友
欧阳修
翁婿
兄弟
赐宅
老上司
宋太宗
赐宅
毒死
李煜
曾孙
兄弟
李从善
宋英宗
王旿
君臣
宋徽宗
祖孙
崔国舅
诬告
得其住宅
得其住宅
夫妻
夫妻
凌迟
得其住宅
君臣
王旿子孙
刘贵妃
兄妹
崔贵妃
诅咒
刘康孙
王革
逮捕
求助

看过宫斗剧的朋友都知道，嫔妃想要得到君王的长期宠幸，不能只靠姿色，还必须靠儿子。当时有一个名叫刘康孙的神棍，精通风水术，他在开封城中踏勘了一遍，回来对崔贵妃的哥哥说：“王氏所居，巷名既佳，宅中有福气，宜请于上。”[1] 已故大臣王畴在汴阳坊的那座宅子非常好，要是能搬到那里去住，崔贵妃就一定能如愿以偿生育皇子。不妨跟皇上请示一下，把王家的房子要过来。

崔贵妃的哥哥派人把此事告诉崔贵妃后，崔贵妃立即给宋徽宗吹枕边风，讨要王家的住宅。宋徽宗是有名的昏君，不但没有驳斥这种无理要求，还传旨给开封知府王革，让王革把这事办下来。

王革转告王畴的子孙，不料王氏子孙拒绝搬迁。崔贵妃又吩咐自己的哥哥崔某去办，结果崔某使了歪招儿。历史上没有留下崔某的名字，鉴于此人是宋徽宗的小舅子，我们不妨喊他“崔国舅”。

崔国舅在王家门口发现，旁边有一个打造铜器的铺子。当时奸相蔡京当政，正在强行推广一种面值很大但实际价值很小的铜钱，以此搜刮民财，填补财政赤字。为了能让这种铜钱流通下去，蔡京严禁民间私铸铜钱，发现有熔化铜器铸造铜钱者，逮一个杀一个。所以崔国舅去开封府诬告：“王诸子与邻人盗铸！”意思是王畴的那帮不肖子孙，正在跟邻居合伙铸造铜钱，快去逮他！

开封知府王革没能完成宋徽宗交办的任务，正发愁呢，接到崔国舅的举报，当然如获至宝。王革马上逮捕了王畴的子孙，没收了王畴的家产。王家房子成功收回，崔国舅搬了进去。

靠阴谋诡计抢到房子以后，崔贵妃有没有如愿以偿生下皇子呢？当然没有。事实上，她不但没生儿子，还将自己的妃位连同娘家人一块儿搭了

[1]《挥麈后录》卷 3，下同。

进去。1121年，崔贵妃被宋徽宗贬为庶人，她的哥哥、嫂子、姐姐、妹妹统统被流放，那个神棍刘康孙则被凌迟处死。此时距离崔贵妃抢到房子还不满一年。

宋徽宗为什么会惩处崔贵妃及其同党？是因为得知贵妃抢房、国舅诬告，从而良心发现、伸张正义吗？您要是这么想，那就把宋徽宗看得太高了。宋徽宗很可能从一开始就知道王畴的子孙并没有私铸铜钱，但是为了满足嫔妃的愿望，他宁可睁一只眼闭一只眼，宁可让大臣的子孙含冤受屈。

那为啥还要惩处崔贵妃呢？因为崔贵妃也受到了别人的诬告，而宋徽宗居然相信那诬告有凭有据。

是谁诬告了崔贵妃？当然是别的嫔妃。嫔妃们彼此争宠，尔虞我诈，宫廷内斗之激烈丝毫不亚于官场。别的嫔妃见到崔贵妃受宠，非常妒忌，处处找崔贵妃的碴儿。崔贵妃恰好又嚣张跋扈，很容易被找碴儿。

1121年，宋徽宗的另一位宠妃刘贵妃病逝，后宫集体为其举哀。崔贵妃不屑于假装哀痛，脸上没有一丁点儿悲戚之色，这让宋徽宗心中不悦。其余嫔妃趁机诬告："崔氏姊弟[1]夜祠祭，与巫觋祝诅叵测！"报告皇上，崔贵妃跟她哥哥请神请鬼，诅咒别人，刘贵妃可能就是被她诅咒死的！

宋徽宗开始讯问崔贵妃，崔贵妃矢口否认，并且还发了脾气。宋徽宗更加恼怒，将崔贵妃信任的神棍刘康孙抓了起来，送交开封府严加逼供。刘康孙在供状上写道："实尝以上及崔妃所生年月祷神求嗣，且祈固宠，咒诅则无之。"崔贵妃曾经把皇上和她自己的生辰年月给了我，让我推算何时能生皇子，又让我求神保佑她得到皇上的长期宠幸，除此之外，我们实在没有诅咒过任何人。

刘康孙的供状也许属实，但即使没有诅咒之事，崔贵妃也犯下了大罪。

---

[1] 原文如此，实际应为"崔氏姊兄"。

要知道，古代中国皇帝大多迷信，决不允许外人知道自己的生辰八字，以免被权臣或仇人利用进行所谓的“魇镇”。崔贵妃私自泄露皇帝生辰给刘康孙，刘康孙又胆敢推算皇帝的八字，这都是宋徽宗不可容忍的行为。所以，崔贵妃不再是贵妃，崔国舅不再是国舅，刘康孙还是刘康孙，却成了被凌迟的刘康孙。

故事讲完，请允许我再谈谈感想。

第一，风水真的不可信。

如果您仔细研读过风水书籍，就知道这门所谓的学问有太多自相矛盾、不可调和之处，充斥着混乱的概念和搞笑的逻辑。如果您没读过或者读不懂风水书籍，那也无妨，请从头再读一遍崔贵妃抢房的这个故事，然后试想一个简单的道理——如果真像神棍刘康孙所说的那样，汴阳坊“宅中有福气”，崔贵妃怎么败得那么快、那么惨呢？

第二，宫斗真的不必要。

忙于宫斗的嫔妃是这颗星球上极为可怜的群体。她们受时代所限，长期内耗，将皇帝的宠幸当成唯一的资源，很难创造价值。而我们身为现代人，一定要开阔眼界，拓展资源，靠创造价值来实现自我，千万不能堕落到尔虞我诈的地步。

第三，法治真的能保护我们所有人。

崔贵妃想从王畴子孙手里抢到房子，靠的是诬陷，诬陷人家私铸铜钱。她有证据吗？没有。但她有关系，有皇帝给她撑腰，有知府给她办事，于是王氏子孙被抓，汴阳坊住宅被夺。

别的嫔妃想把崔贵妃斗趴下，靠的也是诬陷，诬陷崔贵妃诅咒别人。那些嫔妃有证据吗？也没有。但她们能让宋徽宗对崔贵妃起疑心。皇帝对谁起疑心，谁就难以自保，崔贵妃难道还能请律师为自己辩护吗？

所以，在权力凌驾于法治之上的环境下，每个人都可能含冤受屈，每个人都朝不保夕。大臣的子孙不安全，皇帝的嫔妃不安全，连皇帝本人也未必安全——宋徽宗的昏庸统治已经搞得民怨沸腾，就算金兵不来攻打，他也不可能长期执政。

被追击的太后

公元 1129 年深秋，南宋刚建立不久，金兵又杀了过来。宋高宗招架不住，带着一批文武大臣逃往江苏。而他名义上的母亲——当朝太后孟太后，则带着另一批大臣逃往江西。

为了保卫孟太后的安全，宋高宗派出万余名御林军护驾。但他没有料到，这些御林军不够忠心，担心金兵追上来小命难保，一路上不断开小差，能溜的都溜了。抵达南昌时，太后身边只剩下几十个官兵，还有二百多个没有战斗能力的太监和宫女。

太后在南昌还没站稳脚跟，探马就来报："金兵势大，目前离我们只有几百里，前线守军都被打散了，您老人家必须马上转移！"太后一听，接着往南逃。

太后年纪大了，不能骑马，只能坐轿，太监和宫女们大多步行，所以走得很慢。金兵则是快马加鞭在后面追，才半天工夫，就快追上了。太后一行听见身后雷声隐隐，随后这雷声越来越大，越来越响，轰隆轰隆，轰

隆轰隆……老太后掀开后面的轿帘，朝东北方向望去，只见尘土飞起，如乌云一般遮住了北方的天空。很显然，那是大队金兵急行军掀起的烟尘。紧接着，漫天烟尘里传来了隐约可辨的喊杀声，叽里咕噜的女真语当中夹杂着“活捉南朝太后”等的汉人喊话。

几个太监撒腿就溜，众宫女面无人色，护驾的官兵首领冲到太后轿前，请示道：“这支金兵至少三万人，俺们这几十人无论如何抵挡不住，请太后懿旨，是否改行水路？”老太后还算镇定，她出了轿子，果断下令：“把马和辎重都扔了，咱们坐船！”

那是在南方，到处是河，走水路很方便，但船不够，官兵紧急征用十几艘民船，根本挤不下。太后、官兵、宫女和大约一半的太监上了船，剩下的太监都被追到岸边的金兵乱箭射死在水里。

金兵分出几千人，从附近渔民家里抢了几百艘船，在后面紧追不舍。别的金兵继续走陆路，绕道去太后可能经过的州县进行围堵。幸亏女真人既不擅长行船，也不熟悉路，追击和围堵都没有成功。

太后一行历尽千辛万苦，侥幸逃出金兵的包围，在江西吉安准备上岸。哪知道，所征民船的船主竟然联起手来，抢走了百余名宫女！太后见吉安民风如此彪悍，不敢停留，从陆路辗转来到赣州。

到了赣州，人困马乏，太后被地方官接进衙门好生照料，护驾的官兵却无人过问。官兵去市场上购买补给品，商贩拒绝出售，说官兵给的钱是假钱。双方争执不下，从口角发展到动手，官兵人少，吃了暗亏。这些兵一怒之下，深夜纵火焚烧商铺，还抢了几家富户的财物。赣州有个人叫陈新，是当地一霸，他利用民众对朝廷和官府的不满，煽动百姓起义，很快召集几万人，将赣州城团团围住，说要抢出太后，另立新朝。万分危急之时，朝廷的援军闻讯赶到，击溃了起义军。

又过了一段时间，金兵退走，宋高宗在杭州驻扎下来，派手下最得力的武将去赣州迎接太后。再然后呢？老太后在杭州深宫安心养老，享尽荣华，一直受到宋高宗的礼敬和优待，直到 1135 年寿终正寝。

孟太后的一生相当坎坷，宋朝那么多太后，她的经历最曲折，际遇最奇特。

她本是武将的女儿，被宋英宗的皇后高滔滔看中，选入后宫，指给宋哲宗做皇后。高滔滔是英宗朝的皇后、神宗朝的太后、哲宗朝的太皇太后，资格老，名望高，长期垂帘听政，权力大得吓人，她让宋哲宗立谁当皇后，宋哲宗就必须立谁当皇后。但是宋哲宗另有所爱，他喜欢一个姓刘的婕妤，对太皇太后高滔滔为他选聘的这个孟皇后不理不睬。

孟皇后身为皇后，却如在冷宫，心情郁闷。某次她喝酒解闷，喝到烂醉，失手打死一个宫女。宋哲宗大怒，废了她的后位，逼她出家修道，做了女道士[1]。

还有一种不同的说法，出自《宋史·后妃列传》，说宋哲宗最宠爱的刘婕妤为了夺取后位，诬陷孟皇后用法术诅咒皇帝。宋哲宗半信半疑，让人查办，抓了孟皇后手下的几十个太监和宫女。查案的大臣跟刘婕妤串通一气，用最残忍的手段严刑逼供，将孟皇后的手下人割舌剜眼，终于审出了孟皇后诅咒皇帝的“铁证”。宋哲宗信以为真，将孟皇后打入冷宫。

北宋末年，金兵攻进开封，掳走了宋徽宗、宋钦宗、皇子皇孙、皇后皇女以及所有嫔妃。孟皇后早就被废，不在后妃名单上，竟然因祸得福，没有落进金兵的魔爪。

金国攻进开封，却没有占领开封。金国统治者感觉自己没本事直接统治这么先进又这么富裕的大宋，所以找了一个人当傀儡，让他帮着金国人统治大宋。这个人是谁呢？他就是曾经在宋徽宗手下当大臣的张邦昌。

---

[1] 参见《朱文公文集》补遗《论太后不居禁中事》。

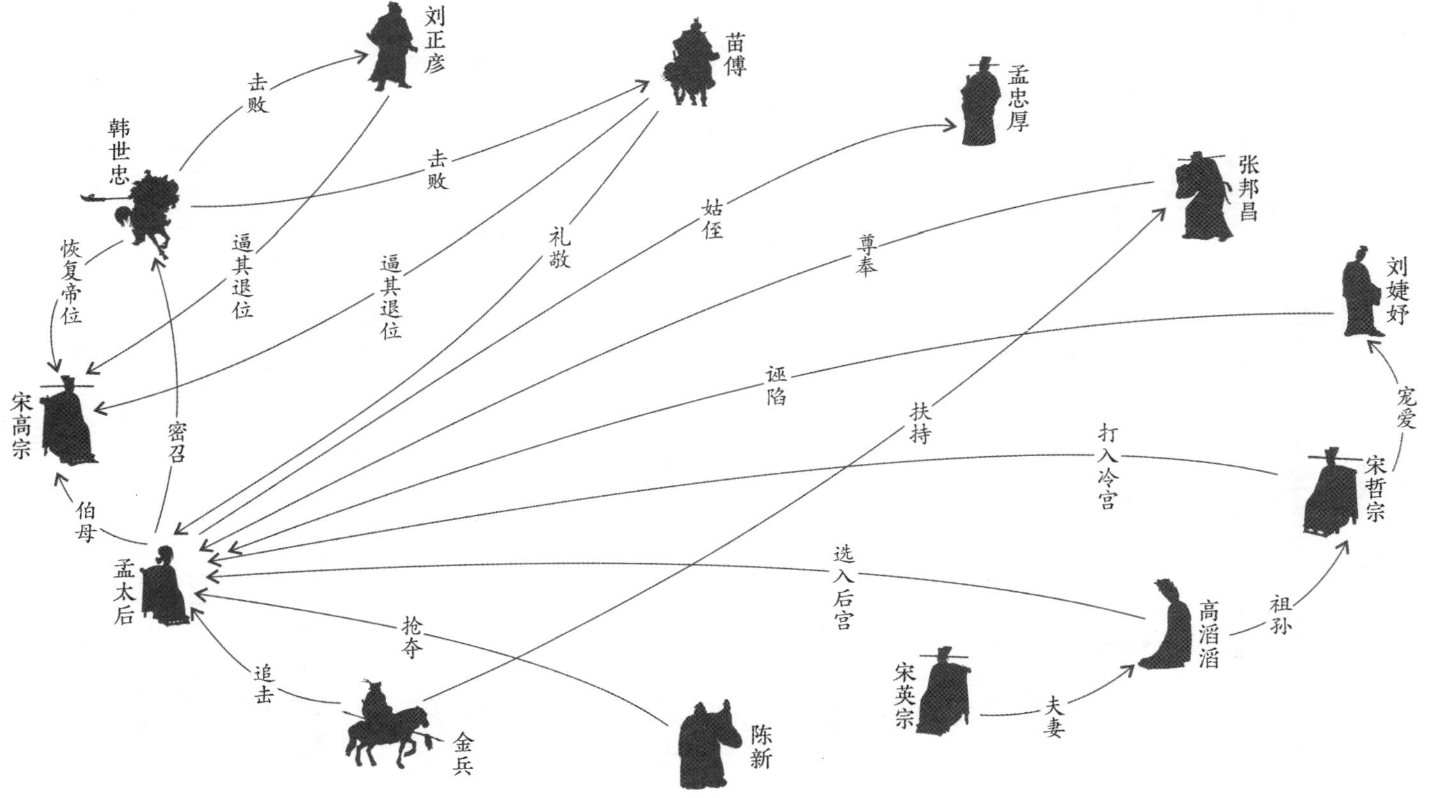
刘正彦
苗傅
孟忠厚
韩世忠
击败
击败
张邦昌
姑侄
礼敬
逼其退位
逼其退位
恢复帝位
尊奉
刘婕妤
宋高宗
密召
诬陷
扶持
宠爱
打入冷宫
宋哲宗
伯母
孟太后
选入后宫
祖孙
高滔滔
抢夺
追击
宋英宗
夫妻
金兵
陈新
本节人物关系网

张邦昌其实对大宋很忠心，不愿篡位称帝，他找到大宋境内硕果仅存的孟皇后，尊称她为“元祐皇后”，并让她垂帘听政。“元祐”是宋哲宗用过的年号，张邦昌想要表达的意思很明显：大宋皇帝被抓走了，大宋皇后还在，只要有一个大宋皇后在这里镇着，我这个政权就还属于大宋的政权。

随后不久，宋高宗在河南商丘称帝，张邦昌得知消息，禀报孟皇后。孟皇后立即派侄子孟忠厚联络宋高宗。宋高宗大喜，让亲信大将迎接孟皇后到商丘，尊称她“元祐太后”，随后又改称“隆祐太后”，孟皇后从此变成了孟太后。

宋高宗于 1127 年称帝，此后十几年间都在金兵的追杀下东躲西藏。这期间没有帝都，河南商丘、江苏镇江、浙江宁波、浙江温州，以及舟山、绍兴、南京、扬州，都曾经作为他的临时都城。那时候，外有金兵追袭，内有农民起义，帝位不稳，人心涣散，文官私逃者有之，武将叛变者有之。1129 年，由于宋高宗任用贪官和宠信太监，御营将领苗傅和刘正彦在扬州发动政变，入宫逼迫高宗退位，立年仅 3 岁的高宗之子赵旉为帝，并请孟太后垂帘听政。宋高宗被迫禅位，史称“苗刘之变”。

苗刘之变期间，叛军对宋高宗毫不客气，却对孟太后礼敬有加。孟太后假意安抚苗傅和刘正彦，私下里召见韩世忠的妻子梁氏（评书与影视剧中“梁红玉”的原型）进宫，通过梁氏向在外诸将传达起兵勤王的懿旨。韩世忠接到懿旨，率领大军赶赴扬州，苗傅与刘正彦束手就擒，宋高宗的帝位得以恢复。

对于孟太后，宋高宗实在是感激到了极点。孟太后爱喝酒，宋高宗每月拨给她 1000 万文铜钱，还要专门为她建一个酒厂。但这位老太后风格高尚，既不要钱，也不要酒厂，她想喝酒的时候，自己掏腰包，让太监出宫去买[1]。

现在我们来分析一下：宋高宗称帝后，为何非要迎回这位老太后呢？苗刘之变和张邦昌被迫当金国傀儡时，为何都要请她垂帘听政呢？难道只是因为她风格高尚吗？

关键之处并不在于孟太后的德行，而在于孟太后的身份。如前所述，她是宋哲宗的皇后，同时也是宋高宗的伯母。在 1142 年宋高宗的亲妈韦太后被金国人送回杭州之前，她是两宋唯一的纽带，是南宋唯一的太后，是宋高宗宝座合法性唯一的公证人。有她在，南宋就在，她为宋朝皇室中任何一个人撑腰，那个人就能成为大宋政权的合法继承人。张邦昌认识到了这一点，宋高宗认识到了这一点，叛军首领苗傅和刘正彦虽然是大老粗，也能认识到这一点。本节开头，几万金兵在江西境内对老太后穷追不舍，说明金国人同样认识到了这一点——金兵只要能捉到老太后，逼这老太太表态投降，那么宋高宗就只能跟着投降。

古代中国男尊女卑，女权低下，但是儒家推崇孝道，孝道要求人们把太后的地位和权力象征性地摆到比皇帝还要高的位置，否则就是不孝。所以在儒教昌盛的朝代，例如宋朝、明朝、清朝，老皇帝一死，皇后立马变成太后，权力立马扩大，选皇嗣、立新君、定年号、商国计，各种军国重事都要经过太后首肯。如果皇帝尚未大婚，还必须让太后垂帘听政。

好在宋朝人运气不错，那么多垂帘听政的太后里，没有一个糊涂蛋，都懂得克制，都讲究保守，都不敢变动朝局，她们帮助宋朝政权平稳度过一个又一个危局，堪称大宋王朝的定海神针。而我们刚才讲的这个故事的主角孟太后，就是南宋初年的定海神针。

---

[1] 参见《宋会要辑稿》后妃二之三。

太后的外甥
赶走了太后的侄子

南宋第四位皇帝宋宁宗在位时，韩侂胄做了领班宰相[1]，经常请工部员外郎吴琚赏花饮酒。

在南宋，工部员外郎只是五品官，上面有工部郎中，工部郎中上面有工部侍郎，工部侍郎上面有工部尚书，工部尚书上面又有尚书左丞、尚书右丞、知枢密院、同知枢密院等副宰相，副宰相上面才是领班宰相。

也就是说，吴琚这个工部员外郎，离韩侂胄这个领班宰相差着好几级，那韩侂胄为什么会请吴琚喝酒呢？

这要从吴琚的身份说起。

吴琚出身高贵，他姑妈吴氏嫁给了宋高宗，他父亲吴益被封为王爷，他母亲秦氏则是秦桧的孙女。现在我们说起秦桧，那绝对是老鼠过街，人人喊打，可是在南宋前期，秦桧的影响力非常大。即使在秦桧死后，还有

[1] 宋朝实行“群相制”，由一群宰相共同执政，其中地位最高、权力最大者为领班宰相，当时称为“首相”。

很多官员公然宣称自己是秦桧的门生和老部下，因为能当秦桧的徒子徒孙，让他们觉得倍儿有面子。直到公元 1200 年前后，秦桧都死半个世纪了，南宋朝廷为了征伐金国，才对秦桧的罪行进行清算，才将秦桧写进奸臣传，并追封岳飞为“鄂王”。到那个时候，南宋主流舆论才掉转风向，大臣们才纷纷跟秦桧撇清关系。而在吴琚年轻的时候，他跟秦桧的亲戚关系实际上给他带来了很多便利，不论走到哪里，高官们都尊敬他，至少在表面上尊敬他。

吴琚不仅出身高贵，而且很有才华。他喜欢书法，最爱临摹米芾的作品。如果把吴琚的临摹之作跟米芾的原作放在一块儿，我们几乎看不出哪一幅是原作，哪一幅是仿作。他还喜欢填词，精通音律，会唱各种长调和小令。他的山水画也有一定造诣，泼墨山水大气淋漓。

吴琚在家族里同辈兄弟当中排行第七，因为他是宋高宗的内侄，所以被封为郡王，又因为他排行第七，所以被人们亲切地称为“吴七郡王”。南宋士大夫说起吴七郡王，都会竖起大拇哥：“吴七郡王，嗯，那是个才子，大才子！”

不过，韩侂胄之所以请吴琚喝酒，既不是看重吴琚的出身，也不是看重吴琚的才华，而是因为吴琚有功劳——拥立宋宁宗的功劳。

宋宁宗是宋光宗的儿子，宋光宗还没死，宋宁宗就当上了皇帝。怎么当上的呢？他被朝中大臣和太皇太后强行推到了皇帝宝座上。

朝中大臣是怎么跟太皇太后里应外合的呢？主要靠两个人从中联络，一个是韩侂胄，另一个就是吴琚。

太皇太后又是谁呢？就是吴琚的姑姑。吴琚跟太皇太后是姑侄关系，经常出入后宫，当然便于联络；韩侂胄则是太皇太后的外甥，当时正负责后宫的保卫工作，更便于联络。

朝中大臣以副宰相赵汝愚为首，商议好废立大计，再通过韩侂胄向太皇太后禀报。而吴琚呢？负责劝告太皇太后以江山社稷为重，听从外面大臣的意见。

在赵汝愚的策划、韩侂胄的联络和吴琚的劝说之下，太皇太后终于下定决心，迫使宋光宗退位。

宋光宗退位前，精神已经不正常，不想让亲生儿子赵扩——后来的宋宁宗当接班人，竟然将侄子赵柄宣召进宫，封为公爵，计划让赵柄接班。

赵柄非常兴奋，认为只要光宗退位，自己就能接班。太皇太后宣布废立诏书的时候，赵柄在宋光宗的怂恿下，摩拳擦掌，跃跃欲试，要跟赵扩争夺皇位继承权。幸亏吴琚跟赵柄私交很好，强拉着赵柄欣赏书法，拖慢了赵柄的脚步。等赵柄赶到太皇太后寝宫时，赵扩已经披上龙袍，文武百官已经在赵汝愚和韩侂胄的率领下，向赵扩三跪九叩、庆贺登基了。

所以说，宋宁宗登基有三大功臣：赵汝愚、韩侂胄、吴琚。

宋宁宗登基后，先让赵汝愚当宰相，结果赵汝愚被韩侂胄陷害，相权被夺，流放到了外地；随后宋宁宗又让韩侂胄当宰相，韩侂胄当然志得意满，可是一想吴琚还在，这宰相当得就有点儿不太安稳。

韩侂胄的想法是这样的：吴七郡王没有我官大，可他跟我一样，既是拥立新君的功臣，又是太皇太后的至亲，假如他也想当宰相，假如他模仿我的招法，像我搞掉赵汝愚那样，也在背地里给我使绊子，那我就完了。不行，无论如何也得让他离开朝廷！

于是，韩侂胄每天下了晚朝，宁可不去参加宋宁宗举办的宫廷宴会，也要回自己府上招待吴琚。他今天请吴琚赏花，明天请吴琚饮酒，后天请吴琚欣赏书法。他这样做，当然是为了笼络吴琚，希望吴琚别跟他作对[1]。

[1] 参见南宋叶绍翁《四朝闻见录》，下同。

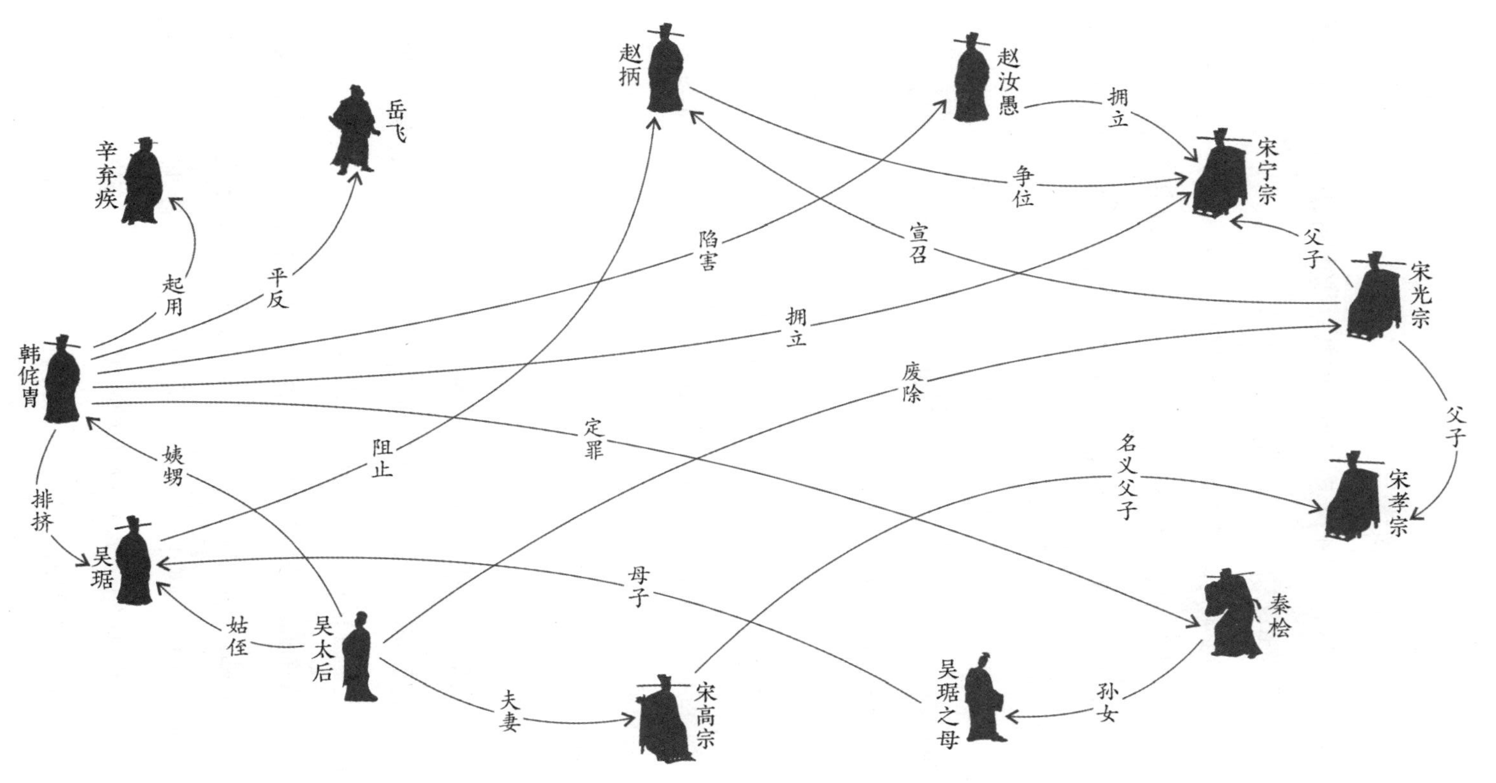
赵柄
赵汝愚
拥立
岳飞
宋宁宗
辛弃疾
争位
陷害
宣召
父子
起用
平反
宋光宗
拥立
韩侂胄
废除
父子
定罪
名义父子
姨甥
阻止
宋孝宗
排挤
吴琚
母子
秦桧
姑侄
吴太后
吴琚之母
孙女
夫妻
宋高宗

本节人物关系网

有一回，韩侂胄收到一瓶百花酒，就是用多种花朵浸泡调味的酒。韩侂胄自己不喝，派人送给吴琚，并在帖子上写道："敬奉吴七郡王阁下，近得百花酒一樽，颇不俗，特请下僚捧献，聊供春盘之饮。倘蒙尊赏，幸甚过望，谅郡王友爱，不以清薄微物见怪也。"

韩侂胄这封帖子写得很谦卑，大意是说：近日得到百花酒一瓶，不算太俗气，特派仆人敬献给吴七郡王阁下，希望郡王能用来佐餐。如果郡王能留下这瓶酒，那对我来说真是莫大的荣幸。郡王一向待我不错，应该不会因为礼物太菲薄而怪罪我吧？

吴琚收到百花酒，非常开心，不愿独饮，又带着酒来找韩侂胄。两人在韩侂胄家的花园里席地而坐，让厨师炒了几个小菜，一边品尝百花酒，一边欣赏园中鲜花盛开的美景。

吴琚喝爽了，顺口说："宰相大人，我有一句话，你听了可别生气。"

韩侂胄道："郡王请讲，在下洗耳恭听。"

吴琚指着花园里的花说："贵府花园虽大，花的品种却比较单一，跟您这瓶百花酒并不搭配。我还记得少年之时，随父亲去成都，那里的花品种繁多，处处都是奇花异草。杜工部有云：'晓看红湿处，花重锦官城。'确实没有一句虚设。"

韩侂胄不但没生气，还很高兴，他顺着吴琚的话头往下带："既然郡王认为成都的花好，明日何不禀告圣上，请圣上派您去成都府做官呢？郡王如果不好意思开口，在下愿意助一臂之力，在圣上跟前替您说句话。"

韩侂胄确实想让吴琚去成都做官。别说去成都，不管吴琚想去哪里做官，韩侂胄都会大力支持。因为吴琚当了地方官，就远离了宋宁宗和太皇太后，就不可能在皇帝和太皇太后面前说他的坏话，他就没有了后顾之忧。

吴琚还在酒兴上，没有明白韩侂胄的真实意图，连连表示感谢："多谢宰相大人的深情厚谊，吴琚将来到了任上，一定重重酬答。"

等回到家，醒了酒，吴琚回过神来了，赶紧给韩侂胄写信。他在信中说：“太母年迈，只恐不肯放弟远去。”他说的太母，指的是姑妈，也就是太皇太后。吴琚拿太皇太后当借口，意思是说太皇太后年纪大了，身边没有几个近亲，就算我想去成都做官，太皇太后也不会放我走啊！

韩侂胄读完这封信，顿时泄气：“哎，吴琚这家伙太精明了，不好糊弄！”

吴琚想不想去成都呢？有这个想法。可是跟去成都赏花看景相比，他更留恋权力。只要留在临安城（今浙江杭州），只要太皇太后一直活着，他就能一直升官。如果远离太皇太后，那他就没了靠山，韩侂胄想怎么收拾他，就能怎么收拾他。

由此可见，吴琚不仅是个才子，也是一个很有心计的人。

可惜的是，韩侂胄比吴琚更有心计。老韩不断地在宋宁宗跟前夸奖吴琚，说吴琚有大将之才，应该派到更重要的地方担当重任。宋宁宗最后被说动了，不顾太皇太后的反对，把吴琚打发到长江以北防守金兵去了。

韩侂胄为了能当宰相，先是陷害赵汝愚，接着排挤吴琚。乍一听上去，这个人阴险毒辣，自私自利。但是，他在当宰相期间，建立的功业也不小：一是为岳飞彻底平反，二是把秦桧钉在历史的耻辱柱上，三是重新起用抗金老将辛弃疾，四是训练出几十万精锐部队北伐金国，并且打了好几场漂亮仗。这些都是韩侂胄的功劳。

只不过，由于老成持重的大臣都被韩侂胄排挤走了，朝廷的用兵方略过于冒进，前线将士又闹内讧，才导致韩侂胄主持的“开禧北伐”以惨败收场，连韩侂胄的脑袋也被投降派砍掉，作为南宋朝廷再次求和的砝码，被送到了金国。南宋从此一蹶不振，再也没有能力对金国发动战争，变得更加保守、更加退缩、更加虚弱。

设想一下，假如韩侂胄没有赶走吴琚，没有扳倒赵汝愚，有这两大功臣牵制着，他肯定不敢独断专行、轻率冒进，北伐战争的结局也许会反转过来。

我想说的意思是，当一个人干掉所有竞争对手以后，他也许不会更强大，而是会更脆弱。因为权力越大，盲区就越多。

第二章 官场之网

宋朝容得下『小旋风』柴进吗？

听欧阳修讲杨家将

被嘲笑的将军

养马的司马光害怕包拯吗？

岳飞被杀前的西湖大宴

一个算命先生的官场人脉

因为做官，所以疯癫

苏东坡的敌人，未必都是坏人

苏东坡死后那场文字狱

祖宰相去世以后

岳飞儿孙在广东的日子

文天祥的多面性

宰相之子下天牢

大师、名妓、南宋假钞

宋朝容得下『小旋风』柴进吗？

梁山一百单八将，论出身之高贵，谁也比不过“小旋风”柴进。

《水浒传》第九回，店主人向林冲介绍柴进：“他是大周柴世宗嫡派子孙，自陈桥让位有德，太祖武德皇帝敕赐他誓书铁券在家中，谁敢欺负他？”

同书第五十一回，作者用一首曲子赞美柴进：“累代金枝玉叶，先朝凤子龙孙。丹书铁券护家门，万里招贤名振。待客一团和气，挥金满面阳春。能文能武孟尝君，小旋风聪明柴进。”

还有第二十二回，宋江杀了阎婆惜，刺配江州，经过柴进庄园。柴进拍着胸脯说道：“兄长放心，便杀了朝廷的命官，劫了府库的财物，柴进也敢藏在庄里！”

这几段情节表明，柴进是五代十国时期后周世宗柴荣的后代，既是前朝的龙子凤孙，又是宋朝的特权阶层。遥想当年，柴荣驾崩，幼帝柴宗训即位，禁军统帅赵匡胤在陈桥发动兵变，年仅 7 岁的幼帝被迫禅位。赵匡胤为了收买人心，没有马上杀掉柴宗训，反倒赐给这位前朝小皇帝一块丹书铁券，让他传给子孙后代，世世代代享有免罪特权。柴进作为柴姓子孙，有这块丹书铁券在手，相当于有大宋皇帝保驾护航，所以胆敢窝藏凶犯，胆敢款待盗贼，胆敢结交与朝廷作对的梁山好汉。

所谓“丹书铁券”，其实是一份铁铸的承诺书，上面铸刻着皇帝对臣子的承诺。承诺内容基本上是这样子的：“你立有大功，朕非常感激，以后你和你的子孙只要不造反，哪怕犯下杀人放火的大罪，朕也会赦免你们。”为了让承诺更加醒目，阴刻文字间还要填以朱砂，或者嵌以黄金，金灿灿，红艳艳，所以名曰“丹书”。

丹书铁券并非传说和艺术虚构，历史上真的有过这种东西，而且还有过不少。

西汉初年，汉高祖“与功臣剖符作誓，丹书铁契，金匮石室，藏于宗庙”[1]。刘邦发给每个功臣一块丹书铁券，每块都是一式两份，功臣藏一份，宫里藏一份。宫里的那批丹书铁券被精心保存，用金盒封装，用石屋贮藏，跟祖宗牌位放在一块儿。

唐朝末年，唐昭宗为了奖赏后来的吴越国建立者钱镠平定叛乱的大功，赐给钱镠一块丹书铁券，上面刻着他对钱镠的表扬和承诺，总共 333 个字，全部用黄金镶嵌。如今这块铁券藏在中国国家博物馆，长 52 厘米，宽 29.8 厘米，厚 0.4 厘米，像一块长方形的瓦片。唐昭宗最关键的一句承诺被刻在铁券末尾：“卿恕九死，子孙三死，或犯常刑，有司不得加责。”只要不造反，朕会宽恕你的死罪，宽恕你九次，宽恕你的子孙三次，倘若你或你的子孙触犯普通刑法，有关部门是不能处罚你们的。

明朝初年，朱元璋效法汉唐帝王，参照钱镠铁券的样式，让礼部官员

[1]《汉书・高帝纪》。

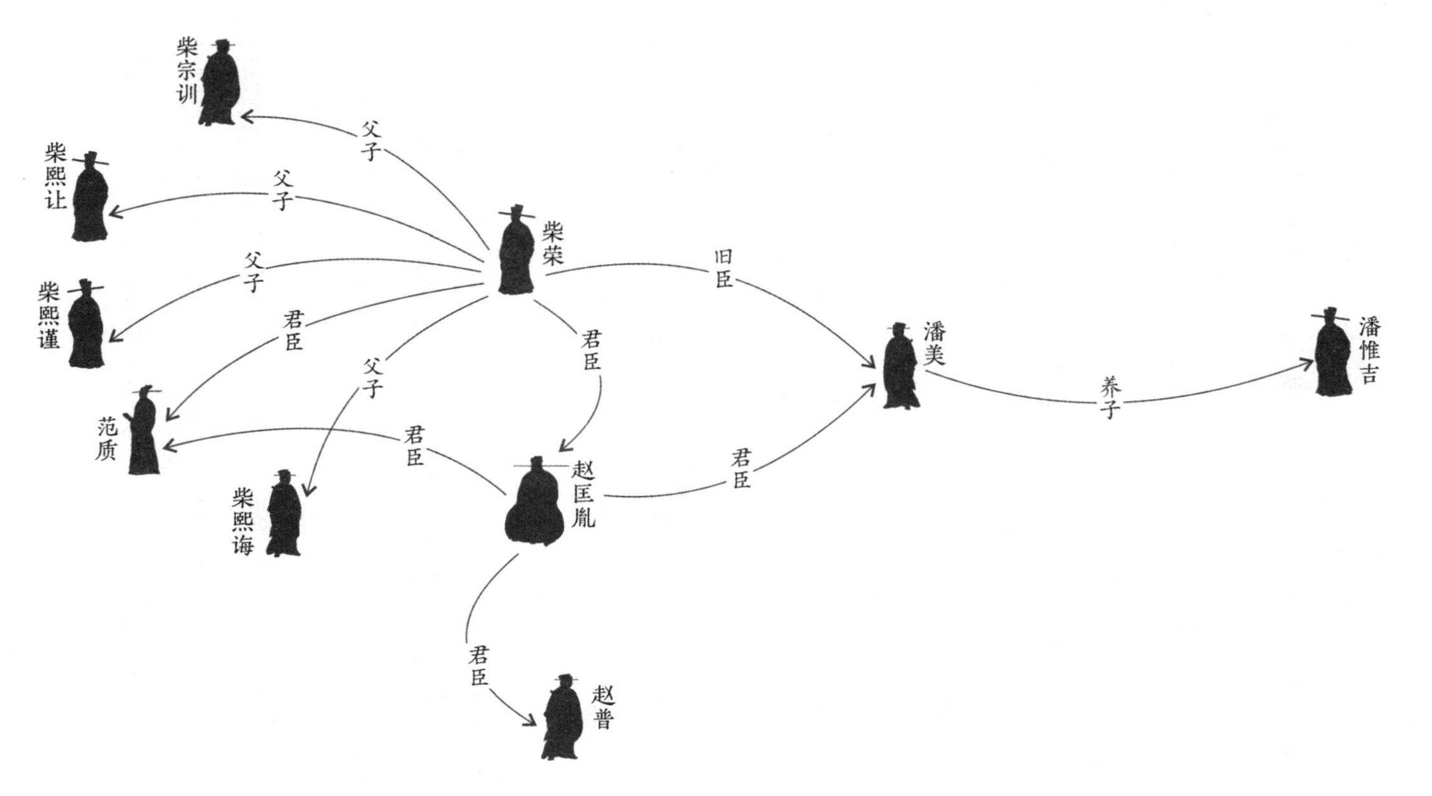

本节人物关系网

设计并铸造了一批铁券，分发给几十位开国功臣。跟汉代铁券一样，朱元璋赐给功臣的铁券也都是一式两份，一份藏于皇宫，一份交由功臣家族世代保存。如果哪位功臣或者功臣后代谋反的话，家藏铁券会被收回，连同宫里保存的那份铁券一起被毁掉。

丹书铁券不是艺术虚构，柴进这个人物却是虚构出来的。其实在两宋三百余年间，在后周世宗柴荣与幼帝柴宗训的所有子孙当中，都没有出过一个名叫“柴进”的人。不过我们可以假设一下，假设历史上真的有过柴进这个人，假设柴进真的是后周皇帝柴荣和柴宗训的子孙，那么他家里有没有可能放着一份丹书铁券呢？

答案是：不可能。

当年赵匡胤陈桥兵变，禁军冲入开封，包围皇宫，幼帝柴宗训及其养母符太后吓得魂不附体，被迫禅位。赵匡胤受禅登基，将柴宗训封为郑王，将符太后封为周太后，让这对母子搬进西宫[1]，好吃好喝好待承，表现得相当仁慈。从表面上看，赵匡胤没有模仿五代十国的大部分君主，一改朝换代就把前朝帝王及其子孙杀个干净。但是，他内心里还是害怕柴宗训长大成人，害怕诸将心念旧恩，害怕柴宗训跟亲信联起手来除掉自己，害怕刚刚建立的大宋再被改回后周。所以他派最亲信的将军看守西宫，严禁柴宗训外出，严禁符太后跟外臣联络。公元973年，柴宗训薨逝，年仅21岁，死前连后代都没有。从常理上推想，柴宗训极有可能是被赵匡胤派人毒死的。

后周世宗共有七个儿子，前三个儿子都死在五代十国的政变当中，是被后汉第二个皇帝刘承祐杀掉的；第四个儿子即是幼帝柴宗训，在大宋建国十余年后突然死去；剩下三个儿子，分别叫柴熙让、柴熙谨、柴熙诲。

[1]《续资治通鉴长编》误将“西宫”记为“西京”。

其中柴熙谨在大宋建国四年后夭折，享年不到10岁，柴熙让和柴熙诲则“不知其所终”[1]，不知道最终下场如何，反正再也没有听说过他们的消息。

实际上，在柴熙让和柴熙诲二人当中，至少有一个没有被害，而是在赵匡胤安排之下改名换姓，被一个大臣收养了，这个大臣就是北宋的开国大将潘美。潘美生性谨慎，又是赵匡胤的亲信，赵匡胤让他收养后周世宗的儿子，其实是别有用心的。

北宋王巩《随手杂录》记载了潘美收养周世宗后代的经过：

> 太祖皇帝初入宫，见宫嫔抱一小儿，问之，曰：“世宗子也。”
>
> 时范质与赵普、潘美等侍侧，太祖顾问普等曰：“去之？”潘美与一帅在后不语。
>
> 太祖召问之，美不敢答。太祖曰：“即人之位，杀人之子，朕不忍为也。”美曰：“臣与陛下北面事世宗，劝陛下杀之即负世宗，劝陛下不杀则陛下必致疑。”
>
> 太祖曰：“与尔为侄，世宗子不可为尔子也。”美遂持归。其后，太祖亦不问，美亦不复言，后终刺史，名惟吉。

赵匡胤带着禁军冲进后周皇宫，看见嫔妃抱着一个婴儿，得知是后周世宗的骨血，便问宰相范质、大将潘美和谋臣赵普：“要不要把这小子杀掉？”潘美一声都不吭。

赵匡胤想知道潘美的真实想法，假惺惺地说：“朕继承了世宗的皇位，如果再杀他的儿子，朕也不忍心啊！”潘美趁机劝谏：“我跟陛下过去都是世宗的臣子，如果劝陛下除掉世宗的骨血，那怎么对得起世宗呢？可是

[1]《新五代史·周家人传》。

如果我劝陛下别杀这个孩子，陛下肯定又会以为我有外心。”

赵匡胤听闻此言，说道：“朕命你收养这个孩子。不过你不能拿他当儿子，只能拿他当侄子。”于是潘美把那个婴儿抱回了家。后来这个婴儿改姓潘，取名潘惟吉，长大以后，得到了“刺史”的虚衔。

潘惟吉本姓柴，是后周世宗柴荣的儿子，史有明载。但是，他本名究竟是柴熙让还是柴熙诲呢？恐怕连他自己都说不清楚。更有可能的是，养父潘美对他十分保密，始终没有告诉他他的出身来历，他到死都不知道自己是后周皇族，到死都不知道赵匡胤篡夺的是他们家的皇位。

赵匡胤之所以将世宗骨血交给潘美收养，原因有三：第一，留下世宗后代不杀，后周的遗老会感恩戴德；第二，深知潘美谨小慎微，不敢向孩子吐露真相；第三，万一这个孩子是天纵英才，建功立业，那也是为大宋皇帝服务。

总而言之，后周世宗的儿子不是幼年被杀，就是少年夭折，唯一长大成人的也成了别人家的孩子，连幼帝柴宗训也没有留下后代。所以柴进可能是大周柴世宗嫡派子孙吗？完全不可能。

那么柴进会不会是世宗的旁系子孙呢？这倒有可能。

宋仁宗在位时，皇子接连夭折，仁宗到了垂垂暮年，还没有皇位继承人，大臣上表说：“绝人之世，灭人之祀，而妨继嗣之福也。”[1]皇上您为啥没儿子？因为太祖皇帝灭了后周皇帝的后代，这是报应啊！宋仁宗虚心纳谏，让地方官寻访后周世宗的侄子和侄孙，赏他们钱花，给他们官做，还为后周世宗建造庙宇和祠堂。

从宋仁宗起，一直到北宋最后一个皇帝宋钦宗为止，柴氏子孙都被朝廷优待，每一代柴氏子孙里年龄最大的那个人都被封为“崇义公”，拥有

---

[1]《宋会要辑稿》崇儒七之七十二。

中低级官衔和免除赋税的特权。可惜的是，这些柴氏子孙都不太争气，没有一个人中过进士，也没有一个人立过战功。总而言之，他们的家庭教育欠缺，个人能力欠缺，始终在宋朝皇帝还债式的封赏下混吃等死。宋朝皇帝给过他们丹书铁券吗？绝对没有，因为他们不够资格。

宋人笔记里提到一个柴氏子孙，官至蔡州知州，只会求田问舍，有钱就买房出租，每天能收房租 5000 文，可是从来不见他开心过。有一回此人重病，不舍得看病吃药，活活昏死过去，醒来第一句问道："今日费几钱？"[1] 意思是今天咱们家花掉多少钱。

像这样格局狭小的守财奴，跟《水浒传》中虚构出来的柴氏子孙"小旋风"柴进的脾气相差实在太远了。

[1] 江休复《江邻几杂志》。

听欧阳修讲杨家将

公元 1051 年，在写完名满天下的《醉翁亭记》之后第六年，欧阳修又写了一篇《供备库副使杨君（琪）墓志铭》。

“供备库副使”是官职名称，按字面意思理解，即宫廷器具储藏库副主任，但在北宋前期，这种官职纯为虚职，仅仅表明一个人的军衔，品级属于七品，相当于上尉或少校。“杨君”，即杨琪，官小位卑，默默无闻，《宋史》无传，宋人笔记也不见记载。但他出身于一个非常了不起的家族，那就是妇孺皆知的杨家将。

现在六〇后、七〇后的大部分朋友，肯定从戏曲、评书或者电视剧里听说过杨家将。说是宋太宗在位时，有一员老将杨继业，又名杨业，带着儿子们冲锋陷阵，跟辽国打硬仗，不幸遭到奸臣潘仁美暗算，陷入辽军的重重包围。杨继业宁死不降，撞死在李陵碑下；大儿子、二儿子、三儿子死在乱军之中；四儿子被俘，改名换姓入赘番邦，成为辽国驸马；五儿子看破红尘，去五台山当了和尚；七儿子单枪匹马冲出包围，到潘仁美那里搬救兵，却被潘仁美乱箭射死；只有六儿子杨延昭硕果仅存，接续杨家香火，迎娶柴郡主，生下杨宗保，统领大军继续抗辽。杨宗保娶妻穆桂英，生子杨文广，父子俩皆武功高强，英俊潇洒，每次上战场，必有敌方女将暗送秋波。穆桂英更是女中英豪，智勇双全，带着杨门女将西征西夏，北伐契丹，南平叛乱，大破天门阵，立下赫赫战功……

您肯定猜得到，以上故事大半出自历代文人和传统艺人的杜撰，绝非真实的历史。

按正史记载，杨继业确实有几个儿子，其中一个儿子确实叫杨延昭（原名“杨延朗”）。但杨延昭不是六儿子，而是大儿子。杨延昭的儿子其实是杨文广，而不像故事里描写的那样，杨文广竟然成了杨延昭的孙子、杨宗保的儿子。杨宗保实际上是虚构出来的人物，他的妻子穆桂英当然也是虚构出来的人物。

欧阳修为杨琪写墓志铭，写了几百个字，三分之一篇幅写杨家将。欧阳修说，杨琪，字宝臣，籍贯在麟州（今陕西神木），与胡人杂居，当地盛行骑射，所以杨家世代习武，出了很多武将。杨琪的曾祖杨弘信、祖父杨重勋、父亲杨光扆，都是守卫边疆的军官。杨继业是杨琪的伯祖父，是杨琪祖父杨重勋的亲哥哥。宋太宗在位时，杨继业出任云州观察使，相当于山西大同警备区司令，后来牺牲于宋辽战役，被追赠为太师、中书令。杨继业的儿子杨延昭，宋真宗在位时被任命为莫州防御使，相当于河北保定警备区司令。

对于杨继业和杨延昭，欧阳修评价很高：“父子皆为名将，其智勇号称无敌，至今天下之士，至于里儿野竖，皆能道之。”[1]杨继业和杨延昭都是名将，智勇双全，天下无敌，他们死后几十年，英勇事迹还在民间广

[1]《供备库副使杨君（琪）墓志铭》，下同。

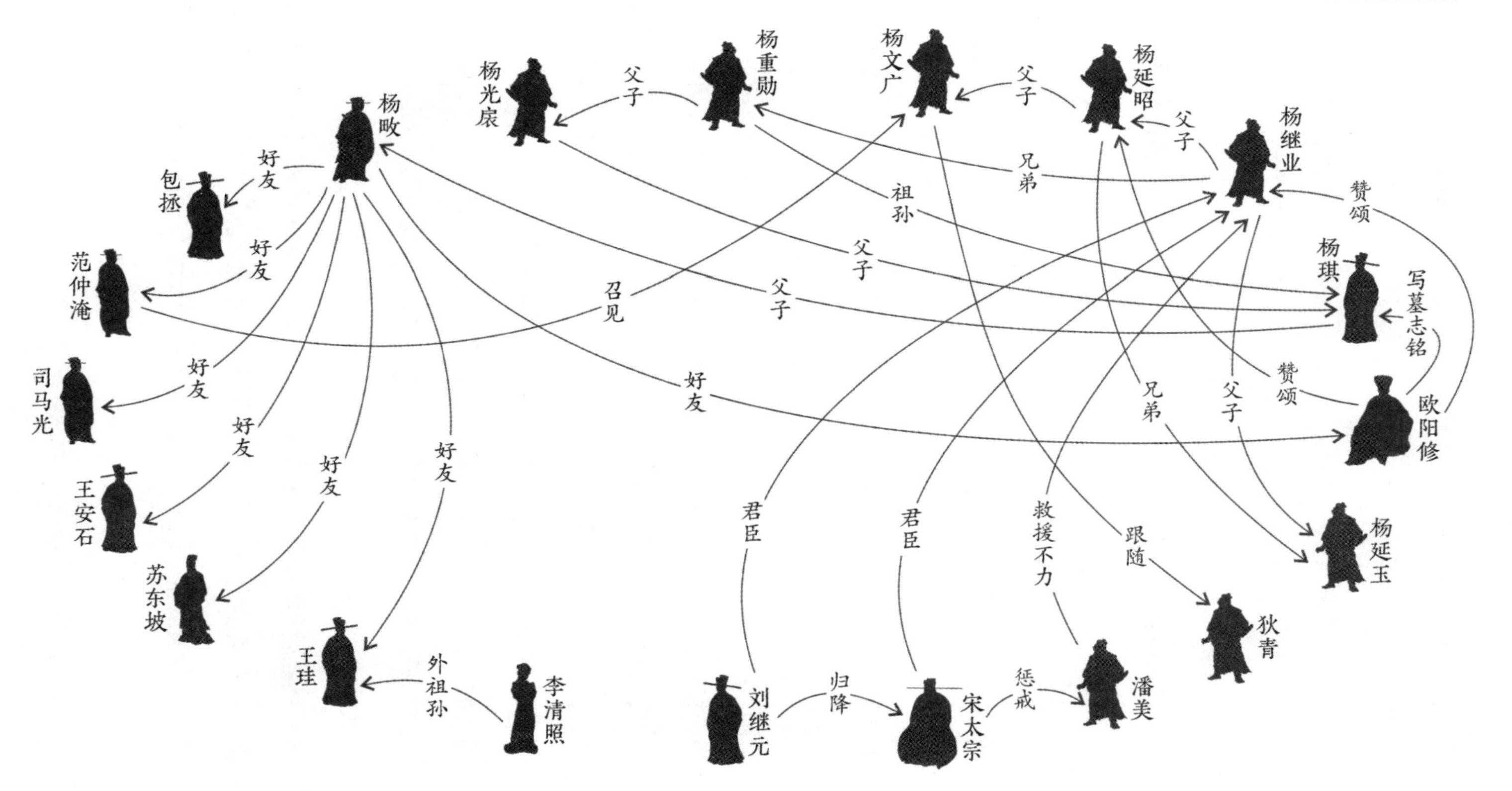
杨继业
杨延昭
杨文广
杨重勋
杨光扆
杨眕
包拯
范仲淹
司马光
王安石
苏东坡
王珪
李清照
刘继元
宋太宗
潘美
狄青
杨延玉
欧阳修
杨琪
父子
兄弟
祖孙
召见
好友
赞颂
写墓志铭
君臣
救援不力
跟随
归降
惩戒
外祖孙

本节人物关系网

泛传播，连文盲和小孩子都能讲述他们的故事。

杨琪也是武官，可惜碌碌无为，“用其从父延昭，任为三班奉职”。仰仗着伯父杨延昭的功劳，才得到一个低级军衔。好在杨琪的儿子比较有出息——他儿子名叫杨畋，字乐道，弃武从文，中了进士，官至三司副使（相当于财政部副部长）、龙图阁直学士。了解包拯生平的朋友应该都知道，包拯也做过三司副使，晚年也是龙图阁直学士。杨畋仅比包拯小 8 岁，与包拯有交往，也跟范仲淹、梅尧臣、欧阳修、司马光、王安石、苏东坡以及李清照的外公王珪、苏东坡的表哥文与可等人常相往来。宋仁宗嘉祐六年（1061），中了进士的苏东坡和苏辙哥儿俩参加选官考试，需要在职官员做担保，其中苏辙的担保人就是杨畋。杨畋去世，苏辙还写了一篇《杨乐道哀辞》，予以悼念。

杨畋死后，墓志铭由其至交好友王陶撰写。就像欧阳修为杨琪撰写墓志铭先讲杨家将一样，王陶为杨畋撰写墓志铭也是先讲杨家将：“公讳畋，字乐道，姓杨氏，其先麟州新秦人。伯曾祖云州观察使业，曾祖保静军节度使重勋，伯祖莫州防御使延昭，忠勇功烈，著在国史。”[1] 杨畋的伯曾祖是云州观察使杨业（杨继业），曾祖是保静军节度使杨重勋，伯祖是莫州防御使杨延昭，老几位都是当朝名将，国史里记载着他们的光荣事迹。

杨继业是杨家将的第一代人物，杨延昭是杨家将的第二代人物，二人生平事迹在《宋史》《辽史》《宋会要辑稿》以及宋人笔记、宋人诗词里都有记载。

杨继业最初是五代十国时期北汉的大将，本名杨贵重，北汉皇帝刘崇赐他姓刘，改名刘继业。北宋建立后，宋太祖和宋太宗不断出兵侵扰北汉，北汉小朝廷抵挡不了，请求辽国援助。刘继业跟辽军联手，屡次打退宋军

[1]《杨畋墓志铭》。

进攻，成了北汉王朝的中流砥柱。

公元 979 年，宋太宗以倾国之力亲征北汉，截断辽军援助，占领北汉首都太原，刘继业被迫跟随北汉皇帝刘继元归降大宋，然后改名杨继业。降宋以后，杨继业的地位一落千丈，从统兵主帅变成一个小小的边防支队参谋，麾下只有几千人马。

公元 986 年，宋太宗第二次北伐辽国，杨继业带领一支军队孤军深入，没有得到主帅潘美和监军王侁的救援，被辽军俘虏，不久牺牲。按《宋史·杨业传》记载，杨继业与儿子杨延玉一起被俘，宁死不屈，绝食三天而死。而《辽史·耶律斜轸传》则说，杨继业被辽国大将耶律斜轸俘虏，后者质问他："你原先在北汉做官，跟我辽军联手抗宋，今天却忘恩负义，帮助宋军打我辽国，难道不觉得羞耻吗？"杨继业听闻此言，"但称死罪而已"。无法回答耶律斜轸的质问，自己知道理屈，愿意以死谢罪。

《辽史》和《宋史》都成书于元朝，前者主要由辽国遗老编写，后者主要由南宋遗老编写，写到宋辽交战的战绩和战将时，往往夸大己方，抹黑敌方。很明显，《宋史·杨业传》突出了杨继业的英雄形象，而《辽史·耶律斜轸传》为了突出耶律斜轸的英雄形象，便抹黑了杨继业。

那次伐辽，宋军大败，宋太宗灰溜溜地带着残兵败将逃回中原，杨继业被俘牺牲的消息也传了回来。宋太宗既为失去一员战将而痛心，也为潘美和王侁不加援手而愤怒，他让王侁卷铺盖滚蛋，也剥夺了潘美身上的三个头衔。几百年后，戏曲和话本故事将潘美讹称为"潘仁美"，将其彻底打造成一个奸臣形象。

杨继业的大儿子杨延昭也参与了那次伐辽，但没有被俘。他本名"杨延朗"，晚年为避"保生天尊大帝赵玄朗"（宋真宗捏造出来的一个神仙祖宗）的讳，改名"杨延昭"。杨延昭在第二代杨家将里的排行本是老大，但是在整个杨氏家族里的同辈兄弟当中，他的排行是第六，所以人称"杨六郎”。

杨六郎性格内向，不爱说话，打仗勇敢，冲锋在前，守城也很有韬略。公元 999 年，辽军南侵，杨六郎奉命把守一个小城池，成功地把几万辽军挡在了城外。公元 1004 年，辽国大军在辽国皇帝和太后的率领下再次南侵，杨延昭奉命把守遂城（今河北武强县），抵挡住了辽军的百余次攻袭，受到宋真宗嘉奖。

传说杨六郎娶了后周世宗柴荣的女儿柴郡主。实际上，柴荣根本没有女儿。就算柴荣有女儿，就算杨六郎真的娶了柴郡主，也不会是他的福气。因为宋太祖从后周夺得天下，特别提防后周世宗的后人。在后周世宗留下的几个儿子当中，柴宗训7岁登基，被宋太祖篡权，软禁到21岁，突然病逝；柴熙谨和柴熙诲年龄更小，只有其中一个长大成人，却完全不记得自己姓柴了。杨六郎作为北汉降将的儿子，如果胆敢迎娶后周皇帝的女儿，很可能像柴宗训等人一样，不明不白地死掉。

最后再说说杨家将第三代人物杨文广。

如前所述，杨文广是杨延昭的儿子，此人在戏曲里光彩夺目，在历史上籍籍无名。他没中过进士，也没中过武举，靠祖父和父亲的恩荫，人到中年才得以做官，并且还是低级武官。范仲淹以副宰相的身份驻防陕西，统管文武，杨文广有幸被范仲淹召见，收为亲兵。公元 1052 年，大将狄青南征侬智高，杨文广随军出征。

随狄青出征那一年，杨文广已经年届五旬，跟电视剧《杨家将》里那个白盔白甲胯下白马的白袍小将完全不是一回事儿，倒比较接近欧阳修《醉翁亭记》里那个“苍颜白发”的老太守。

被嘲笑的将军

我小时候，五黄六月，小麦收割以后，豫东平原的乡亲们稍稍清闲，会请说书先生到村里，给大伙演唱河南坠子。演唱内容以古代战争故事为主，《杨家将》《呼家将》《薛家将》《穆桂英挂帅》《樊梨花征西》，都是全本大套的节目，一部书能唱半个多月。只要不下雨，说书人每天晚上都在村里大街上露天表演，男女老少搬着小凳子跑去听，围得里三层外三层。

我印象最深的，是《呼家将》，因为这部书打戏最多，弦师拉着坠胡，演员自说自唱，唱到兴头上，还加身段，比画出打斗动作：

> 欧和尚打个飞脚往上闯，他们两个话不投机动武功。
>
> 这一个使出白鹤双展翅，那一个燕子抄水往里冲。
>
> 这一个猛虎掏心打过去，那一个太上老君把门封。
>
> 这一个溜地使了个扫堂腿，那一个蹦起来单挂朝心蹬。

老庞文他传令如山倒，立刻点下三千兵。

哗啦一声往上闯，把他俩包围正当中。

东杀西砍出不去，眼看小命难活成。

人不该死有人救，咱给他找个救命星……

这段书是《呼家将》的高潮部分，小回目叫作《呼延庆打擂》，我们小孩子最爱听，不但听，还能跟着唱。

呼延庆是谁？他是宋初大将呼延赞的子孙。呼延赞又是谁？他是五代十国时期后周世宗柴荣麾下的军官，后来跟了宋太祖，南征打过淮南，北伐打过北汉，武艺出众，作战勇猛。

呼延赞在《宋史》上有传，《续资治通鉴长编》也记载了他的事迹，除了作战勇猛不怕死这一点外，他给人最大的印象是古怪，非常古怪。

他复姓呼延，不是汉人，而是鲜卑人，祖籍山西太原，当时属于番汉杂居之地。他父亲呼延琮，也是一员猛将，在后周时期做过高级军官。呼延赞少年从军，身躯魁梧，坐着跟别人站着一样高，力气也大，八十多斤重的大铁枪到他手上，就跟一根小竹竿似的轻便。打仗时，他冲锋在前，手持降魔杵，腰悬破阵刀，胯下乌骓马，头上戴着自制的“铁折上巾”，两只帽翅用镔铁打造，都开了刃儿，还把额头涂抹成绛红色，胆小的敌人瞧见他，吓得掉头就窜。

宋朝男性盛行刺青，呼延赞更是如此，浑身上下刺满“赤心杀契丹”的字样，左耳后面刺字“出门忘家为国”，右耳后面刺字“临阵忘死为主”。他有四个儿子，身上和耳后也都有同样的刺青。他还将家中女眷集合起来，非要在她们脸上刺字，不刺字就砍头。女眷大哭求情，他心软了，改成在她们胳膊上刺字，每人左臂都刺上“赤心杀契丹”。

呼延赞对儿孙非常严厉，每人每天都要挨一顿铁鞭，为的是锻炼他们

本节人物关系网

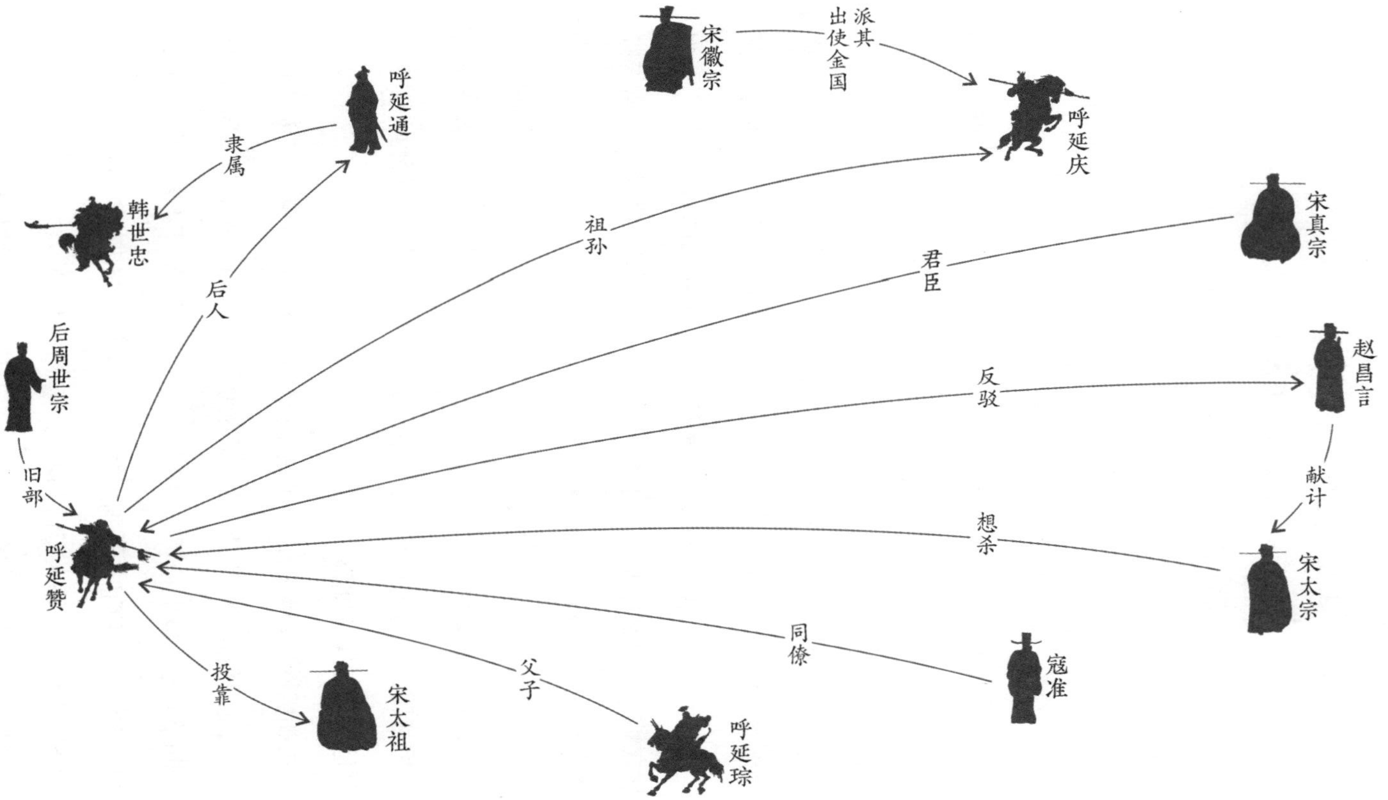

宋徽宗
派其
出使金国
呼延庆
呼延通
隶属
韩世忠
后人
祖孙
宋真宗
君臣
后周世宗
旧部
赵昌言
反驳
献计
呼延赞
想杀
宋太宗
同僚
寇准
投靠
宋太祖
父子
呼延琮

的抗击打能力。隆冬腊月，滴水成冰，他让儿孙们站成一排，脱得赤条条的，往他们身上泼凉水，为的是强身健体，磨炼意志。他有个孙子刚满月，被他抱到城墙上，用小棉被裹住，噗的一下扔到城墙下面。围观者大惊，责问他为何如此残忍，他满不在乎地笑道："俺们呼延家的男孩都摔不死，能摔死的都不配生在俺们呼延家！"不过与此同时，他又疼爱儿孙到了极点，有一个孩子生病，别人骗他说："只有吃了亲人的肉才会痊愈。"他信以为真，捋起裤子，从自己大腿上砍下一块肉，炖熟了让那个生病的孩子吃。

呼延赞是粗豪武夫，文化水平很低，但却喜欢写诗。北宋中叶的文人拿他开玩笑："文章却似呼延赞，风貌全同富相公。"[1] 形容一个人长得魁梧，跟宋仁宗朝的宰相富弼一样威猛，可惜文章很烂，像呼延赞一样狗屁不通。宋真宗在位时，大臣寇准问道："都说你呼延将军爱写诗，今天当着老夫的面，能不能口占一绝呢？"呼延赞当即赋诗："三十年前小健儿，今日相公教吟诗。江南风景从君咏，塞北风尘我自知。"[2] 这首诗对仗工整，主题鲜明，应该不是呼延赞的原作，极可能是后人杜撰出来的。

另有一条记载，出自大臣富弼之口，绝非杜撰。说的是宋太宗吞并北汉之后，参知政事（副宰相）赵昌言献计："自此取幽州，犹热鏊翻饼耳。"意思是我们已经把北汉拿下，应该趁热打铁攻打辽国，收复幽州故地就像在鏊子上翻烙饼一样容易。呼延赞时任殿前都指挥使，相当于御林军里的营级军官，听赵昌言如此大言不惭，立即亢声反驳："书生之言不足尽信，此饼难翻！"[3] 意思是你们书生不懂军事，净吹牛，辽国兵力比北汉强盛何止百倍，我们想取胜，难比登天！事实证明，呼延赞的判断相当准确，北宋一直没能在军事上击败辽国。

---

[1] 张师正《倦游杂录》。

[2]《文酒清话》卷 8。

[3] 王得臣《麈史》。

不过呼延赞并不擅长当领导，《续资治通鉴长编》说他“无统御才”。宋太宗让他去河北带兵，部下们都不听他指挥；太宗又让他去山西做官，结果他把民政处理得一团糟。他擅长判断敌情，擅长冲锋陷阵，但他确实没有指挥才能，更没有政治才能。

宋真宗在位时，宋辽之间发生了一场大战，真宗在寇准建议下御驾亲征，呼延赞自告奋勇充当先锋。可惜的是，还没抵达前线，战争就结束了，然后澶渊之盟签订，宋辽和议达成，呼延赞没有得到参战机会。一年后，他在郁郁不得志中病逝，享年大约 60 岁。

呼延赞爱打仗，忠心报国，多次主动请战。宋太宗两次伐辽都惨败，从此患上“恐辽症”，再也不敢开战。呼延赞不懂太宗的心思，绘制作战地图，策划用兵方略，献给太宗，太宗不予理会。他还带着四个儿子求见太宗，在皇宫里表演武艺，请求太宗让他们父子去打辽国。宋太宗嘉许他的胆气，赏给他几百两银子，但就是不让他出征。

实际上，宋太宗并不喜欢呼延赞，甚至想杀掉他：“赞服器诡异，朕屡欲诛之，既而亮无它志也。”[1] 呼延赞性情怪异，服装怪异，朕看不惯，想宰了他，后来发觉他天性如此，对朕没外心，算了，让他活着吧。

由于呼延赞一直主战，很多文官武将都讨厌他。他为了请战，在胸口刺出血来，用血书向皇帝上表。众太监嘲笑他：“何不割心以明忠？”[2] 你对皇上如此忠心，干吗不把心挖出来呢？

小时候听坠子书，呼延庆的武艺和知名度要远远超过呼延赞。但在历史上，呼延庆是呼延赞的孙子或者曾孙，武艺平庸，唯一的特长是精通女真语。所以在北宋末年，呼延庆被宋徽宗派到金国，跟女真人谈判，一起夹攻辽国。呼延庆万里赴关东，总算不辱使命，圆满完成了任务。

---

[1] 曾巩《隆平集》。

[2] 杨亿《谈苑》。

《水浒传》里有一个“双鞭”呼延灼，据说是呼延赞的嫡派子孙，善使两条钢鞭，有万夫不当之勇。此乃小说家言，不足为凭，历史上其实没有呼延灼这个人物。倒是到了南宋初年，又有呼延赞的后人横空出世，名叫呼延通。

据《三朝北盟会编》记载，呼延通隶属大将韩世忠帐下，像呼延赞一样作战勇猛，曾与金国军官在阵前单挑，从马上打到步下，双方兵器都打掉了，最后他用双手掐住那名金国军官的脖子，将其掐晕，生擒回阵。

呼延通继承了呼延赞的性格，十分耿直，又有点儿怪异。宋高宗绍兴十年（1140）腊月，他与主帅韩世忠闹矛盾，一怒之下，竟然在江苏淮阴投河自杀了。

关于呼延通与韩世忠闹矛盾的起因，《三朝北盟会编》第二百零四卷收录了两条记载。一条说韩世忠晚年跋扈，经常让部将请酒，还要求部将的妻女出来陪酒，惹恼了呼延通。呼延通将韩世忠灌醉，拔刀欲杀，被同僚拦住。韩世忠醒来得知真相，喝令亲兵捉拿，呼延通不愿被捕，投河自杀。还有一条记载，说韩世忠腊月二十三过生日，部将纷纷献上寿礼，呼延通也去送寿礼，结果吃了个闭门羹——韩世忠完全不理他。呼延通觉得丢了面子，愤恨难当，翻身上马，直奔淮阴，走到运河边，“噗通”一下跳了进去……总而言之，呼延赞的这位后人死得很憋屈。

坠子书里唱《呼家将》，也有一段很憋屈的故事：呼延赞的儿子呼延必显瞧见宋仁宗的老丈人庞文残害百姓，便怒打庞文父子，结果被庞文陷害，满门抄斩。幸亏呼延必显的两个儿子侥幸逃出，娶妻生子，杀掉庞文，报了血海深仇。

我母亲最爱听书，但她不识字，从亲戚家借来一本《呼家将》，让我念给她听。那时候我刚读小学三年级，满嘴错别字，将“庞文”念成“龙文”，母亲依然听得津津有味。现在回想起来，别有一番暖意在心头。

养马的司马光害怕包拯吗？

《笑傲江湖》第二十四回，令狐冲率领恒山派众尼姑赶往龙泉铸剑谷，去救定闲、定逸两位师太，因为没有坐骑，半道上抢了几十匹官马。

中午时分，众人来到一处市镇，没钱打尖。令狐冲吩咐道：“郑师妹，你和于嫂牵一匹马去卖了，官马却不能卖。”郑萼答应，牵着马到市上去卖，随后用卖马的钱付账。

我少年时读到这段武侠情节，不禁心生疑惑：令狐冲既然敢抢官马，为何不敢卖掉呢？官马跟普通的马有啥区别吗？

后来多读史书，渐渐明白，原来官马身上都有记号，假如令狐冲等人去卖官马，买家和牛马经纪稍加观察，就能识别出来，就会去报告官府，就能给令狐冲带来不必要的麻烦。

以宋朝为例，凡是官马，马腿上都会被专用的烙铁烙上文字，不同的官马会烙不同的文字。具体来讲，不到两岁的官马，右前腿烙印“小官”二字，左前腿则烙印所属机关的名称，属于户部就烙“户部”，属于兵部就烙“兵部”，属于御史台就烙“御史台”。两岁以上的官马，右前腿会烙一个“飞”字，马脖子左边会烙一个“龙”字。如果朝廷将某匹官马赏赐给某人使用，则那匹官马的左脸上又会被烙一个“赐”字。如果是军队的马要退役，被民间买走，则马的右脸会加烙一个“出”字。

除了烙印外，官马还留有档案，档案上填写着每匹官马的出生地点（或购买地点）、出生年月、形态特征、所属机关、饲养员姓名、管理员姓名，就像户口本一样详细。每年官府和军队都会淘汰一些老弱病残的官马，卖到民间去，但出售时必须有养马机构和审查机构派员到场，不管卖掉多少匹，都要在档案上注明，之后还要上报朝廷。

所以说，古代对官马管理很严，私卖官马的风险很大。令狐冲不卖官马，说明他有丰富的社会知识和江湖经验。

官马为啥会被管得这么严呢？两条原因：第一，马在古代是非常重要的军事资源；第二，除了元朝和清朝等由少数民族入主中原的朝代以外，中国历史上的王朝都缺马。

咱们还以宋朝为例。北宋跟辽国和西夏对峙，南宋跟金国和蒙古对峙，两宋王朝在强敌威逼之下存续了三百多年。敌人那么强大，宋朝为啥没有被轻易打趴下呢？因为经济发达，商业繁荣，人多，粮饷也多，军事上耐折腾。宋朝那么富裕，为啥没有把敌人打趴下呢？原因之一是宋朝缺马。不缺钱，但是缺马，这就是宋朝军事上的实际情况。

宋仁宗时，大臣宋祁做过比较：“今天下马军，大率十人无一人有马。北国每正军一名，马三匹。”[1]宋朝的骑兵虽号称骑兵，每十人还没有一匹马，而辽国骑兵平均每人有三匹马。要知道，在以冷兵器为主的古代世界，马是最有效的战争机器，你用步兵去对抗骑兵，那就像一群手持铁锹

[1]《历代名臣奏议》卷242。

本节人物关系网

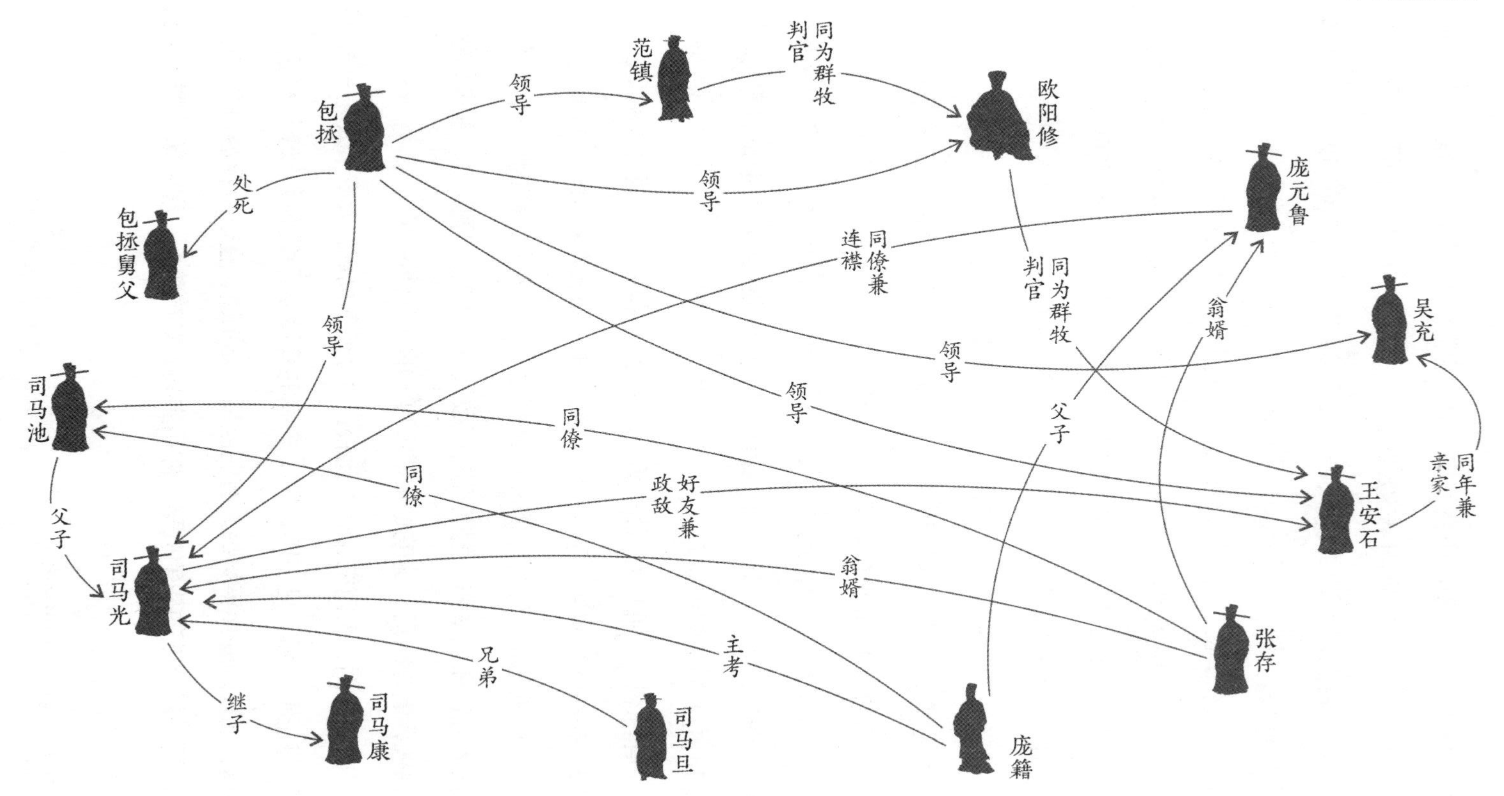

包拯
范镇
欧阳修
包拯舅父
庞元鲁
吴充
司马池
王安石
司马光
张存
司马康
司马旦
庞籍
领导
判官
同为群牧
处死
领导
连襟
同僚兼
判官
同为群牧
领导
领导
领导
父子
翁婿
同僚
同僚
政敌
好友兼
同年兼
亲家
父子
翁婿
主考
兄弟
继子

的工兵去对付一辆装配了重型机枪的坦克，能得着好吗？

那宋朝为啥缺马呢？因为疆域狭小，主要牧区都成了辽国、西夏、金国、蒙古等强敌统治下的地盘。宋朝的官马一部分靠官府自办的马场养殖；一部分靠民间养殖，官府给补贴或者免除赋役；还有一部分要靠进口。

因为稀缺，所以珍贵，所以宋朝专门设有一套养马的机构，并且这套机构的地位还很高。这套机构是这样的：在国家最高军事机构枢密院下面，设一个“群牧司”，负责全国的官马养殖；在可以养马的省级辖区设“牧监处”，负责该省的官马养殖；在可以养马的州县辖区设“牧马监”和“养马务”，负责该县的官马养殖；在与西夏和辽国接壤的地方设“群牧行司”，负责马匹的进口。

作为宋朝最高级别的官马养殖机关，群牧司有一个头头，官衔是“群牧使”；群牧使有一个副手，官衔是“群牧都监”；群牧都监又有几个助理，官衔是“群牧判官”。按照行政级别，群牧判官与地方上的知州平级，相当于现在的正市级。中国历史上赫赫有名的大儒司马光，年轻时期就当过这样的正市级养马干部。

司马光生于宋真宗天禧三年（1019），7岁砸缸救人，20岁考中进士，36岁担任群牧判官。

司马光当过群牧判官，司马光的父亲司马池也当过。司马光在写给继子司马康（司马康是司马光兄长司马旦之子，过继给了司马光）的《训俭示康》一文中写道：“吾记天圣中，先公为群牧判官，客至未尝不置酒，或三行、五行，多不过七行。”说明在宋仁宗天圣年间（1023—1032），司马池担任过群牧判官。当时司马池有两个同事，一个是庞籍，一个是张存。庞籍和张存经常去司马池家里做客，年幼的司马光在旁边站着倒酒，深受庞籍和张存的喜爱。多年以后，司马光参加进士考试，主考官就是庞籍。司马光中进士后娶媳妇，娶的就是张存的女儿。也就是说，司马光的父亲、岳父和科考恩师，都曾经担任群牧判官。如果说司马光出身于“养马世家”，并不算太夸张。

司马光有一位好友兼政敌王安石，也当过群牧判官。司马光说：“昔与王介甫同为群牧司判官。”[1] 王介甫就是王安石。王安石有一位进士同年吴充（后来成为王安石的亲家），在王安石和司马光当上群牧判官不久，也被朝廷任命为群牧判官。

前面说过，庞籍是司马池的同事，也是司马光的科考恩师，他的长子名叫庞元鲁，与司马光同时进入群牧司，同时担任群牧判官。司马光娶了张存的女儿，庞元鲁也娶了张存的女儿。司马光与庞元鲁同时在宋仁宗景祐五年（1038）中进士，同时娶了张存的女儿，同时在群牧司任职，他们既是同年，又是连襟，还是同事。

苏东坡的科考恩师是欧阳修，欧阳修有一位好友名叫范镇，范镇同时又是苏东坡的同乡。更有意思的是，当司马光及其连襟庞元鲁，王安石及其亲家吴充担任群牧判官之时，欧阳修和范镇也是群牧判官。群牧司总共就那么几个判官空缺，被司马光、王安石、欧阳修、庞元鲁、范镇、吴充等人给承包了。这几个人关系密切，彼此或为亲戚，或为同年，或为好友，或为好友的好友，简直就是一个小型亲友团。

谁是这个亲友团的上司呢？说出来您或许不信，就是中国历史上那位最著名的清官包拯。包拯时任群牧使，是群牧司的大领导，比司马光和王安石等人高两级。

领导分很多种，有的领导让人爱，有的领导让人恨，有的领导则让人怕。包拯属于让人怕的领导，因为他太不苟言笑了。沈括《梦溪笔谈》不是写过吗？“包希仁笑，比黄河清。”想让包拯笑一次，比让黄河变清都难。

---

[1] 邵伯温《邵氏闻见后录》。

包拯不仅严肃，还严厉，甚至到了六亲不认的地步。司马光《涑水记闻》记载，包拯曾经回到合肥当知府，老家的舅舅以为有了靠山，横行不法，被包拯逮捕，砍了脑袋。司马光还说："拯为长吏，僚佐有所关白，喜面折辱人。"包拯当领导，对下属很不客气，有时候能把下属骂得狗血淋头。像这样的领导，能不让人怕吗？

那么司马光怕不怕包拯呢？坦白说，还真有点儿怕。司马光自己说过："一日，群牧司牡丹盛开，包公置酒赏之。公举酒相劝，某素不喜酒，亦强饮。介甫终席不饮，包公不能强也。"[1] 有一次，群牧司牡丹花开，包拯搞团建，召集下属饮酒赏花。他是大上司，第一个举杯，并要求所有下属都得举杯。司马光平常不喝酒，可是包拯让喝，也不得不捏着鼻子灌了一杯。倒是王安石不怕包拯，坚决不喝，包拯无可奈何，没有强行灌酒。司马光的意思是说，包拯执拗，王安石更执拗，这回是执拗的领导遇到更执拗的下属了。

话说回来，司马光的性子同样执拗，他怕包拯，可能有尊重的成分，不全是因为畏惧。公元 1068 年，山东某女杀夫未遂，案子上报到朝廷，王安石认为情有可原，主张减刑，司马光认为妇女杀夫，十恶不赦，两人竟然在这个案子上争了一年多。宋神宗最后采纳了王安石的意见，司马光立马上奏章抗议，批评神宗亲小人而远君子。后来王安石变法，司马光先是部分反对，然后全部反对，最后将王安石归入奸邪之辈。王安石下野不久，司马光当宰相，将王安石的政策全部废除，包括那些行之有效的合理政策。他的好朋友苏东坡和程颐虽然都是保守派，但都建议保留一些合理改革，却被司马光断然拒绝[2]。

后人将王安石和司马光称为政治家，其实他们俩都不该拥有这个称号，因为真正的政治家都懂得妥协，而王安石不懂，司马光更不懂。

---

[1] 邵伯温《邵氏闻见后录》。

[2] 参见《二程集》卷 7。

一个算命先生的官场人脉

这回我们聊聊邵雍，聊聊这个半人半仙的历史人物。

邵雍，字尧夫，谥康节，后人尊称“康节先生”，他跟包拯、欧阳修、王安石、司马光生活在同一时代，是著名的诗人、隐士、哲学家。

邵雍的哲学很有意思，他不信神，不信鬼，不信佛，不信道（虽然穿过道袍），不信风水，不信八字，只信“天理”。他的“天理”跟汉朝大儒董仲舒宣扬的天人感应式天理有所不同。董仲舒宣扬说，世界上存在一个实实在在的上天，上天会根据人间善恶予以奖惩，君清臣明，则海晏河清，君臣无道，则地裂山崩。而邵雍压根儿不信有一个人格化的上天，他只相信一套客观存在的规律，宇宙就是靠这套规律推演出来的。一个人要想为圣为王，首先要能理解这套规律，然后要遵循这套规律去活着。如果非要给这套规律取个名字的话，那就是“天理”，又叫作“道”。

乍听上去，邵雍好像是一个唯物主义哲学家。实际上，他既不唯物，也不唯心，他心目中的“道”，既不是万有引力定律，也不是量子力学和相对论，而是一套神秘的数学法则。

邵雍给出的宇宙数学法则是这样的：整个世界从无极（0）中诞生，无极生太极（1），太极生两仪（2），两仪生四象（4），四象生八卦（8），八卦各有五行（5）属性。阴阳、五行、八卦，相互化合，衍生出万事万物。一个人只要掌握了化合的规律，就能修身、齐家、治国、平天下。

这套理论玄之又玄，有逻辑，无实证，洋溢着古希腊神秘主义数学家毕达哥拉斯的气息。所以也有人说，邵雍是一个数学家。

本节开头介绍邵雍，说他是“半人半仙的历史人物”，为啥要这样说呢？因为绝大多数受众都听不懂邵雍的哲学思想，只知道邵雍精研《周易》，擅长术数，于是以讹传讹，把邵雍描述成了一个具有预测能力的算命先生。

下面分享第一个传说。

北宋洛阳某个珠宝商人，弄丢一颗夜明珠，满世界找，始终找不到，请官差破案，官差也毫无线索。珠宝商突然想起邵雍能掐会算，便提着厚礼上门求助。邵雍问：“你这颗珠子啥时候丢的？”“前天。”“前天哪个时辰？”“酉时。”邵雍提起笔来，在纸上写了一个“酉”字，递给珠宝商：“你现在回去，照着这个字去找。”珠宝商接过纸来，琢磨了半晌，恍然大悟：“酉就是鸡啊，原来是我家那只老母鸡把夜明珠吞下去了啊！谢谢邵先生，我马上回家宰了那只鸡！”果不其然，夜明珠在母鸡肚子里找到了。

再说第二个传说。

邵雍晚年病重，奄奄一息，把儿子叫到床前安排后事：“首先，不能把我葬在洛阳，要扶柩还乡；其次，不能陪葬任何东西；再其次，入殓时要把邻居家那个秃头小姑娘找来，让她在旁边观礼。”邵雍死后，儿子一一照办。又过几十年，邻居家那个秃头姑娘嫁了人，生了娃，娃长大，成了盗墓贼。这个盗墓贼想去盗邵雍的墓，他的娘，也就是那个秃头姑娘，赶紧劝阻：“你去了也白去，邵先生下葬那年，为娘看得真真切切，啥陪

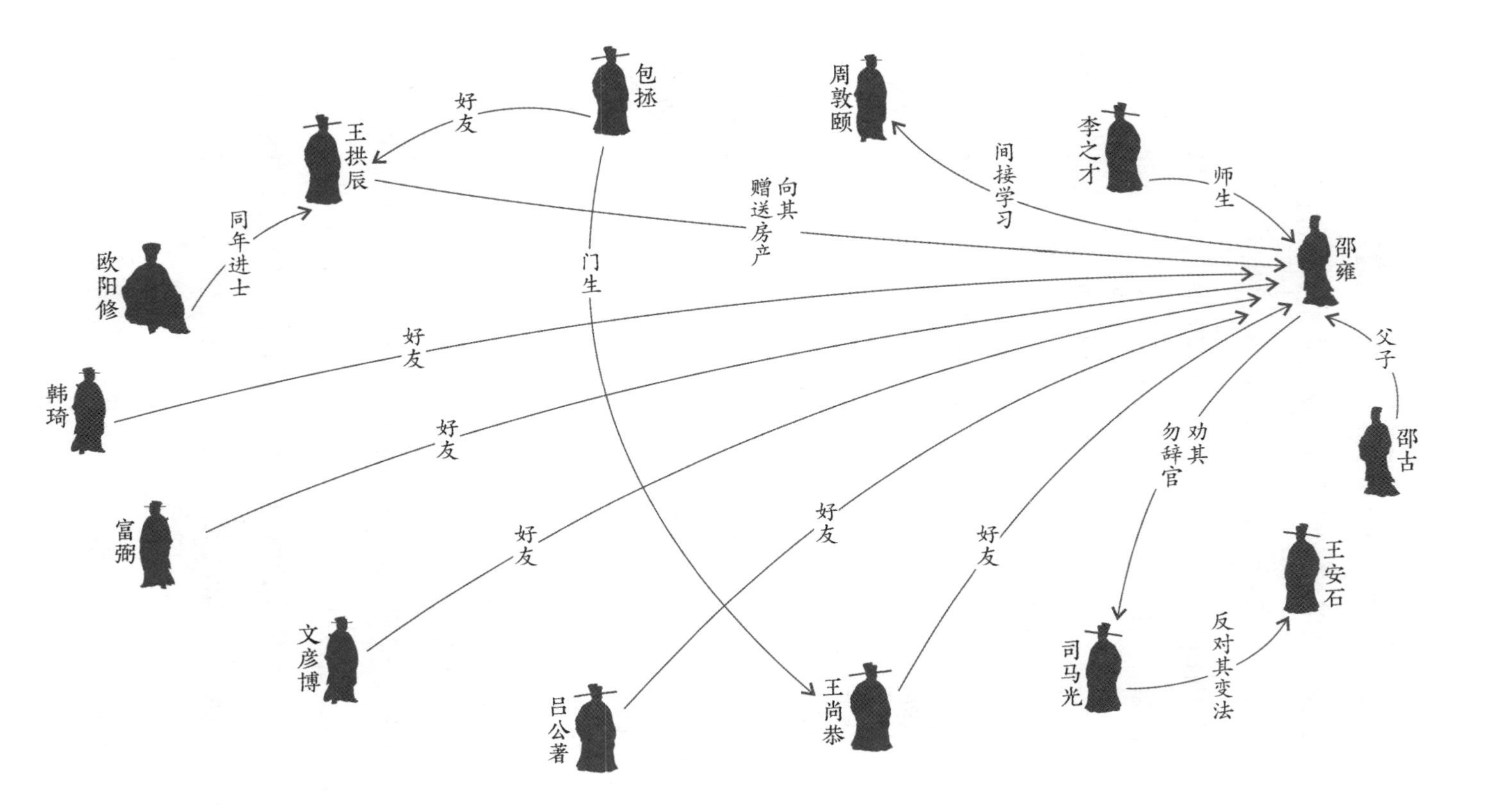
包拯
好友
王拱辰
周敦颐
李之才
间接学习
师生
同年进士
欧阳修
向其赠送房产
门生
邵雍
好友
韩琦
父子
好友
富弼
劝其勿辞官
邵古
好友
好友
好友
王安石
文彦博
司马光
反对其变法
吕公著
王尚恭

本节人物关系网

葬都没有！”盗墓贼听娘这么一说，才打消了盗掘邵雍坟墓的念头。

也就是说，邵雍未卜先知，提前几十年就知道邻家秃头姑娘的后代会来盗自己的墓，所以预先做下安排，避免了墓穴被盗的危险。

清朝文人丁传靖编撰的《宋人轶事汇编》，也收录了邵雍未卜先知的故事。说是洛阳城里一个大官病重，邵雍前去探望。大官挣扎着坐起来，吩咐仆人搬一个马扎。邵雍说："一个马扎不够，一会儿还有人来看你，得准备两个马扎。"大官问道："那个人是谁？您约了他吗？"邵雍笑道："我没有约人，也不知道他是谁，我只知道他穿着绿衣、骑着白马，是个少年人。我还知道，等您百年之后，他会为您立传。"半炷香不到，果然来了一个穿绿衣、骑白马的少年人。大官死后十多年，果然又是这个少年人为他撰写传记。

关于邵雍预测未来的传说，还有很多很多。比如，有些神神道道的"传统文化爱好者"相信，邵雍生前写过一大批"梅花诗"，这些诗看似写梅花，实际上写的是宋朝以后的中国史，类似于刘伯温的《烧饼歌》。如果你参透这些诗或歌，就能预测未来中国的走向。

邵雍有没有写过预测未来的梅花诗？当然没有。邵雍到底能不能预测未来？肯定不能。问题是，人们为啥认为他能预测未来呢？这跟邵雍的人生经历有关，也跟他的人际关系有关。

邵雍生在一个没有官爵的书香世家，祖父和父亲都是读书人，都参加过科举考试，都没有考中。他父亲名叫邵古，科举失利，闭门读书，最爱读《周易》，将毕生心得著成一部《周易解》。邵雍受父亲影响，从小读书识字，备战科举。但他也没有考中，也把主要精力用在了研究《周易》上。

如今我们把《周易》当成先秦哲学，甚至把它当成先秦生活史，但它最初只是一本占卜书，是用数字占卜来进行预测的巫术。邵雍研究《周易》，自然而然会尝试用它预测点儿什么。预测来预测去，发现总是不准，于是放弃书本，出门游历，到山西、山东、河南、河北、湖南、湖北等地考察，既考察古迹，也考察民情。考察多年，认为有谱了，就回乡隐居，著书立说，开创了那套玄之又玄的数字哲学。

邵雍的数字哲学并非凭空产生，他有两个师承，一个是直接教他“物理性命之学”的李之才，另一个是间接教他“道学”的周敦颐。周敦颐上承韩愈、孟子、孔子、周公，是儒家的学问；李之才上承穆修、种放、陈抟老祖，是道家的学问。邵雍将儒家和道家融为一体，将儒家道德与他臆想中的数字宇宙融为一体，形成无比强大的文化自信，自认为可以解释一切。

然后邵雍开始传播他的学问。他在洛阳设帐授徒，不教科举小道，只讲宇宙大道，很多在职的官员和卸任的大佬都成了他的学生。他的名声越来越大，学生越来越多，几个官员门生出钱为他购置田产，在豫南叶县和洛阳近郊都买了地，供他收租糊口[1]。

他没有妻子，45 岁还没结婚，一个官员门生为他做媒，让他娶了另一个官员门生的妹妹，并且包办了聘礼。

他没有私宅，在洛阳天宫寺长期租房。包拯的好友、欧阳修的同年、状元大臣王拱辰出来帮忙，将天宫寺西、天津桥南的一座公房拨给他住，并且帮他出资扩建，使他成为 30 间瓦房的新主人。邵雍写诗感谢王拱辰：“嘉祐壬寅岁，新巢始孱功。仍分道德里，更近帝王宫。”[2]“嘉祐壬寅”即宋仁宗嘉祐七年（1062），那一年司马光 44 岁，王安石 42 岁，苏东坡 27 岁，黄庭坚 18 岁，邵雍则是 51 岁。

几年后，王安石开始变法，禁止地方官乱送公房给私人，已经送出去的必须收回，如果不能收回，必须补缴房款。邵雍缴不起房款，只能缴房子，

---

[1] 参见《邵氏闻见后录》卷 18。

[2]《天津新居成谢府尹王君贶尚书》。

他的门生都急了："使先生之宅他人居之，吾辈蒙耻矣！"[1] 俺们老师的房要是交给别人住，那是俺们的耻辱啊！于是大家集资，帮邵雍缴齐了房款。邵雍又一次写诗感谢："重谢诸公为买园，洛阳城里占林泉。七千来步平流水，二十余家争出钱。嘉祐卜居终是僦，熙宁受券遂能专。凤凰楼下新闲客，道德坊中旧散仙。"[2] "七千来步平流水"，说明王拱辰送给邵雍的房子占地不小；"二十余家争出钱"，说明集资为邵雍补缴房款的门生也不少。

邵雍一辈子没有做官，始终是一介平民，而他的门生和好友个个官高位重，司马光、韩琦、富弼、王拱辰、文彦博、吕公著、王尚恭，都是他的至交。其中韩琦、富弼、文彦博等人是卸任宰相，王尚恭则是包拯的门生。邵雍的魅力和影响如此之大，不禁让人想起几年前叱咤江湖的那个王林大师，身边总是围着富商巨贾和明星大腕。

但邵雍的人品要比王林强太多，他一生不逐名利，随遇而安。别人送他田产和房屋，他坦然接受；遇到比他穷的穷人，他慷慨解囊。他心胸豁达，从不动怒，无论贵贱，一视同仁，对门生循循善诱，总是教导他们为民造福。

王安石变法期间，司马光处处反对，很多官员也跟着闹脾气要辞官。邵雍给好友和弟子们一一写信："此贤者所当尽力之时，新法固严，能宽一分，则民受一分赐矣，投劾何益耶？"[3] 新法越是对百姓不利，你们越是要当好父母官，都撂挑子不干，对老百姓又有什么好处呢？

所以我觉得，之所以会有那么多宋朝官员心悦诚服地拜在邵雍门下，一是因为他的学问大，二是因为他的人品高。

---

[1]《邵氏闻见后录》卷18。

[2]《天津弊居蒙诸公共为成买作诗以谢》。

[3]《宋史·道学列传·邵雍传》。

因为做官，所以疯癫

公元 1092 年上半年，苏轼在扬州当知州，有一回请客，总共十几个人到场，其中包括米芾。跟苏轼一样，米芾的酒量也很小，几小杯黄酒下肚，他就醺醺然、飘飘然了。借着酒劲，米芾忽然站起来，对苏轼说："我问您一件事。"

"请讲。"

"大伙都说米芾是疯子，您今天给撂句实话，我到底是不是疯子？"

苏轼想了想，答道："我的意见跟大伙一样。"

听到这个回答，众人哄堂大笑。

以上故事出自宋人笔记《侯鲭录》，未必属实。然而在宋朝士大夫圈子里，米芾确实有个疯癫的名声，他也确实做过不少疯疯癫癫的事情。

比如，1104 年下半年，米芾去安徽无为做官，刚安顿下来，瞧见衙门大院里摆着一块奇形怪状的大石头，大喜：“此足以当吾拜！”[1] 这块石头长得好，值得我一拜。随后“具衣冠拜之，呼之为兄”[2]，戴上官帽，穿上官服，恭恭敬敬地给石头磕头，管它叫大哥。

又比如，从 1078 年到 1081 年的那几年里，米芾一直在湖南当最低等级的九品小官。有一回他从湘西某寺经过，见到唐朝一块古碑，趁和尚不留神，偷偷搬进自己船里，“一夕张帆携之遁”[3]，连夜开船逃跑。和尚发觉古碑丢失，赶紧报案，等捕快追上米芾时，米芾正抱着古碑在船舱里傻笑呢！人赃俱在，他想赖都赖不掉，只得老老实实地承认错误，归还古碑。

再比如，米芾中年以后，总是穿汉唐时期的衣服，袖子极宽，帽子极高。高到什么程度呢？人坐在轿子里，不得不低头，否则帽子会被轿顶压变形。米芾觉得不方便，“帽檐高不可以乘肩舆，乃撤其盖”。[4] 干脆将轿顶撤掉，坐敞篷轿出门。高高的帽子从轿子里露出来，人人都知道里面坐着米芾，争先恐后地围观，小朋友们跟在轿子后面扔石子，飞砖块，大喊“米疯子”。

米芾的疯癫还表现在另一方面，那就是洁癖，严重到极点的洁癖。《宋史·米芾传》说他“好洁成癖，至不与人同巾器”，不跟别人使用同一条毛巾和同一套盥洗器皿。其实，这条记载表达得太委婉了，根本不足以表现米芾的洁癖。

南宋初年，关于米芾洁癖的传说很多，例如他洗手以后，左手拍右手，右手拍左手，直到把水拍干，就是不用毛巾擦，因为嫌毛巾脏；他展示书画的时候，不让别人近观，因为害怕别人的汗味儿熏脏了他的字画。南宋第一个皇帝宋高宗也听过这些传说，但不敢深信，直到有一天从米芾的书

---

[1]《宋史·米芾传》。

[2] 同上。

[3]《铁围山丛谈》卷 4。

[4]《独醒杂志》卷 7。

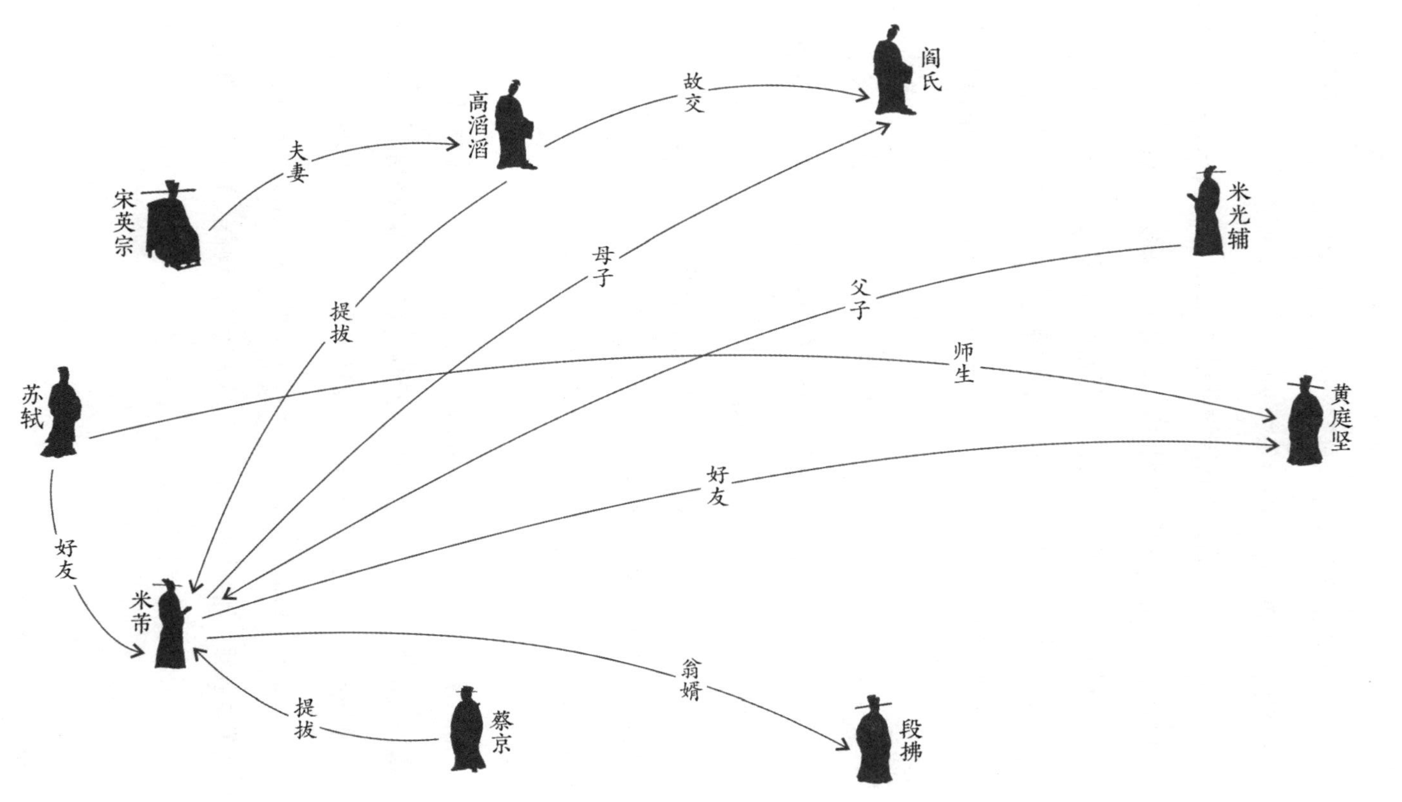

本节人物关系网

法作品里读到一句："朝靴偶为他人所持，心甚恶之，因屡洗，遂损不可穿。"[1] 早上散朝，朝靴被别人碰了一下，感觉好恶心，回来使劲洗这双靴子，结果把它洗破了，不能穿了。

米芾当了一辈子小官，晚年因为蔡京的提拔，当过几天礼部员外郎，相当于文化部或者教育部里的司长级别。可惜没当多久，就连续遭到御史弹劾，蔡京罩不住他，不得不将他下放到地方继续当小官。御史弹劾他的理由是什么呢？总共两条：一是他没中过进士，不配在礼部当官；二是他的洁癖太严重，朝服一天洗三回，洗出来几个窟窿，站在官员队伍里有碍观瞻。

米芾有三个儿子、五个女儿，其中一个女儿到出嫁年龄时，许多青年学子上门提亲，他都不满意。后来一个姓段的青年送上拜帖，他看着帖上的名字，满意地笑道："既拂矣，又去尘，真吾婿也！"[2] 这小伙子名字好，姓段名拂字去尘，先拂拭，再去尘，注定要做我老米家的女婿啊！你看，这又是关于米芾洁癖的一个传说。

然而米芾并非天生洁癖，他甚至很可能就没有洁癖，只不过是在假装疯癫和假装洁癖罢了。根据宋人笔记《鸡肋编》记载，米芾在开封工作时，有一个名叫赵仲御的皇族子弟，专门组织了一场饭局，测试米芾的洁癖是不是真的。赵仲御先让几个男仆打着赤膊，给米芾端茶倒水。米芾嫌人家脏，不接茶水，也不喝。然后赵仲御又让年轻貌美的歌女出来，为宾客表演才艺。只见米芾假装看书，实际上目光一直在歌女那边。男仆们再来端茶倒水布菜斟酒，他举杯就喝，操起筷子就吃，丝毫没觉得气味难闻。

苏轼的爱徒黄庭坚是米芾好友，比较了解米芾的性格和为人，他一针

[1] 转引自宋高宗《翰墨志》。

[2] 陈鹄《耆旧续闻》。

见血地指出："斯人盖既不偶于俗，遂故为此无町畦之行，以惊俗尔。"[1] 米芾既没有洁癖，也没有疯癫，他之所以表现出洁癖和疯癫的样子，完全是因为在官场上饱受歧视，难以升迁，不被主流阶层接纳，于是故意去做惊世骇俗的事情。

按《宋史·米信传》记载，米芾的祖上原名海进，改名米信，隶属于东胡的分支奚族，孔武有力，箭法出众，曾经做宋太祖的贴身护卫。但米信完全不识字，品行也十分低劣，贪污腐败，欺上瞒下，克扣下属工资，抢夺贫民土地，还用鞭子活活打死一个年老有病的家奴。按北宋大臣上官融《友会谈丛》一书记载，米信的儿子吃喝嫖赌，坐吃山空，欠下巨债。米信在世时，靠贪污和克扣军饷积攒了十几万贯家财，不过十几年，就被儿子败得一干二净，全靠宋朝皇帝念旧，才帮米家赎回了一点家产，并且让米信的后代继续做武官。

到米芾的父亲米光辅那一代，终于认识到读书的重要性，米光辅成为米氏家族第一个读书识字的人，但仍然是武官。米芾从小读书，刻苦练字，可能也是因为米光辅把希望寄托在了米芾身上，想让米芾高榜得中，将来当上文职大臣。我们知道，宋朝重文轻武，文官普遍看不起武将，武将在文官面前也常常自惭形秽。

米芾从小读书，刻苦练字，就是为了科举考试做准备，但他并没有考中进士。米芾之所以能当官，全靠母亲的功劳——他母亲阎氏跟宋英宗的老婆高滔滔有交情，后来高滔滔当上太后，便让没能通过科举考试的米芾做九品小官。在那些科举出身的官员看来，像米芾这种靠关系进官场的非科举官员，叫作"无出身"的"浊官"，必须使劲打压。正是在各种打压之下，米芾长达十几年都没能升迁一步，中间还几次被罢免。

---

[1] 黄庭坚《书赠俞清老》。

有一次罢官，米芾回润州（今江苏镇江）闲居，当地火灾，只有“李卫公塔”和米芾建造的“米元章庵”完好无损。米芾得意地在李卫公塔上题字：“神护卫公塔，天留米老庵。”[1]过几天再去看，这副对联被人添上几个字，变成“神护卫公爷塔飒，天留米老娘庵糟”。在宋朝口语中，“爷塔飒”即“爹蠢笨”，“娘庵糟”即“娘肮脏”，言外之意，讽刺米芾的出身背景不好，父亲是蠢笨武官，母亲是侍候太后的肮脏女仆。

米芾很有才华，也极为自负，他多次公开宣称，他的才华在苏轼和黄庭坚之间，比苏轼低一点点，但比黄庭坚高一点点。与此同时，他的性格也极其敏感，唯恐别人提到他的非科举出身，唯恐别人说他拍马屁。可是为了改换他们米家的门庭，他又不得不拍一些朝中大佬（例如蔡京）的马屁，否则根本就不可能得到升官的机会。结果呢，这些难以化解的矛盾把米芾逼得只剩一条窄路，那就是假装疯癫和假装洁癖，让同僚转移视线，让官场忽视他的出身，让皇帝注意到他的个性，让自己走上一条破格升迁的捷径。

[1] 杨万里《诚斋诗话》。

苏东坡的敌人，未必都是坏人

王安石变法的时候，苏东坡并不赞成。他劝阻王安石，王安石不听，因为王安石早年当地方官时，曾经试行变法，效果真的不错；他给宋神宗上书，论述变法的坏处，但是宋神宗坚信，可以通过变法的路子富国强兵。王安石不听劝阻，宋神宗执意变法，苏东坡就只能在诗文里发牢骚了。

苏东坡名气大，他的诗词和文章很受欢迎，书商们喜欢搜集他的诗词、奏章和书信，汇编成册，雕版印刷，在大江南北的书肆里出售。宋神宗元丰元年，也就是公元1078年，又有书商出版了苏东坡的一套集子，总共四册，取名《元丰续添苏学士钱塘集》。“元丰”是出版时的年号，“续添”就是扩充出版，“苏学士”是当时出版界对苏东坡的尊称，“钱塘集”指的是苏东坡在杭州当通判（相当于副市长）时的诗集和文集。

这套集子出版以后，流传到京城开封，被朝中官员注意到了。其中有一个名叫舒亶的官员，经过仔细翻读，将苏东坡对变法的不满和牢骚都梳理了出来，开始向宋神宗弹劾苏东坡。舒亶在弹劾奏章里写道：

> 陛下发钱以本业贫民，则曰‘赢得儿童语音好，一年强半在城中’。陛下明法以课试郡吏，则曰‘读书万卷不读律，致君尧舜知无术’。陛下兴水利，则曰‘东海若知明主意，应教斥卤变桑田’。陛下谨盐禁，则曰‘岂是闻韶解忘味，迩来三月食无盐。’……小则镂版，大则刻石，传播中外，自以为能。……旁属大臣，而缘以指斥乘舆，可谓大不恭！

这段古文的大意是说，宋神宗推行“青苗法”，在青黄不接时低息贷款给农民，苏东坡却说这只会诱导农民铺张浪费；宋神宗改革科举制度，让精通法律的人才有机会做官，苏东坡却说这是法家的权术，有悖于儒家圣贤的教导；宋神宗鼓励垦荒，兴修水利，增加耕地面积，苏东坡竟然讽刺地说，东海神仙应该迎合圣意，将大海统统变成桑田；宋神宗整顿食盐专卖政策，苏东坡说，食盐专卖导致盐价飙升，他已经连续三个月吃不到盐了……总而言之，苏东坡对朝廷推行的新法都不满意，都大加讽刺，他的嘲讽之作要么雕版印刷，要么刻成碑文，广泛传播于官场和民间。不仅如此，他还辱骂大臣，斥责皇帝，已经犯下大不敬的死罪。

这份弹劾奏章是公元1079年七月初二送到宋神宗手里的，就在同一天，另一个名叫李定的官员也写了一份奏章，说苏东坡“不循陛下之法，不服陛下之化，……岂不知事君有礼？讪上有诛？”不遵循陛下的制度，不顺服陛下的教化，这苏轼难道不懂得对君上要礼敬，讽刺君上会被诛杀吗？

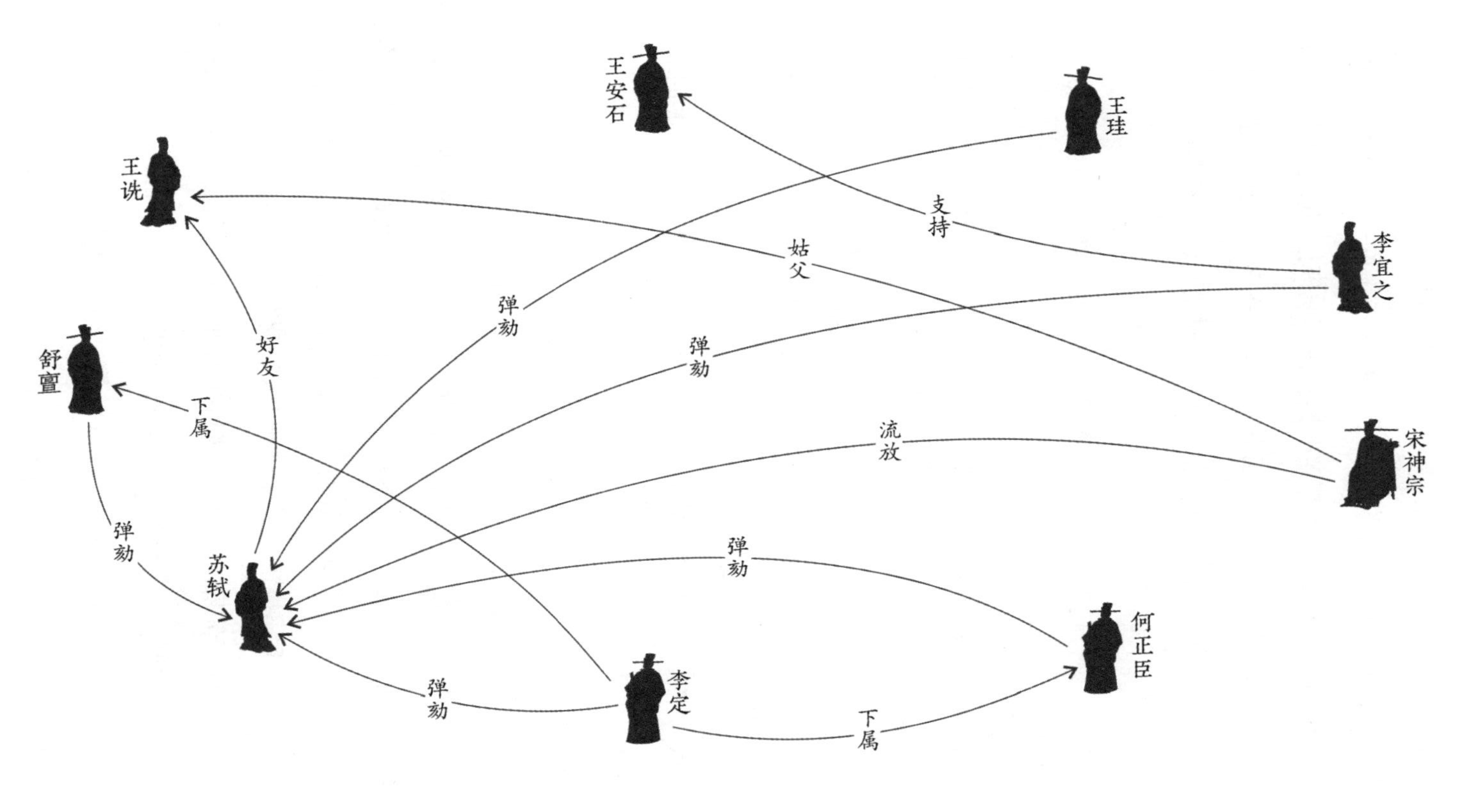

本节人物关系网

李定是当时的御史中丞，属于监察机构的最高领导；舒亶是“监察御史里行”，相当于资格较浅的正处于见习期的御史，是李定的下属。其实早在1079年六月二十七，李定的另一位下属何正臣就弹劾过苏东坡。何正臣说，苏轼去湖州当知州，到任后撰写谢恩表：“愚不识时，难以追陪新进；老不生事，或能牧养小民。”这句对联的意思非常明显，就是在嘲笑皇帝和群臣，实在是妄自尊大、丧心病狂。

三个御史一起弹劾苏东坡，终于激发了宋神宗对苏东坡的怒火。七月初三那天，宋神宗让御史台对苏东坡立案调查；七月初四那天，宋神宗又将李定、舒亶与何正臣的奏章发往中书省，让宰相们拿出处理意见。几个相臣商议的结果是，立刻派人锁拿苏轼进京受审。

1079年七月二十八，奉命锁拿苏东坡的钦差皇甫僎抵达浙江湖州，将其押往开封。八月十八那天晚上，苏东坡抵达开封，被关进御史台大牢。从八月二十到十一月三十，苏东坡一直在御史台被拘押，多次受审。这年腊月底，宋神宗给出终审判决，将苏东坡“安置”到黄州，让他以“黄州团练使”的虚衔在那里务农。

您肯定知道，我们前面说的这段历史，就是大名鼎鼎的“乌台诗案”。如今苏东坡粉丝满天下，只要提到乌台诗案，就必定提起当年弹劾苏东坡的那几个御史，即李定、舒亶、何正臣。在这三个御史之外，还有一个名叫李宜之的国子博士，以及著名的三朝元老王珪，也都被苏东坡粉丝钉在了历史的耻辱柱上。为什么呢？因为在苏东坡受审期间，李宜之曾经从苏东坡的一篇文章里挑错，说苏轼煽动天下读书人，废为臣之道，乱取士之法。至于王珪，他身为宰相，却无中生有地将苏东坡诗句里的“世间唯有蛰龙知”，解释成“苏轼想背弃陛下，另投明主”。

余秋雨写过一篇《黄州突围》，将王珪、李宜之、李定等人骂了个狗血淋头。余秋雨说王珪“冒充师长、掩饰邪恶”，说李宜之“除了心术不正之外，智力也成大问题”，还说《梦溪笔谈》的作者沈括也因为嫉妒而陷害过苏东坡。关于沈括嫉妒、陷害苏东坡的说法，其实在八百多年前就被南宋史学家李焘考证出是伪造的，但余秋雨应该没读过李焘的考证。

那么余秋雨对王珪、李宜之等人的评价成不成立呢？《宋史·王珪传》详细记载了王珪的一生功过，既肯定他的文学才能，又批评他在政治上的滑头倾向，同时也高度赞扬了他的节俭和亲情："自奉甚约，而厚于昆弟。"虽然当宰相多年，但生活很节俭，将俸禄分给兄弟们。再看《宋史·河渠志》里对李宜之的记载：公元1070年，王安石计划疏浚漳河，群臣反对，唯有李宜之仗义执言，并主动请缨前往河北，担负起了这项大工程，用两年时间圆满完成了工作，漳河几十年内再也没有决口过。另据《宋会要辑稿》的记载，公元1081年开封闹蝗灾，李宜之出任“东路捕蝗提举官”，也是兢兢业业地完成了工作。用现在的说法，李宜之堪称任劳任怨的好干部，如果说他智力上也成大问题，那么余秋雨指的或许是他太任劳任怨了，显得有点儿傻？

乌台诗案期间，御史中丞李定始终主张对苏轼定以重罪，但《宋史·李定传》却说李定有恩于宗族，领到俸禄就拿去赈济穷人，朝廷恩荫子孙时，将这种待遇送给兄长的儿子，他自己的儿孙始终靠耕种度日。李定在《宋史》中只有两个污点，一个是没有给父亲的小老婆守孝三年，还有就是弹劾了苏东坡。前一个污点放到今天，可以当成公而忘私的典范予以表彰；后一个污点更不成立，因为御史的唯一职责就是弹劾其他官员。就算不是御史，弹劾其他官员也是光明正大的事情，当年欧阳修也弹劾过最著名的清官包拯，你能说这是欧阳修的人生污点吗？

所以说，从王珪、李宜之，再到李定，这些人虽然在乌台诗案期间都对苏东坡不利，却未必是坏人。再者说，人都是复杂的。如果你崇拜某个名人，就将该名人的所有敌人当成小人，那你至少会失去一半洞察力，你看到的世界绝对不是真实的世界。

对了，乌台诗案期间始终与苏轼并肩作战的那个人，名叫王诜，他娶了魏国公主，是宋英宗的女婿、宋神宗的姑父，能诗善画，风流儒雅。但是，他人品卑劣，养了十几个小妾，还跟小妾一起虐待公主，魏国公主不到 30 岁就气死了。

苏东坡死后那场文字狱

众所周知，乌台诗案是一桩冤案，是宋朝最著名的一场文字狱。

乌台诗案过后，苏东坡几起几落，从流放到升官，再从升官到流放。直到65岁那年，他结束最后一段流放生涯，去江南买房养老，却病死在路上。

苏东坡是1101年病逝的，在他死后将近二十年，京城开封又发生了一场文字狱。

这场文字狱与乌台诗案有不少共同点：首先，嫌疑人都是被诬陷；其次，嫌疑人都被关进了御史台大牢；再次，反派们的诬陷手法都是从诗集里找“证据”，想让皇帝相信嫌疑人试图谋反。

不过，从判决结果上看，这场文字狱却比乌台诗案血腥残忍得多。我们知道乌台诗案的结果：苏东坡虽被流放，却保住了小命。包括他那些朋友，无论司马光还是黄庭坚，或被罚款，或被降级，但总的说来都没有受到太大的牵连。可下面要说的这场文字狱呢？有不止一个嫌疑人被处死。

话说北宋末年，开封有一位能文能武的年轻人，名叫王寀，字辅道。您对“王寀”这个名字大概很陌生，但要说起王寀他爹，应该就比较耳熟了。王寀的父亲，就是宋神宗在位时赫赫有名的军事家王韶。

当年王安石变法，对王韶特别重用，派王韶到西部边疆驻防，抵挡西夏人的侵略。王韶不负重托，不但挡住了西夏军队的进攻，还成功占领了西夏的大片土地和军事要塞。后人说起这段历史，一般会用“王韶开边”四个字来总结。对宋史爱好者而言，“王韶开边”的名气丝毫不亚于乌台诗案。

王韶能带兵打仗，也能写文章，又当过大将，还中过进士。王寀呢？应了“老子英雄儿好汉”那句俗语，跟王韶一样出色。他爱看兵书，擅长诗词，年纪轻轻就中了进士。性格上尤其豪爽，颇有盛唐气象。王寀并不像宋朝那些重文轻武的士大夫，倒更像盛唐时期佩剑骑驴壮游天下的诗人。

中了进士以后，王寀得到宰相们的青睐，连连升官。曾巩的弟弟曾布当宰相时，提拔王寀当高级秘书；后来蔡京当宰相，派王寀去汝州当知州（相当于市长）。将近30岁的时候，王寀就升为省级干部，成了陕西的主要领导。

一个人升迁太快，就免不了骄傲自满。王寀不满足于当大官，还想过一把孟尝君的瘾。他俸禄优厚，从不缺钱，于是广招门客，在自己府上养了许多闲人。门客一多，难免良莠不齐，有人竟然偷着铸造铜钱。古人私铸铜钱，跟今天印假钞一样，都属于重罪。那个铸钱的门客被抓捕归案，王寀也受到牵连，被朝廷罢官免职，从此断送锦绣前程。

王寀卷起铺盖回到了开封，但他不思悔改，继续招揽门客。他的门客里有一位江湖术士，会算命，会看相，会扶乩请仙。该术士听说宋徽宗崇信道教，迷信方术，把道士林灵素当成神仙，拜为国师，于是就想走一条捷径，帮助东家王寀重返仕途。

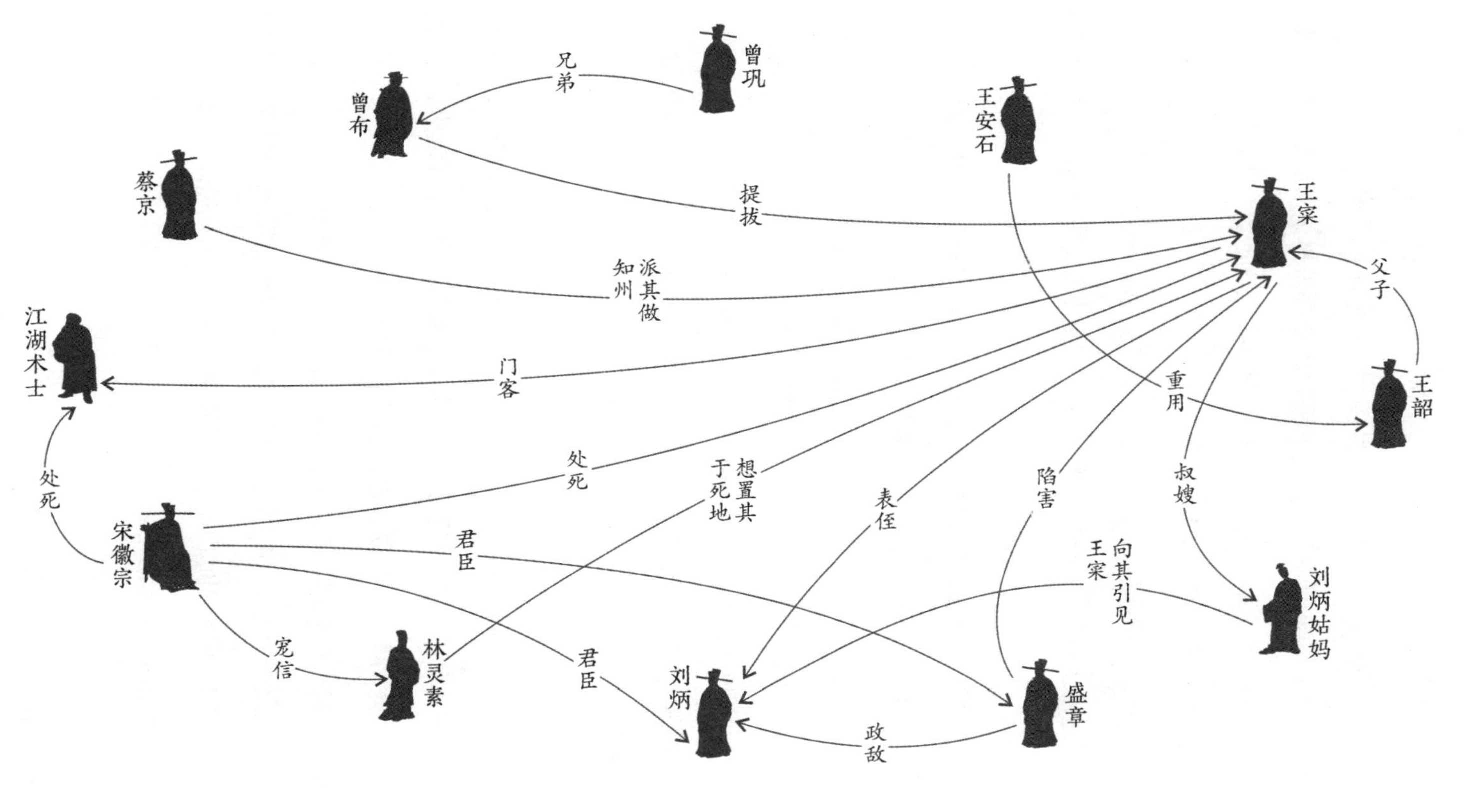
曾巩
兄弟
曾布
王安石
蔡京
提拔
王寀
派其做知州
父子
江湖术士
门客
重用
王韶
处死
处死
想置其于死地
表任
陷害
叔嫂
宋徽宗
君臣
王寀向其引见
刘炳姑妈
宠信
林灵素
君臣
刘炳
盛章
政敌
本节人物关系网

这条所谓的捷径，其实就是从舆论上造势。该术士到处向人宣扬，夸赞王寀精通道术，上知天文，下知地理，明阴阳晓八卦，通六合知遁甲，前推五百年，后推五百年，比皇帝宠信的牛鼻子林灵素还要厉害。皇上没见过王寀的道术，如果见过，一定会请王寀进宫，要么宣麻拜相，要么登坛拜将，林灵素算老几啊？

可惜术士并不知道，这条捷径很快就会把王寀送进鬼门关。

经过术士宣传，开封城中纷纷传言“王寀胜过林灵素”。传言进了林灵素耳朵，林某既愤怒又害怕：愤怒的是有人竟想盖过自己，害怕的是假如王寀更能招摇撞骗，假如王寀得到皇帝重用，他林灵素就只能靠边站了。

林灵素决定先下手为强。他去见宋徽宗，假装非常委屈，非常悲愤：“臣以羁旅，荷陛下宠灵，而奸人造言，累及君父，乞放还山以避之。不然，愿置对与之理！”[1]臣本是游方道士，承蒙陛下信任，能为陛下施展一点小小的神技，这是臣的福分。可是现在开封城里纷纷传言，王寀的道术胜过微臣，人人都说陛下糊涂，都说陛下应该让王寀代替我的位置。为了维护陛下知人善任的名誉，还请陛下把我贬为百姓。否则的话，就让王寀放马过来吧，臣愿意跟他当场对决！

那时候，宋徽宗跟林灵素关系好到同穿一条裤子，谁跟林灵素过不去，就是跟宋徽宗过不去。林灵素几句话，把宋徽宗的火拱了起来，这位道君皇帝一拍龙书案：“传朕口谕，逮捕王寀！”林灵素又说：“陛下，王寀并没有亲自出马造谣，造谣者是他的门客。”“嗯，连他的门客一块儿抓！”

眨眼之间，王寀和他那个想帮大忙却帮了倒忙的术士门客，都被关进御史台大牢。门客知道自己捅了马蜂窝，王寀还不知道怎么回事，待打听清楚案件缘由，笑着对前去探监的家人说：“辩数乃置，无以为念也。”

---

[1]《挥麈后录》卷3，下同。

这个案子啊，小事一桩，好解决得很，明天过堂，我已经把辩词想好了，你们不用挂念。

王寀却不知道，他的对头并不是林灵素一个人。就算林灵素想置他于死地，宋徽宗也未必答应。宋徽宗认为，王寀指使门客吹嘘道术（王寀实际上并没有指使），无非是想得到自己宠信，想重回官场。妄人造谣而已，最多治他个妖言惑众，流放到偏远州县当老百姓去，用不着砍脑袋。但是有个比林灵素还要阴狠的对手，悄悄上了一道奏折，一道要命的奏折。

这个对手名叫盛章。

估计您对盛章也不熟悉。不要紧，下回再去开封府景区，找到一座石碑，上面刻着北宋开封历任知府的名字，其中一个名字就是“盛章”。也就是说，盛章就是当时开封府的知府。

开封是京城，京城知府位高权重，是真正的大臣，官位通常比宰相和副相略低而已。王寀官位最高时，跟开封知府也差着级别，更何况他已罢官，对开封知府盛章更没有威胁。盛章为什么想要王寀的命呢？

因为王寀有一个当大官的亲戚刘炳。刘炳是王寀母亲的娘家侄孙，也就是王寀的远房表侄。这位表侄刘炳担任工部尚书，与盛章平级，又是盛章的竞争对手。盛章想当副宰相，而宋徽宗却有意让刘炳来当。刘炳居官清廉，性格谨慎，盛章想扳倒刘炳，找不到破绽，忽然得知刘炳的亲戚蹲了大牢，就知道有机可乘了。

盛章是怎么乘机下手的呢？咱先别急，先说说王寀入狱之前，刘炳和王寀怎样交往。

王寀的年龄比刘炳小，辈分比刘炳高，地位却又比刘炳低。王寀是表叔，罢官成了百姓；刘炳是表侄，却做了工部尚书。

两人性格也不同。王寀太豪爽，爱交朋友，朋友圈良莠不齐。刘炳很谨慎，除了官场往来外，很少结交朋友。

刘炳知道小表叔王寀在开封定居，但并不去拜见王寀。第一，他见了比自己年轻的王寀，得喊叔叔，感觉别扭；第二，王寀门客众多，三教九流五行八作，什么角色都有，万一犯了事儿，容易沾包。

王寀却主动拜见了刘炳。

要说王寀与刘炳两家的关系，那可真是亲上加亲。先是刘炳的姑奶奶嫁到王家，生了王寀；然后刘炳的姑妈也嫁到王家，成了王寀的嫂子。从姑奶奶那辈儿上论，刘炳得喊王寀“表叔”；从姑妈那辈儿上论，刘炳得喊王寀的哥哥“姑父”，喊王寀还是“表叔”。

王寀找到嫂子，也就是刘炳的姑妈，说：“某久欲谒子蒙兄弟，奉候从容，然不得其门而入，奈何？”嫂子好，我想拜见您的娘家侄子刘子蒙（刘炳，字子蒙）和他的兄弟们，跟他们沟通沟通，可是又没人给介绍，您说该咋办呢？

刘炳的姑妈说：“俟我至其家，可往候之。”那还不好办？等我回娘家，您跟我一道去，我见到侄子，替您通报一声，您在外面等着就是。

果然，刘炳姑妈归宁时，让王寀拜见了刘炳。刘炳最初不想见王寀，碍于情面，不得不见。一见之后，两人居然相见恨晚，刘炳对姑妈说：“久不与王叔言，其进乃尔，自恨不及也！”小侄我很久以来没跟王寀表叔聊过，今天这一见，才知道他的学问突飞猛进，我比他差远了啊！

刘炳公务繁忙，又是大臣，不便到王家回访。王寀闲云野鹤，被刘炳诚心诚意地邀请，“止宿其家”，住进了刘府。

再说刘炳的政敌，那位开封知府盛章，他天天派人打探刘炳的行踪，对刘炳的一举一动了如指掌。刘炳与王寀交好，盛章当然看在了眼里，也记在了心里。国师林灵素告御状，王寀与门客被捕，这件事让盛章大喜。盛章知道，只要能在王寀的案子上加点儿猛料，就能把刘炳一块儿除掉。盛章连夜写奏章，前半部分写王寀如何如何翻看谶书，偷学巫术，不知意欲何为；后半部分写刘炳与王寀来往密切，以朝廷重臣身份，私下结交术士，可能对陛下不利；结尾说，为了防患于未然，建议陛下处死刘炳和王寀。

接到盛章的密告，宋徽宗并不太在意，笑道："炳，从臣也，有罪未宜草草。"刘炳是朕的近臣，朕不能因为你的一面之词就给他定罪，这个案子得细查。

宋徽宗是对盛章一个人说的，盛章却故意通过第三人，把消息泄露给了刘炳。刘炳非常感动，认为徽宗是圣明天子，在宋徽宗去道观降香的时候，冒冒失失地叩谢皇恩："臣猥以无状，待罪迩列，适有中伤者，非陛下保全，已齑粉矣！"臣与王寀来往，不知他的罪状，幸亏陛下知道臣是无辜的，没有听信奸臣诬告，否则，臣难逃一死啊！

刘炳这是明哲保身，无论王寀是否有罪，只要能把自己择出去就行。这次叩谢皇恩，却恰好掉进盛章设好的陷阱。宋徽宗马上"醒悟"：嗯？奸臣诬告？你是怎么知道盛章密告的？朕对盛章说不能定你的罪，你又是怎么知道这个消息的？你身为工部尚书，不帮朕留心政务，却在朕身边安插密探，帮你刺探大臣的奏章和朕私下里的言谈，难道是想篡权夺位吗？

宋徽宗颜色大变，刘炳马上醒悟了。他知道自己酿成大错，刚才那一席话已经在宋徽宗心里种下了祸根。但是，话已出口，无可挽回。

次日早朝，盛章再次上奏："寀与炳腹心，诽谤事验明白，今对众越次，上以欺罔陛下，下以营惑群臣，祸将有不胜言者。幸陛下裁之！"陛下都瞧见了吧？刘炳不仅与王寀关系紧密，还刺探陛下的言语，上欺君，下欺臣。陛下要是再把他留在朝中，他就会做对陛下更加不利的事情。陛下，事不宜迟，赶紧决断吧！

宋徽宗当即下旨："内侍省不得收接刘炳文字。"即日起，朕不再接见刘炳，刘炳如有奏章，朕也不会再看。这道圣旨等于将刘炳打入了另册，扼杀了刘炳为自己申辩的机会。

盛章趁热打铁，一散朝，就派开封府的衙役和“司录参军”（相当于法官）去了刘炳家，搜检刘炳与王寀的来往书信。众人在刘炳书架上找到一本诗集，其中有一首刘炳写给王寀的诗，开篇是这么两句：“白水之年大道盛，扫除荆棘奉高真。”盛章将这两句诗当成罪证，加上批语，报给宋徽宗。

盛章批语道：“白水，谓来年庚子，寀举事之时。炳指寀为高真，不知以何人为荆棘？将置陛下于何地？岂非所谓大逆不道乎？”十二生肖当中，子鼠属水，故此“白水”就是鼠年。明年恰好是鼠年，“白水之年大道盛”，意思是说王寀计划在明年造反。“扫除荆棘奉高真”，高真就是天上的神仙，而王寀鼓吹道术，以神仙自居。刘炳想要扫除荆棘，奉王寀为神仙。谁是被扫除的荆棘呢？不就是陛下您吗？刘炳视陛下为荆棘，这如果不叫大逆不道，那什么才叫大逆不道呢？

以咱们现代人的眼光，刘炳写给王寀的这两句诗，应该是在夸王寀无拘无束，如同修行得道的高人，如果王寀坚持修行，就能在“白水之年”成仙得道，羽化飞升。这其实是古代官员写给隐士的套路诗，李白写过，王维写过，白居易写过，苏东坡也写过。宋徽宗尊奉道教，引得举国上下一起跟风，士大夫间更是流行写这样的诗。

但是，宋徽宗既迷信又多疑。盛章对这首诗断章取义，过度解读，每一句都戳中了要害，让宋徽宗不能不怀疑，不能不治刘炳和王寀的罪。

盛章是怎样断章取义的，刘炳并不知道，在御史台监狱关押的王寀更不知道，连御史台监狱的看守者也不知道。看守者知道王寀是个才子，喜滋滋地请王寀题字，还对王寀说：“昔苏学士坐系乌台时，卫狱吏实某等之父祖。苏学士既出后，每恨不从其乞翰墨也！”当年苏东坡苏学士也关在这座牢房里，看守者是俺们前辈。后来苏学士被放出来，前辈们都后悔没有请他老人家留下墨宝。今天您来到这里，请给俺们写几幅字，俺们好拿回去收藏。

听了看守者的话，王寀非常开心。狱卒将他比作苏东坡，他当然开心。再想到苏东坡的结局是开恩释放，他当然更开心。于是王寀挥毫泼墨，一连写下好几首长诗。

哪里知道，纸上墨迹未干，催命符就到了。宋徽宗下令："辅道与客，皆极刑。炳以官高，得弗诛，削籍窜海外。……凡王、刘亲属等，第斥谪之。"王寀（字辅道）及其门客都被处死。刘炳官位高，开除公职，流放岭南。凡是与王寀、刘炳结亲，并且身在官场者，统统降级或流放。

几百年后，清朝人编撰《续资治通鉴长编拾补》，在第三十七卷记录了这场文字狱，并将案发时间考订为宋徽宗重和元年，即公元 1118 年。不过，清朝人将刘炳的名字写错了，写成了"刘昺"。

故事讲完了，我想说说我自己的两点感想。

第一，我们千万不要再说"宋朝不杀士大夫"。

这个故事的主角王寀就是士大夫，被宋徽宗杀掉了。早在宋神宗在位时，还有一个名叫李逢的士大夫，是范仲淹的内侄，因为被怀疑谋反，遭凌迟处死[1]。宋徽宗刚即位时，又有一个名叫吴储的士大夫，是王安石的外孙，也因为被怀疑谋反，遭凌迟处死[2]。南宋初年，宋高宗还杀掉了一个更有名的士大夫张邦昌[3]，因为张邦昌在金兵威逼之下，被迫做了傀儡皇帝。

很明显，宋朝皇帝只是不轻易杀士大夫，并非不杀士大夫。那些被认为对皇权有企图的人，宋朝皇帝杀起来毫不手软。

第二，我们千万不要再说"宋朝是最美好的时代"。

---

[1] 参见《续资治通鉴长编》卷 264。

[2] 参见《宋人轶事汇编》卷 20。

[3] 参见《宋史・张邦昌传》。

相对明、清两朝而言，宋朝政治确实开明，但它仍然是人治超越法治的专制时代。仅仅因为怀疑，帝王就可以杀掉臣子；仅仅为了私利，臣子就敢于互相诬陷。这样的时代，难道就是中国历史上“最美好的时代”吗？我们对“最美好的时代”的追求难道就这么低吗？

岳飞被杀前的西湖大宴

今天我们去南宋，去宋高宗绍兴十一年，去杭州西湖边上，陪岳飞吃一顿饭。

出发之前，先掰指头算算：宋高宗绍兴十一年，也就是公元 1141 年，这年农历腊月（即公历 1142 年 1 月），岳飞被宋高宗和秦桧杀害，死在了杭州，死在了最高审判机关大理寺的监狱里。早不去，晚不去，我们偏偏挑选岳飞死的这一年去，难道是想陪岳飞吃完最后一顿饭吗？

其实，岳飞是绍兴十一年腊月被杀的，而我们要去的是绍兴十一年农历四月，那时候岳飞还没有坐牢。岳飞不但没坐牢，宋高宗还升了他的官，秦桧还在西湖岸边摆下一桌丰盛的酒宴，请他赴局。今天我们要去的，就是这场饭局，秦桧宴请岳飞的饭局。

岳飞是抗金英雄，秦桧是投降派、卖国贼，两人一正一邪，水火不容，秦桧怎么会请岳飞吃饭呢？那肯定是黄鼠狼给鸡拜年——没安好心啊！

秦桧确实没安好心，他想通过一场饭局，达到孤立岳飞的目的。

在南宋初年所有抗金名将当中，岳飞年纪最轻，资历最浅，但是战绩最好，升官最快，短短十来年时间，就从一个普通士兵变成开衙建府、统兵十万、麾下猛将几十员的大帅，跟刘锜、刘光世、韩世忠以及老上司张俊等人平起平坐。与此同时，岳飞又不骄不躁，虚心待人，敢打硬仗，勇担责任，还不抢功劳，得到朝廷奖赏，首先分给部下和其他大将。所以，岳飞既能得民心，又能得人望，除了老上司张俊心胸狭窄，对他有些嫉妒之外，别的大将都跟他处得来，尤其是韩世忠，几乎成了岳飞的至交好友。

不过岳飞不懂政治，更不懂如何揣摩帝王心术，他在不经意间，几次三番惹恼宋高宗，让宋高宗对他产生了杀机。

岳飞第一次惹恼宋高宗，是建议立储，劝宋高宗立养子为太子。这个建议严重戳伤了宋高宗的自尊心，仿佛皇帝已经失去男性功能，不可能再有后代，将来只能让养子承继大统似的；同时又犯下了武将过问皇帝家事的大忌，让宋高宗从此对他百般提防。

岳飞第二次惹恼宋高宗，是因为申请增兵北伐，遭到宋高宗拒绝，他一怒之下，撂挑子不干了，不经朝廷批准，擅自离开部队，去庐山为母亲守墓。在宋高宗看来，岳飞这么做纯粹是要挟朝廷，所以龙颜震怒。后来岳飞回到朝廷，宋高宗恶狠狠地当面警告："犯吾法者，惟有剑耳！"以后再敢不听话，小心朕的尚方宝剑！

到了绍兴十一年，也就是岳飞被害的这一年，岳飞又一次让宋高宗光火。这年正月，十万金军渡过淮河，向南宋大举进攻，宋高宗赶紧派大将迎敌，张俊、刘锜、杨沂中都参战了。岳飞因为患上重感冒，还缺乏粮草，迟迟没有进军，直到战争结束才赶过去。宋高宗认为岳飞患病是借口，要挟朝廷才是目的，对于这样能打仗又这样不听话的武将，他是非杀不可。

很多人都说，宋高宗杀岳飞，是怕岳飞收复中原，迎回徽、钦二宗，危及他的皇位。实际上，宋朝对宗室子弟和太上皇的防范无比严密，宋徽

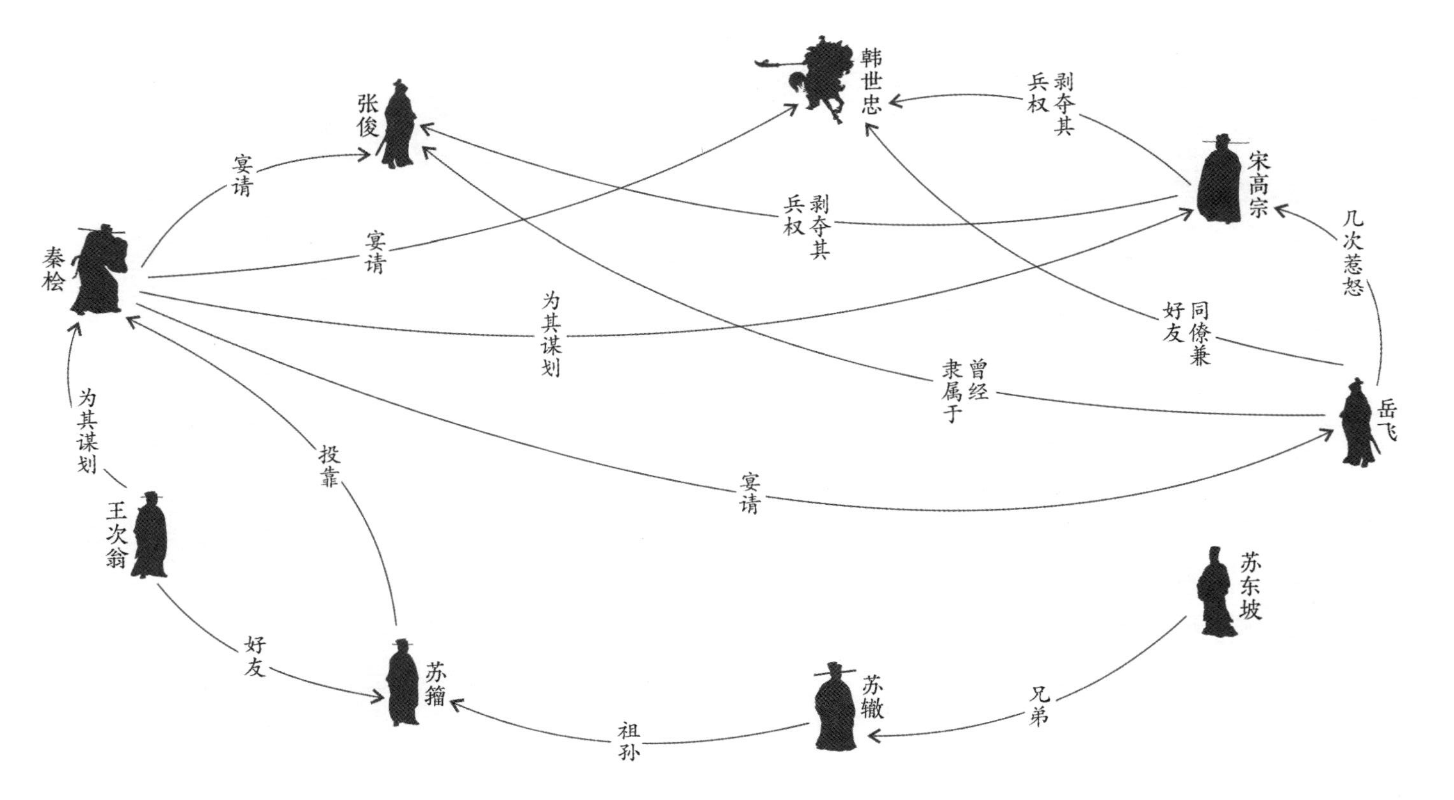
韩世忠
张俊
宋高宗
秦桧
岳飞
王次翁
苏东坡
苏辙
苏籀
宴请
宴请
宴请
剥夺其兵权
剥夺其兵权
几次惹怒
为其谋划
同僚兼好友
曾经隶属于
为其谋划
投靠
好友
祖孙
兄弟

本节人物关系网

宗和宋钦宗即使活着回来，也不可能重回宝座，只能老老实实地待在宫里养老。宋高宗之所以想杀岳飞，真正的原因是他对岳飞既恨又怕，恨岳飞不听话，怕岳飞有野心。

可是岳飞手握十万精兵，又有关系很铁的韩世忠帮忙，要杀这样一个大将，风险是非常大的。首先，宋高宗必须防范岳飞的部下起兵复仇；其次，他还要防范其他大将怨恨朝廷，一个接一个造反。所以，他跟秦桧定下计谋，挑拨离间，想方设法让别的大将对岳飞产生不满。

绍兴十一年农历四月，经过精心谋划之后，秦桧发出了邀请函，邀请张俊、韩世忠和岳飞赶回杭州，到西湖参加大宴，犒赏他们在抗金前线的功劳。但是，秦桧并没有同时把这三份邀请函发出去，他先发给张俊和韩世忠，隔了几天才发给岳飞。

张俊和韩世忠先赶到，只见宴席已经备好，朝中大佬在座相陪，有宰相秦桧，还有秦桧的狗腿子、刚刚当上副宰相的王次翁。这种规格的饭局，肯定少不了宫廷御酒和山珍海味，张俊和韩世忠都眼巴巴地等着开饭，但是左等右等，宴席始终不开。

只听秦桧跟王次翁说："哎，该来的不来，不该来的都来了。"

王次翁大声问道："敢问丞相大人，哪个该来的没来啊？"

秦桧说："当然是岳飞岳少保啊！他可是本朝功劳最大的将军，岳少保不来，咱们怎么开席呢？"

然后秦桧扭过头来，对大厨喊道："待岳少保来，益丰其燕具！"你们后厨做好准备，等岳少保来了，给他多加几个硬菜！

直到六天以后，岳飞才收到邀请函，快马加鞭赶过去参加饭局。在这六天里，秦桧和王次翁天天都这样表演，张俊和韩世忠光看不能吃，只能靠小点心充饥，对岳飞的不满越来越强烈。第一，他们认为岳飞的功劳并不是最大，不应该被秦桧捧到天上去；第二，他们误以为岳飞迟迟不来，

是因为性情高傲，瞧不起他俩。

六天过后，岳飞终于到场了，推迟了六天的宴席终于开始了。岳飞性情耿直，跟张俊和韩世忠推杯换盏，完全不知道自己掉进秦桧的圈套，完全不知道宴席上已经杀机四起。

就在这场宴席上，秦桧宣布了宋高宗的圣旨，给岳飞、张俊、韩世忠都升了官，让他们仨分别做了枢密使和枢密副使，相当于国防部部长和国防部副部长。表面上看，三个人的军衔升到了最高；实际上，他们从此再也不是开府建衙的大将，从此失去了对各自军队的直接指挥权，只能在皇帝眼皮底下供职。

通过这场饭局，秦桧成功地完成了宋高宗交给他的两个任务：第一，孤立岳飞；第二，剥夺三大将的兵权。所以我们完全可以这样说，绍兴十一年杭州西湖这场大宴，既是宋高宗杀害岳飞的鸿门宴，又是整个宋朝历史上的第二次“杯酒释兵权”。

当然，我们也不能过于夸大一顿饭的作用，宋高宗剥夺大将兵权，还用了其他招式。例如挑拨张俊和岳飞，让他俩去瓜分韩世忠的军队；又拉拢张俊，假意许诺将来让张俊独揽兵权，只要他能找到岳飞谋反的证据；同时宋高宗还逐步削弱地方军的力量，增强中央军的实力，把忠心耿耿又没有野心的老将都调到身边当禁军统领，以便对抗岳飞的岳家军和韩世忠的韩家军。

岳家军、韩家军，都是“家军”。家军介于政府部队和军阀部队之间，它既不像政府部队那样完全听命于朝廷，也不像军阀部队那样完全听命于某一个军阀。宋高宗秉承祖宗家法，通过拼命供应粮饷和阴谋削夺兵权，成功地将南宋初年大变局中有可能遍地开花的军阀扼杀在萌芽状态，又成功地把岳飞和韩世忠等大将一手培养起来的家军改组成了政府军。

绍兴十一年农历十月，在完成所有布局之后，宋高宗下令逮捕了岳飞；

仅仅两个月后，他又下旨将岳飞处死。在宋朝皇帝当中，宋高宗是为数不多的阴险皇帝，城府极深，心狠手辣，表面上对你笑脸相迎，给你升官加爵，时机一到，马上露出狰狞的獠牙。

什么样的皇帝用什么样的大臣，宋高宗阴险狡诈，帮他杀害岳飞的秦桧和王次翁也是同样的阴险狡诈。秦桧是人所共知的大奸臣，不用再介绍，下面简单说说王次翁。

王次翁出身贫苦，靠刻苦攻读考进太学，从太学毕业后没有官做，靠做私塾先生养家糊口。他有一个好朋友，名叫苏籀，是苏辙的孙子、苏东坡的侄孙。苏籀的诗词曲赋都很漂亮，他写过一句自叙诗："东坡曾赏南溪雪，他日流芳好事孙。"意思是说自己继承了苏东坡的遗风。但是他人品很烂，为了能当官，大拍秦桧的马屁。王次翁作为苏籀的好友，也拍秦桧的马屁，而且拍得更加巧妙，显得对秦桧无比忠心，只知有秦桧，不知有皇帝，所以很快就当上大官，一直做到参知政事，相当于副宰相。

绍兴十一年西湖大宴，通过饭局来孤立岳飞，这个主意最初就是王次翁想出来的。岳飞兵权被剥夺以后，王次翁得意扬扬地回到家，给儿子讲述这件事。他儿子竟然也不以为耻，反以为荣，堂而皇之地把饭局经过写到了家传里。事实上，如果不是王次翁儿子的记述，我们后人很难知道岳飞被害之前竟然还参加过这么一场饭局。

南宋初年的大将，大多骄奢淫逸，拿着极高的俸禄，还贪污军饷、做走私生意，良田万顷，妻妾成群，饮食奢华，连岳飞生前的好友韩世忠都不能免俗。但是岳飞出淤泥而不染，他廉洁奉公，生活克制，堪称武将当中的道德典范。

令人愤懑的是，在那个专制并且黑暗的时代，道德上完美的岳飞虽然对国家有利，对民族有利，但是跟皇帝愚蠢自私的个人利益并不一致，所以被奸臣算计，被昏君杀害。这是岳飞的悲剧，也是专制时代的常见悲剧。

岳飞儿孙在广东的日子

话说八百多年前，广州城中居住着一个超级有钱的外商，姓蒲，来自东南亚或者阿拉伯半岛，绰号“白番人”。

当时处于南宋前期，大宋只剩下淮河以南半壁江山，疆域狭小，人口稠密，老百姓不仅要养活自己，还要养活庞大的军队和官僚集团，还要非常屈辱地向北方的女真人缴纳钱帛，土地上的那点儿产出远远不够。所以呢，上自朝廷，下至商人，都不得不从海洋贸易上想办法，以广州、泉州和明州（宁波）这三大港口城市为支点，与东南亚诸国互通有无，用贸易利润和海关税收来填补财政缺口。南宋极盛时期，大约有 40% 的财政收入来自海洋贸易，形成了“头枕东南，脚朝大海”的开放格局。

那时候，广州官民对外商是非常友好的，那个姓蒲的外商不但取得了永久居留权，还在广州买地建房，结婚生子，甚至还被允许建造了高耸入云的宗教建筑。

那时候，广州城里级别最高的官员是岳霖，他不仅是广州知州，同时还是广东经略安抚使，相当于广州市市长兼广东省省长兼军区司令。岳霖有一个儿子，名叫岳珂，年方 10 岁，跟随岳霖去蒲姓外商家里拜访过。

多年以后，岳珂根据回忆描写了在蒲姓外商家做客的情形：

“旦辄会食，不置匕箸，用金银为巨槽，合鲑炙、粱米为一，洒以蔷露，散以冰脑。”天一亮就聚餐，不用筷子，不用勺子，用金银铸成大槽，里面盛着烤鱼拌饭，用蔷薇露来调味，用冰片来装饰。

“楼上雕镂金碧，莫可名状。有池亭，池方广凡数丈，亦以中金通甃，制为甲叶而鳞次，全类今州郡公宴燎箱之为而大之，凡用鋌铤数万。中堂有四柱，皆沉水香，高贯于栋。曲房便榭不论也。”所住的楼房雕梁画栋，金碧辉煌。花园里的小池塘用一片一片的黄金砌成，每一片黄金都被打造成大片的鱼鳞形，仅仅这项装饰就要用掉几万两黄金。正房客厅的四根柱子全是沉香木，又粗又直，撑起庞大沉重的屋顶。卧室、书房和其他小房间也是同样奢华，就不用说了。

有一年春节，岳霖为了笼络这个外商巨富，在衙门里设宴招待，岳珂也参加了：“家人帷观，余亦在，见其挥金如粪土，舆皂无遗，珠玑香贝，狼籍坐上，以示侈。帷人曰：‘此其常也。’”蒲某让仆人在宴席四周架起了帷幕，岳珂见他挥金如土，珍珠宝贝和名贵香料都随意丢弃在座位上。蒲某的仆人还对岳珂说：“这是俺们家老爷的习惯，他平常就是这么奢华。”

又过了大半年，岳霖病逝，刚过 10 岁的岳珂扶柩北上，离开了广州。在北上途中，岳珂听熟人谈到蒲某：“其富已不如曩日。”那个姓蒲的外商啊，他已经不像过去那么有钱了。

以上这段故事，出自南宋文献《桯史》，对我们现代人了解南宋广州的海外贸易略微有一些帮助。

《桯史》是谁写的呢？其实就是岳珂。岳珂是谁呢？他是岳飞的孙子。

本节人物关系网

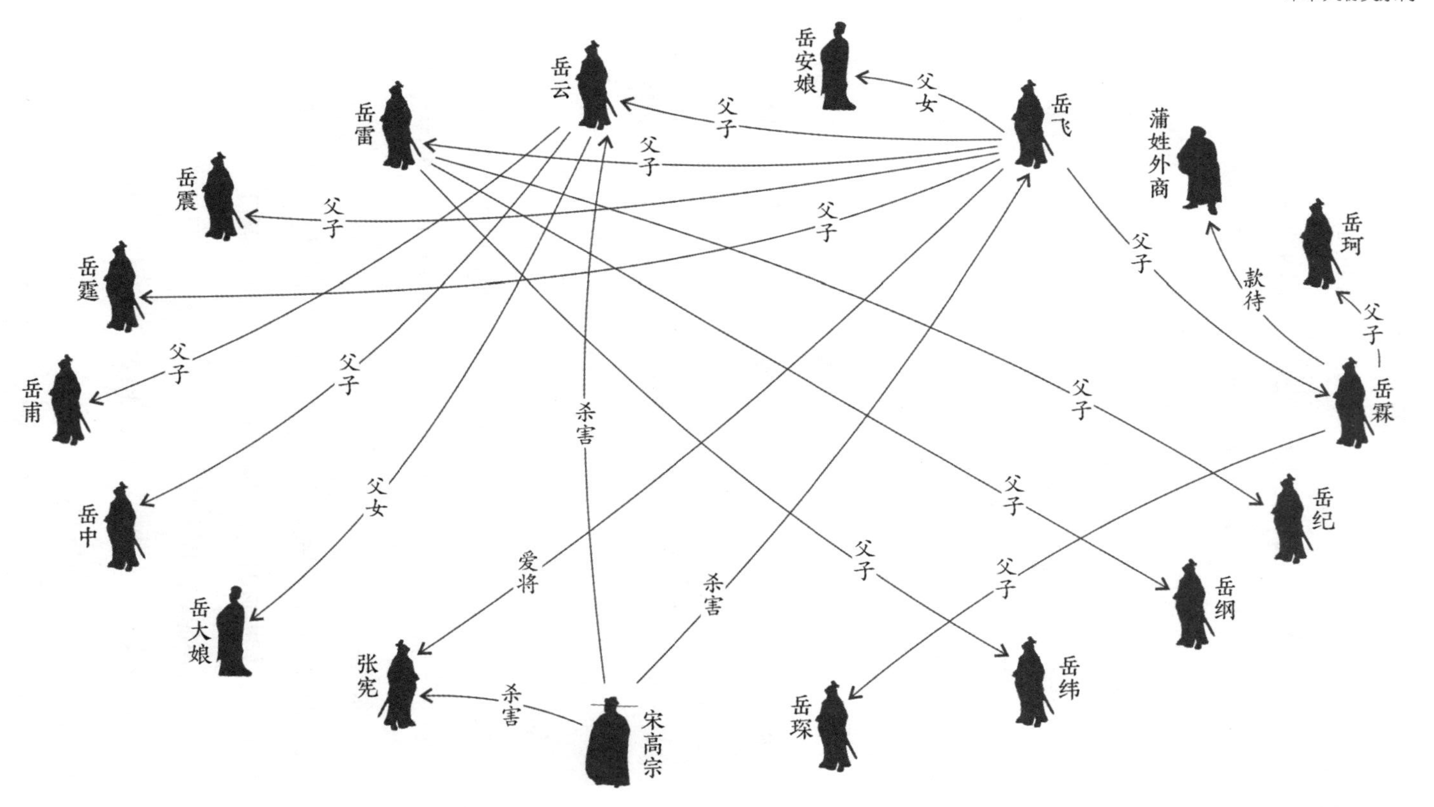
岳安娘
岳云
岳雷
岳飞
蒲姓外商
岳珂
岳霖
岳震
岳霆
岳甫
岳中
岳大娘
张宪
宋高宗
岳琛
岳纬
岳纲
岳纪
父女
父子
父子
父子
父子
父子
款待
父子
父子
父子
杀害
父女
父子
爱将
杀害
父子
父子
父子
杀害

我们知道，岳飞在公元 1142 年 1 月（农历 1141 年腊月）被宋高宗和秦桧害死，死的时候还不满 40 岁。但是古人结婚早，生育也早，当时岳飞已有五个儿子和一个女儿。女儿名叫岳安娘，五个儿子分别叫岳云、岳雷、岳霖、岳震、岳霭，岳霭后来被南宋第二个皇帝宋孝宗改名为“岳霆”。

严格来讲，岳云并不是岳飞的亲生儿子，而是义子。岳云结婚更早，十几岁就结婚生子。1142 年，岳云与岳飞同时遇害，遇害前已经生下两个儿子和一个女儿，大儿子叫岳甫，二儿子叫岳中，女儿叫岳大娘。

岳珂的父亲岳霖，是岳飞的第三个儿子，1142 年才 13 岁，尚未婚配，所以岳珂不可能见过祖父岳飞。那么岳珂是在什么时候出生的呢？ 1183 年，也就是岳飞遇害近半个世纪以后。

遥想当年，宋高宗杀掉岳飞、岳云和岳飞的部将张宪，并不罢休，还抄了岳飞的家产，并将岳飞的家属流放到了广东。

宋高宗在圣旨中说道：“岳飞、张宪家业籍没入官，家属分送广南、福建路州军拘管，月具存亡闻奏。”没收岳飞和张宪的家产，将岳飞的家属流放广南，将张宪的家属流放福建，交给地方官严加约束看管，每个月都要向朝廷报告他们的动向和存亡。

“广南”是个大概念，包括广东、广西、海南，岳飞的家属究竟被流放到了广南的哪个地方呢？南宋短篇小说集《夷坚志》里有一段记载，说是岳飞死后，其子岳霖和岳震携家带口抵达惠州，在惠州军官兵马都监的办公室后面搭了几间最简陋的土坯房，兄弟二人共住一间，各睡一张单人床，平常吃饭、买菜、上厕所，都要向兵马都监打报告，经过批准才可以出门。这段记载说明，岳飞家属被流放到了惠州。

宋朝流放犯人和犯人家属有两种方式：一种叫“刺配”，就是在脸上刺字，然后发配到某个牢城营做苦力；一种叫“编管”，脸上不刺字，不去牢城营，但是必须离开家乡，去朝廷指定的地方，在当地官员和官兵看守下居住。岳飞的家属没有被刺配，而是被编管，跟去牢城营相比，当然自由多了。

因为有一定限度的自由，所以岳霖得以在流放地娶妻生子。岳霖是在惠州成家的，生了一个儿子叫岳琛，就是岳珂的大哥。岳雷在流放之前就成了家，流放期间又添丁进口，生下三个儿子，分别叫岳纬、岳纲、岳纪。

岳珂是在哪里出生的呢？于史无载。不过我们可以肯定，他没有生在惠州，因为他在 1183 年才出生，而早在 1162 年，准备退位当太上皇的宋高宗就良心发现，赦免了岳飞的子孙，准许他们离开流放地，返回家乡。同年六月，宋孝宗即位，不但为岳飞平反昭雪，还授予岳飞的儿孙和女婿以官职。然后呢？岳飞的儿子、女儿、女婿、孙子都陆陆续续北上和东去，有的去了长沙（岳飞曾经在此驻守），有的去了九江（岳飞曾经在此定居），有的去了京城杭州，有的抵达任职所在地，走马上任当了官，再也没有人回到惠州那个伤心地。

岳飞一生戎马倥偬，只有一次到过广东。那是 1132 年，他和义子岳云率领八千精兵追击叛军，从湖南追到广西，又从广西追到广东，在广东连州与部将张宪会师，随后就领兵北上了。

而岳飞的儿孙则在广东待了很长时间：三儿子岳霖和四儿子岳震在惠州住了整整二十年，孙子岳琛也是在惠州出生的。到了 1189 年，岳霖又被任命为广东经略安抚使兼广州知州，最后于 1192 年死在广州任上。

粗宰相去世以后

公元1147年，浙江台州出了一桩稀里糊涂的乱伦案子：一个名叫吕摭的官二代，突然遭到举报。举报人说，这个吕摭大逆不道，竟然与庶母——也就是父亲的小妾——乱搞男女关系。

古代中国最重伦理，儿子私通父妾，称为“内乱”，是十恶不赦的大罪，严重程度与谋反相当。谁要是犯了这种罪，最轻的刑罚就是砍头，搞不好还有可能凌迟。所以，台州衙门接到举报，马上批捕，将吕摭披枷戴锁，关进大牢。

吕摭有没有私通父妾呢？据他自己说，绝对没有这回事儿，他是遭到小人的诬告。可是台州知州不信，每天都把吕摭揪出来过堂，每次过堂都会动刑，把吕摭打得皮开肉绽，痛不欲生。

台州知州不仅逼供，而且诱供，诱使吕摭尽快承认，尽快在罪状上签字画押，并且向他承诺，只要签了字，就不再打他，还会法外施恩，予以缓刑。吕摭迫不得已，供述自己确实与庶母有奸情。谁料台州知州翻脸无情，不但没有轻判，还把吕摭摁进囚车，连同签了字的有罪供状一块儿递解浙江提刑司。提刑看了供状，建议死刑，又将吕摭递解到当时的京城临安府，交给大名鼎鼎的奸相秦桧来处理。

吕摭能在秦桧手里超生吗？绝对不能。秦桧用最快的速度将吕摭写进死刑名单，又用最快的速度交给宋高宗御笔勾决，还用最快的速度让刽子手砍下了吕摭的脑袋。做完这些事以后，秦桧非常开心，分别给浙江提刑和台州知州写信，夸他们在吕摭一案上表现出色，值得嘉奖，继续努力，保证提拔。

南宋史书《建炎以来系年要录》分析了这件案子的前因后果，认为吕摭是冤枉的，举报人受到指使，故意对吕摭栽赃陷害，台州知州也是因为收到了上面的指示，才将吕摭屈打成招，将一桩莫须有的案子搞成了铁案。

那么是谁在指示台州知州呢？其实就是秦桧。秦桧与吕摭并无过节儿，却跟吕摭的父亲有过节儿。吕摭的父亲又是谁呢？就是南宋初年先后两次宣麻拜相的大臣吕颐浩。

吕颐浩，字元直，祖籍河北，生在山东，比抗金名将宗泽小12岁，比主战派大臣李纲大12岁，比韩世忠大18岁，比秦桧大19岁，比岳飞大33岁。吕颐浩的曾祖和祖父都是平民，父亲是个小官，家境并不富裕。24岁那年，他靠聪明才智和刻苦攻读考中进士，由于朝中无人，30岁才得以做官。此后多年，他一直在地方上任职，兢兢业业，精明能干，逐渐从小小县官升迁到方面大员。

北宋末年，金兵攻宋，吕颐浩被金兵俘虏，又侥幸得到释放。宋高宗即位，他受到重用，防守长江，收抚土匪，扈卫太后，筹措军饷，坚持追随宋高宗，在金兵围追堵截之下辗转流亡，成了宋高宗倚仗的元老重臣。

1129年，苗傅与刘正彦两位大将发动兵变，逼迫宋高宗退位让贤，禅位给太子。当时吕颐浩在南京驻防，收到韩世忠之妻梁氏和儿子吕摭的

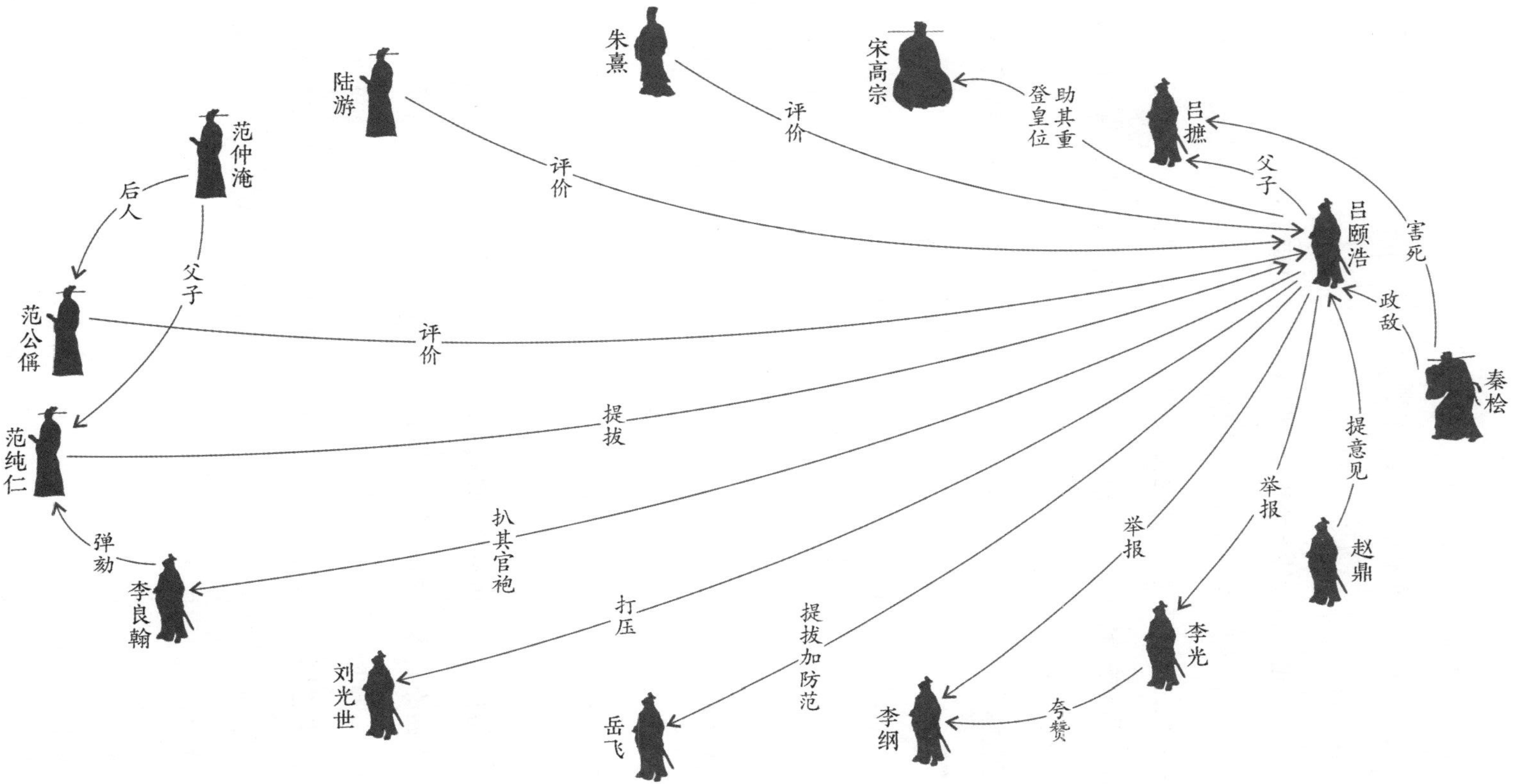

吕颐浩
秦桧
害死
政敌
吕摭
父子
宋高宗
助其重登皇位
朱熹
评价
陆游
评价
范仲淹
后人
父子
范公偁
评价
范纯仁
提拔
李良翰
弹劾
扒其官袍
刘光世
打压
岳飞
提拔加防范
李纲
举报
李光
举报
夸赞
赵鼎
提意见

本节人物关系网

密报，立即召集韩世忠、刘光世、张俊等武将，平定了兵变，帮助宋高宗重登大宝。宋高宗感激涕零，让他做尚书右仆射兼中书侍郎，相当于右丞相。这一年，吕颐浩 59 岁。

平心而论，吕颐浩才能出众，胆气过人，在南宋初年大多数武将心目中极有威信。南宋人编撰的《吕忠穆公遗事》一书记载："公出将入相，素有威望，凡有施设，令出必行，凡招大寇，必单骑素队入贼军，虽十数万众，莫不听命解甲。"吕颐浩发布命令，诸将都会听从，而在招抚叛军的时候，他竟敢单枪匹马闯入敌营，凭借个人威信和三寸不烂之舌，让十几万叛军放下刀枪。该书又说："公每用兵，必亲冒矢石，临阵督战，自大将韩世忠以下咸畏服。"大战之时，吕颐浩亲临前线，亲自督战，韩世忠以及其他大将对他既畏惧又信服。

但是，南宋大儒朱熹对吕颐浩的评价却不高。朱熹与弟子品评当朝人物，说到吕颐浩："这人粗，胡乱一时间得他用，不足道。"[1] 意思是吕颐浩是个粗人，虽说当了宰相，却是个粗宰相，建国之初军事危急，政事紊乱，朝廷迫不得已才用他，实际上他的才能并不值得称道。

朱熹说吕颐浩是粗人，指的不是文化，而是性格。吕颐浩性格粗鲁，我行我素，经常不把朝廷规矩和法律条文放在眼里，虽然有才能，却给他自己以及整个国家造成了一些隐患。

陆游的《老学庵笔记》有记载，吕颐浩当宰相时，"有忤意者，遂批其颊"。哪个下属不顺从他的意思，他就上去扇人家耳光。这种行为完全违背宋朝官场上"与士大夫存其体面"的规矩，所以有下属反驳道："堂吏有罪，当送大理寺准法行遣。"下层官员如果有过错，应该交给法院判决，怎么能任凭宰相凌辱呢？

[1]《朱子语类》卷 131。

范仲淹的后人范公偁在《过庭录》一书中也说过，吕颐浩年轻时，被范仲淹的儿子范纯仁提拔过，故此将范纯仁视为恩人，不许任何人指责。有一天，一个名叫李良翰的官员去宰相办公的政事堂送文件，吕颐浩忽然想起此人弹劾过范纯仁，“即命左右毁其朝服”。当即让人扒掉了李良翰的官袍。

曾敏行的《独醒杂志》也收录了一条逸事，说吕颐浩刚当上宰相那会儿，一个小吏触了他的霉头，他竟然一巴掌打飞人家的帽子。小吏叫屈：“祖宗以来，宰相无去堂吏巾帻法。”自从太祖皇帝建立大宋以来，本朝还没有宰相打飞官吏帽子的先例。吕颐浩蛮横地说：“去堂吏巾帻，当自我始！”你不是说没有这个先例吗？那我吕颐浩就开创这个先例！

另据南宋地方志《景定建康志》记载，南宋初年，水匪张遇造反，吕颐浩亲自招安，而张遇的部将刘彦不听号令，被吕颐浩抓住，“截其两足，钉于扬子桥柱”。将刘彦双脚砍掉，钉死在镇江一座大桥的桥墩子上。

南宋立国，政权不稳，外有金兵，内有叛将，巨匪流寇四处肆虐，确实需要像吕颐浩这样的铁腕宰相。但是吕颐浩性子太急，说话行事不按常理出牌，想怎么做就怎么做，底下的文官武将表面上怕他，内心难免不服。例如老将刘光世就认为吕颐浩不懂军事，胡乱指挥。吕颐浩听说刘光世背地里批评自己，非但不虚心接受，还给刘光世穿小鞋，将刘光世的俸禄降了一半。岳飞带兵有方，功勋卓著，吕颐浩一边提拔岳飞，一边又严加防范，不让岳飞接近宋高宗，以免有一天对方在宋高宗心中的地位盖过自己。

武将认为吕颐浩处事不公，一些文臣也不赞同吕颐浩的做法。例如著名的主战派大臣李纲，以及后来当上副宰相的李光，还有另一个主战派大臣，后来当上宰相的赵鼎，虽然都跟吕颐浩私交不错，但也都对吕提过意见。吕颐浩有没有听取这些朋友的意见呢？没有。他让宋高宗将赵鼎下放到地方任职，又说李纲名不副实，不应该重用，还斥责李光软弱无能，将李光降了两级。李光给吕颐浩写信，夸李纲忠心报国，吕颐浩却拿这封信作为凭据，向宋高宗检举揭发，说李光与李纲结党营私，让宋高宗罢了李光的官。

1130 年，宋高宗见吕颐浩越来越专权，暂时将其罢相，让他去镇江驻防，然后提拔看起来比较懦弱、不太可能专权的秦桧当宰相。但秦桧资历太浅，更加不能服众，所以在 1131 年，宋高宗又不得不让吕颐浩重回相位，与秦桧一起协理朝政。当时吕颐浩为左仆射，秦桧为右仆射，按宋朝规矩，左相比右相高半级，所以吕颐浩处处压制秦桧，两人开始结怨。

吕颐浩执政时间长，树大根深，许多御史、翰林学士和带兵的将军都是他提拔上来的，他授意老部下们告秦桧的刁状，导致 1132 年秦桧首次罢相，两人结怨更深。

1139 年，吕颐浩病逝，这时候秦桧不但重登相位，而且把持了朝政，开始报复吕颐浩的儿子，也就是本文开头那桩莫须有乱伦案的主角吕摭。吕摭立有大功，当年苗刘兵变，就是他和韩世忠的妻子偷偷送出密信，吕颐浩才能够及时平叛，所以这位吕公子也算是宋高宗的恩人。想除掉皇帝的恩人是很难的，用贪污受贿或者结党营私的罪名都不行，秦桧干脆从伦理角度栽赃陷害，宋高宗想保都保不住，于是吕摭被杀，吕氏一门被破。

这里绝对不是宣扬传统的因果报应，说什么吕颐浩用阴谋手段对付别人，别人也用阴谋手段对付他的后人之类。我想说的是，在南宋前期那种政治环境下，当法治被人治取代，当检举揭发和栽赃陷害盛行，谁都不可能保住自己，谁都不可能成为真正的赢家。吕颐浩当然没有赢，秦桧掌权以后处处提防，唯恐皇帝猜忌和政敌栽赃，其实也没有赢。

宰相之子下天牢

公元1155年，在南宋朝廷的天牢里，有一个刚刚受完酷刑的中年囚犯，衣衫褴褛，浑身枷锁，正蜷缩在牢房角落里的那张床上，高一声低一声地呻吟着。

这个囚犯40岁左右，五官清秀，身躯消瘦，脸色灰白，蓬松的头发上沾满了灰尘和乱糟糟的草木屑，下巴上那绺胡须也打了卷儿，挂着几颗乌黑的血块。再往他身上看，一袭青袍破破烂烂，千疮百孔，简直成了一张渔网。隔着袍子的孔洞，瞧得见里面穿的那件小褂，原本洁白的褂子上也浸满了鲜血。

至于他身子底下那张床，说是床，实际上就是在一张油毡上垫了一层稻草，而那层稻草早就被汗水和血水搞得脏兮兮、潮乎乎，老远就能闻到一股浓烈的霉味和腥臭味。

像这样一个囚犯，被关在级别最高、防卫最严、插上翅膀也很难飞出去的天牢里，又被打得这么惨，他是谁呢？

他叫赵汾，是前任宰相赵鼎的儿子。

赵鼎又是谁呢？是宋高宗时期的大臣。公元 1134 年，赵鼎被宋高宗任命为尚书右仆射，也就是右丞相；到了公元 1135 年，赵鼎又升任尚书左仆射，也就是左丞相。按照宋朝的官场制度，左丞相永远比右丞相高半级（但是元朝皇帝却来了个乾坤大挪移，让右丞相位居左丞相之上），赵鼎身为左丞相，相当于一群宰相当中的领班宰相。

堂堂一个领班宰相，怎么会让自己的儿子关进天牢、受尽酷刑呢？是因为儿子犯了国法吗？

不是，仅仅是因为他的儿子得罪了另一个宰相，也就是中国历史上名声最坏的那个宰相：秦桧。

更准确地说，赵鼎的儿子并没有得罪秦桧，是赵鼎自己得罪了秦桧。

在赵鼎当宰相的时候，秦桧还是一个小爬虫，刚从金国逃回来没有多久，官位比赵鼎低得多。但是秦桧比赵鼎聪明，吃透了宋高宗恐惧金国的心理，知道宋高宗渴求早日跟金国求和，所以秦桧就向宋高宗提出了一个看起来很合理的八字方针："南人自南，北人自北。"这个方针的意思是说，南方人留在南方，受南宋的管辖，北方人留在北方，受金国的管辖，金国不再攻打南宋，南宋也不再接收从中原逃过来的难民。

对于秦桧的八字方针，宋高宗刚开始很满意，但是赵鼎一句话就戳穿了秦桧的逻辑漏洞。赵鼎说："陛下圣明，如果按照秦桧的办法，那您就得抛下江山社稷，回到中原腹地，去金国治下当一个顺民，因为您就是从北方逃过来的啊！"宋高宗恍然大悟，埋怨秦桧出了一个馊主意，罢了秦桧的官。

就是在这件事上，赵鼎得罪了秦桧，从此让秦桧怀恨在心。

几年以后，赵鼎建议宋高宗早日确立皇储，让宋高宗大为不满，认为赵鼎不够忠心。这时候，秦桧又一次获得了宋高宗的信任，趁机落井下石，让宋高宗把赵鼎发配到了边缘地带。

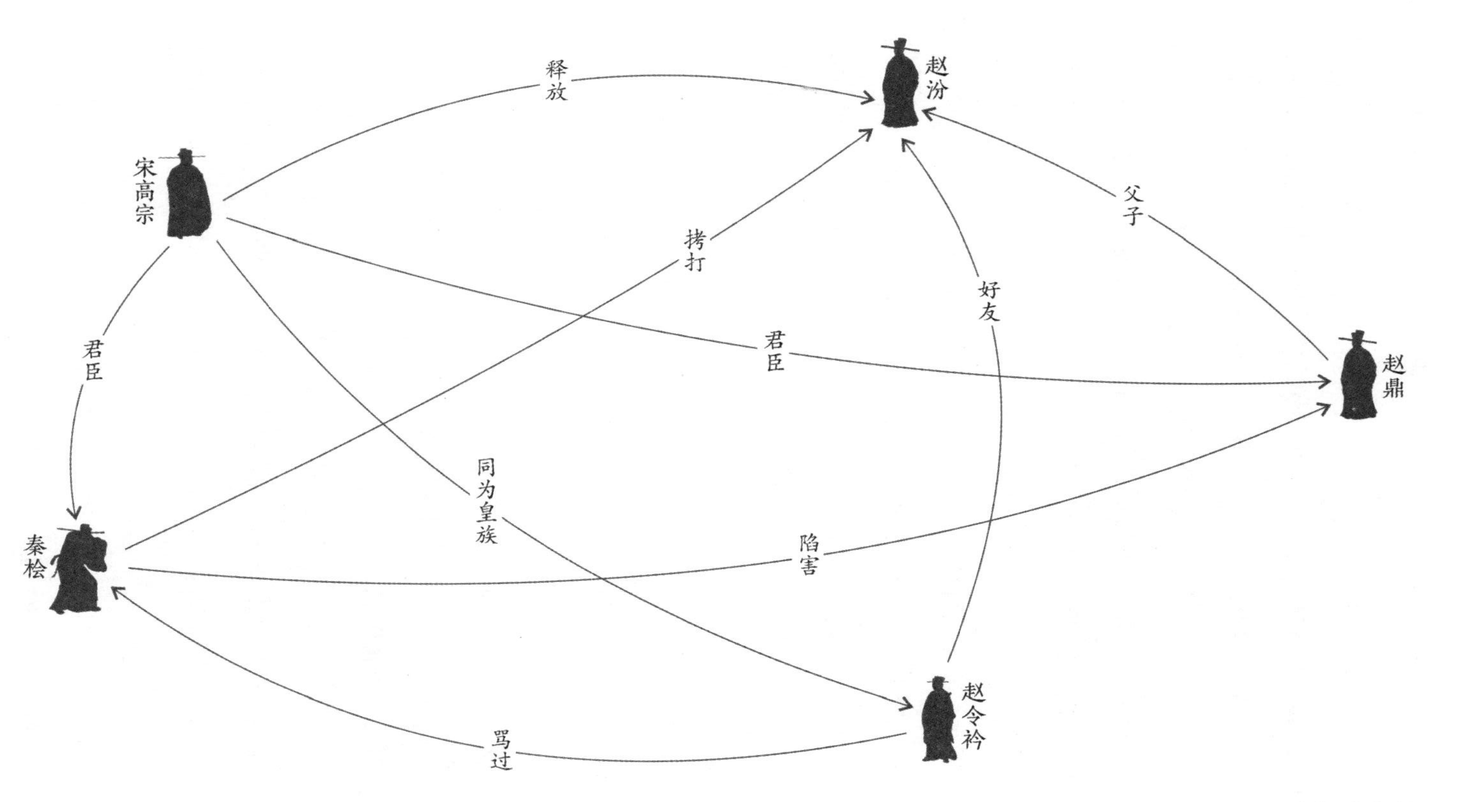

本节人物关系网

公元 1142 年，秦桧不仅达成了宋高宗梦寐以求的宋金和议，还杀掉了宋高宗最为忌恨的大将岳飞，他在宋高宗心目中的地位达到了巅峰，他的权力也达到了巅峰。他授意亲信搜查赵鼎的书信和诗集，从中挑出几处所谓的证据，诬蔑赵鼎在流放所在地串联皇室宗亲，图谋不轨。宋高宗大怒，将赵鼎发配到了更加边远的地方。

公元 1147 年，赵鼎知道自己迟早有一天会被秦桧杀害，为了使子孙不受牵连，他在流放地绝食自杀。

然而赵鼎万万没有料到的是，秦桧竟然还要赶尽杀绝，不仅要除掉赵鼎的后代，还要把所有对议和不满的大臣一网打尽。

有一个名叫赵令衿的皇室宗亲，私下里骂过秦桧。赵令衿又跟那些主战派大臣来往密切，与赵鼎的儿子赵汾私交更好。秦桧先以“妄图篡位”的罪名将赵令衿关进天牢，对赵令衿严刑逼供，再根据供词去抓捕赵鼎的儿子赵汾。

公元 1155 年冬天，赵汾入狱。入狱那天，赵汾知道自己能活着出去的希望非常渺茫，他流着眼泪对妻子说：“先父死在了秦桧手里，为夫这回恐怕也难以幸免，以后就要靠你一个人把孩子拉扯大了。”

赵汾的妻子悲痛欲绝，但她仍然强颜微笑安慰丈夫：“夫君不必悲伤，我想圣明天子在位，不会让秦桧继续作恶下去的，一旦朝廷查明冤情，我们夫妻肯定还有相见之日。”

赵汾长叹一口气：“哎，希望苍天有眼，真如贤妻所言。”

赵汾被狱卒戴上铁枷，锁上镣铐，丁零当啷地朝牢房走去。妻子追上去问道：“夫君先别走，假如冤案得以昭雪，朝廷给你平反，我该怎么报信进去呢？”

赵汾停下脚步，想了想说：“嗯，如果真有那么一天，那就劳烦贤妻在牢饭里给我送一枚‘肉笑靥儿’吧！”

说完这句话，夫妻二人洒泪而别。

赵汾在天牢里关了一个多月，每天都要忍受一番酷刑，因为审案的官员都是秦桧的马前卒，他们对赵汾严刑拷打，想让赵汾供出更多对秦桧不利的人来。

在那一个多月里，赵汾的身体垮了，精神也垮了，他虽然咬紧牙关不吐一个字，但却认为自己终究难逃一死。

突然有一天，已经完全绝望的赵汾竟然收到了妻子送来的“肉笑靥儿”！更让他意外的是，那不是一枚肉笑靥儿，而是整整一大筐肉笑靥儿！

赵汾不明所以，他心里想：“看来秦桧今天要杀我了，我的妻子送这么一大筐肉笑靥儿进来，是想让我在临死之前饱餐一顿，免得做个饿死鬼啊！”

他看着满筐的肉笑靥儿，食不下咽，抬起头来对狱卒说：“劳烦狱卒大哥通知我的妻子，我想跟她见最后一面。”

狱卒们笑了起来，纷纷说：“赵公子你还不知道吗？秦相爷刚刚去世了，原来审案的老爷也罢官了，圣上开恩，已经下旨撤了您的案子，您现在可以回家了！”

原来就在那一天，恶贯满盈的秦桧病死在家中。赵汾的案子没有了背后推手，宋高宗发了恩旨，将赵汾无罪释放。

赵汾卸掉枷锁，从天牢里出来，外面阳光明媚，他左手提着那筐肉笑靥儿，右手抓着往嘴里送。他大口大口地吃着，忍不住泪流满面。

这个小故事结束了，现在有必要给出两个解释。

第一，赵汾入狱之前，让妻子用一枚肉笑靥儿给他报平安，这肉笑靥儿是什么东西呢？

其实，肉笑靥儿是宋朝市面上流行的一道象形小点心。说穿了，就是小肉饼，笑脸形状的小肉饼。

将肉馅儿与淀粉打匀，用盐和酱油调味，摁到一种特制的模具当中，摁结实，再磕出来，搁油锅里炸熟，一枚可爱的笑脸肉饼横空出世，这就是肉笑靥儿。因为形状像笑脸，所以肉笑靥儿被南宋人当成一种包含吉祥如意寓意的小点心，拿来给亲人报平安，最合适不过。

第二，赵汾被陷害，是秦桧的主意。赵汾的父亲赵鼎被陷害，也是秦桧的主意。还有那个皇室宗亲赵令衿，无缘无故被关进天牢严刑拷打，也是秦桧的主意。宋高宗为什么能纵容秦桧如此作恶呢？

因为秦桧对那些人的陷害，恰好符合宋高宗的利益。

宋高宗跟金国议和之前，需要秦桧出面替自己打压主战派；跟金国议和之后，又需要秦桧压制主战派对他这个软蛋皇帝的抗议和埋怨。赵鼎是在议和之前主战的，所以宋高宗要借秦桧之手赶走赵鼎；赵鼎的儿子赵汾在议和之后对朝廷不满，所以宋高宗又要借秦桧之手打击赵汾以及其他主战派。

至于皇室宗亲赵令衿，则是因为长期与主战派大臣联络，既违背宋高宗的议和大计，又触犯了宋太宗以来就形成的“皇室宗亲不得私自结交大臣”的祖宗家法。把赵令衿当成反面典型，抓进天牢收拾一顿，能让别的皇室宗亲意识到祖宗家法的可怕，意识到皇帝权力的无所不在。

问题是，秦桧做得太过分，在执行宋高宗政策的同时，也塞进去不少私货。为了一己私利，秦桧想杀掉所有对他不利的人，这是宋高宗所不允许的，会危及宋高宗一向表现出的“仁君”形象。所以，尽管秦桧一直对赵汾和赵令衿严刑拷打，宋高宗却一直不许他杀掉赵汾和赵令衿。等秦桧一死，宋高宗马上放人——反正这些人该受的罪都受了，杀鸡儆猴的目的也达到了，干吗不放人呢？如果这些人将来有怨恨之心，那怨恨的也是秦桧，而不是他宋高宗。

所以，秦桧无论多么奸诈，始终都是宋高宗的挡箭牌与黑手套。奸臣固然可恨，但是像宋高宗这样任用奸臣、铲除异己、强化君权，却将大好河山和亿兆百姓都抛诸脑后的君主，更加可恨。

大师，名妓，南宋假钞（上）

上高中的时候，我喜欢看“三言二拍”，尤其喜欢看“二拍”里的《二刻拍案惊奇》。您知道，这是明朝小说家凌濛初改编的一部白话小说集，每集讲述一个完整的判案故事。在这部小说集的第十二回，回目叫作《硬勘案大儒争闲气　甘受刑侠女著芳名》，讲的是南宋前期一桩公案。

话说南宋第二个皇帝宋孝宗在位时，浙江有一位名士陈亮，是理学大师朱熹的好友，同时又跟台州知州唐仲友相交。陈亮去台州衙门做客，被唐仲友款待，并经唐某介绍，结识了当地官妓赵娟。陈亮喜欢赵娟，出钱为其赎身；赵娟也爱慕陈亮，愿意跟随其从良。这本是两相情愿、皆大欢喜的好事，却被唐仲友一句玩笑话给耽误了。

唐仲友问赵娟：“昨日陈官人替你来说，要脱籍从良，果有此事否？”

赵娟磕头道：“贱妾风尘已厌，若得脱离，天地之恩。”

唐仲友笑道：“你果要从了陈官人到他家去，须是忍得饥、受得冻，才使得。”

赵娟信以为真，误以为陈亮家里很穷，从良以后得过苦日子，便打消从良念头，再也不见陈亮的面。

陈亮得知内情，对唐仲友大为不满，拂袖离开台州，去婺州（今浙江省金华市）找好友朱熹。当时朱熹的官职是“提举两浙东路常平茶盐公事”，简称“浙东提举”，既负责全省（路）的茶盐专卖，又负责赈济灾民，对各州各县的官员也有监督和弹劾之权。陈亮见了朱熹，大讲台州知州唐仲友的坏话。

朱熹问：“小唐在台州如何？”唐仲友这个台州知州的工作能力怎么样啊？

陈亮说：“他只晓得有个严蕊，有甚别勾当？”他把全部精力都放在老相好严蕊身上了，哪里还管工作！

朱熹又问：“曾道及下官否？”唐仲友有没有提过我朱熹啊？

陈亮说：“小唐说公尚不识字，如何做得监司？”他说你连字都不认识，有什么资格监督全省官员？

朱熹大怒，从此恨上唐仲友，一门心思要将其从台州知州位子上赶走。

故事讲到这里，我来穿插两句。陈亮说唐仲友“只晓得有个严蕊”，涉嫌夸张，然而唐仲友确实跟严蕊关系密切。严蕊是谁呢？她与赵娟一样，也是台州官妓，只是名气比赵娟更大，在官妓里的地位也比赵娟高，当时俗称“上厅行首”，即排名第一的官妓。唐仲友在台州知州任上，每次在后衙宴请宾客，几乎都会让严蕊作陪。台州其他官员请客时，都不敢请严蕊到场，因为他们都知道严蕊是知州大人的相好。另外，陈亮那句“小唐说公尚不识字”，也不能算是诬陷，因为唐仲友跟朱熹一样钻研儒学，还出版过一部注解荀子的书，文人相轻，唐仲友一向看不起朱熹的学问。

唐仲友看不起朱熹，朱熹要找唐仲友的碴儿。那么唐仲友有没有碴儿可找呢？在《二刻拍案惊奇》第十二回里，唐仲友居官清廉，爱民如子，唯一的缺点就是跟严蕊来往太密切了。按照宋朝法律，官妓是国家的财产，由当地官府监管，父母官可以在公务接待时让官妓陪酒和表演歌舞，却不许私自放官妓从良，更不许将官妓变成自己的妻妾。道理很简单：官妓是国家财产，如果某个官员私自让其从良，那就等于让国有资产流失；如果与官妓发生男女关系，那就等于监守自盗、侵吞国家财产。

在朱熹看来，唐仲友跟严蕊来往密切，说明工作作风不太好，但还不算真正的违纪违法，如果能抓到他跟严蕊发生关系的证据，那才可以将其拿下。问题是怎么抓这个证据呢？朱熹直接派人去台州，把严蕊抓起来，刑讯逼供。《二刻拍案惊奇》原文写刑讯逼供这段很详细，又是打板子，又是夹手指，严蕊就是不招。严蕊说，她跟唐知州有来往是真的，那都是正大光明、合理合法的，从来没有更深一步的来往。

再说唐仲友那边，一方面想办法营救严蕊，另一方面向朝廷告朱熹的状，说朱熹挟私办案，无凭无据对一个弱女子动刑。与此同时，朱熹弹劾唐仲友的奏章也到了宰相王淮和皇帝宋孝宗那里。宋孝宗问王淮："王爱卿，这事该怎么处理啊？"王淮笑道："两个秀才争闲气耳，两下里平调。"意思是说朱熹跟唐仲友俩文官争闲气，不值得深究，把他们调走就不闹了。宋孝宗听信了这话，既没有追究朱熹的责任，也没有追究唐仲友的责任，这个由朱熹发起的案子就稀里糊涂结案了。

严蕊呢？苦挨一番严刑拷打，却没能出狱。后来岳飞的儿子岳霖接任浙东提刑，负责一个省的司法工作，终于将严蕊无罪释放。在释放之前，岳霖还让严蕊作一首诗词，严蕊口占小令《卜算子·不是爱风尘》：

不是爱风尘，似被前缘误。花落花开自有时，总赖东君主。

去也终须去，住也如何住？若得山花插满头，莫问奴归处。

本节人物关系网

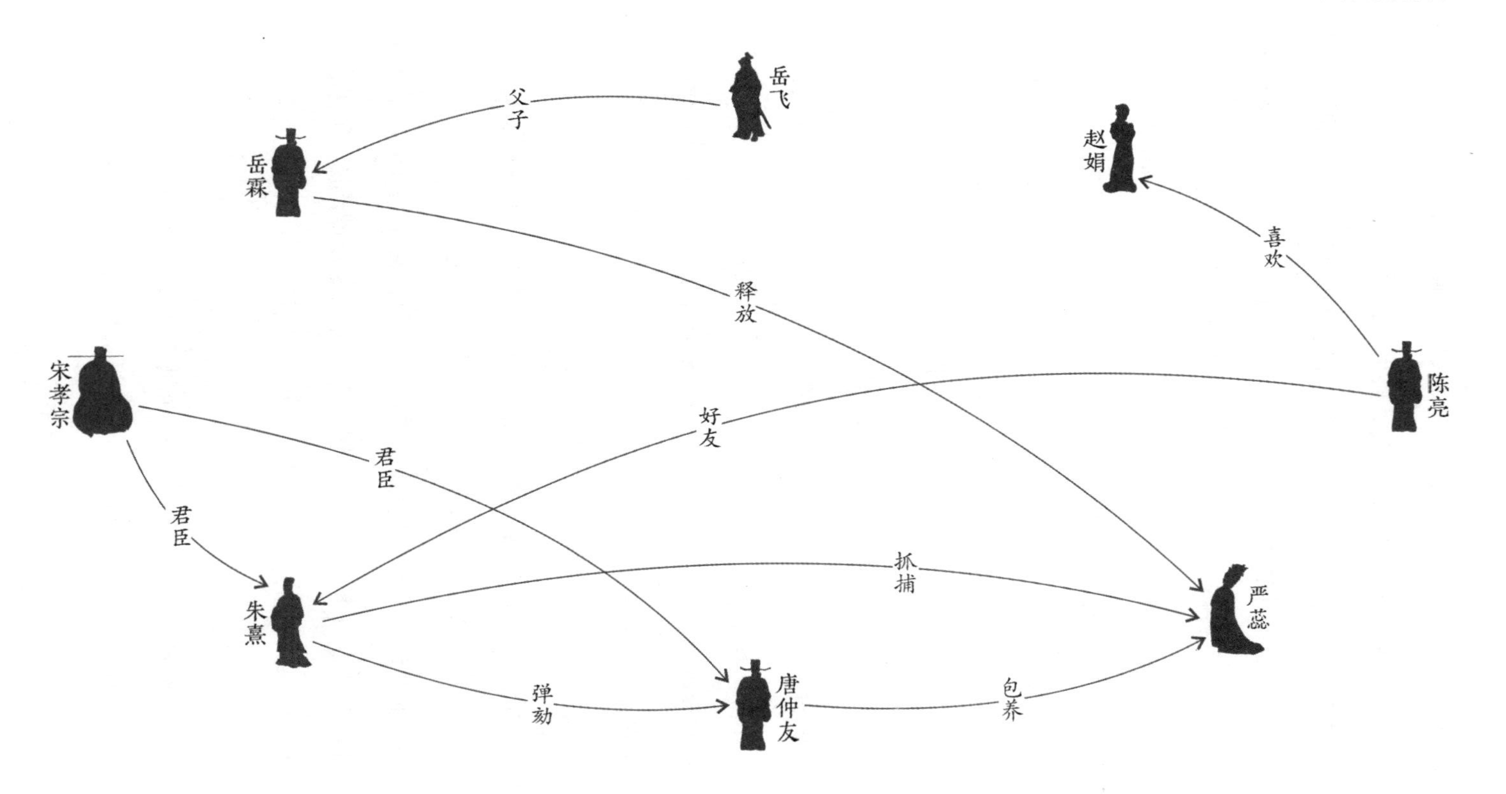

岳霖听完这首词，非常欣赏严蕊的才华，当即为严蕊脱去贱籍。又过了一段时间，严蕊被南宋一位宗室子弟纳为姬妾。

关于南宋名妓严蕊的故事，《二刻拍案惊奇》讲到这里就结束了，但是真正的故事才刚刚开始。

首先我要说明，《二刻拍案惊奇》里这个故事是有出处的，出处就是南宋末年文人周密写的野史《齐东野语》。在《齐东野语》第二十卷，有一个小节叫《台妓严蕊》，情节梗概跟前面所述一模一样，陈亮、朱熹、唐仲友、严蕊以及岳飞的儿子岳霖，所有关键人物全部出场，只不过没有那么多对白而已。很明显，明朝小说家凌濛初看过《齐东野语》，然后加以扩充，再改成白话文，就成就了《硬勘案大儒争闲气　甘受刑侠女著芳名》这个回目。

然后我还要说一句：从南宋周密到明朝凌濛初，从《齐东野语》到《二刻拍案惊奇》，关于严蕊和唐仲友的真实关系，关于唐仲友的官品和人品，关于朱熹查办唐仲友的起因，全都写错了，统统背离史实。

真实的历史是，朱熹之所以查办唐仲友，跟文人相轻毫无关系，纯粹是因为唐仲友的官品和人品都极其卑劣，在台州知州任上做了太多天怒人怨的坏事。就连被凌濛初不惜笔墨使劲歌颂的名妓严蕊，做的事也让人不敢恭维。

在台州当知州时，唐仲友大肆挪用公款，残酷压榨百姓，并且违背当时法令，将官妓严蕊占为己有。不仅如此，唐仲友竟然捏造公文，将一个因为造假钞而被判刑的犯人从牢城营里“解救”出来，藏进台州衙门，再强迫该犯人专门为他制造假钞。身为一州之长，唐仲友敲骨吸髓，贪污受贿，作风糜烂，监守自盗，知法犯法，制造假钞，即使放到古代官场上，也是罕见的穷凶极恶之徒。而朱熹身为浙东提举，负责茶盐专卖、赈济饥民、监督浙东各州县官员，查办唐仲友不仅是他应该做的事，而且是他必须做的事。假如朱熹放任不管，那反倒愧对朝廷和百姓。

唐仲友是怎么制造假钞的？朱熹又是怎样搜集相关罪证的？名妓严蕊在唐仲友一案中又扮演了什么角色？咱们下回再说。

大师，名妓，南宋假钞（中）

书接上回。

宋孝宗淳熙八年，也就是公元1181年，农历八月，朱熹在浙江东部赈济灾民有功，被宰相王淮举荐，调任“浙东提举”，即“浙东常平茶盐司”的第一把手。浙东常平茶盐司衙门位于绍兴，所以朱熹要赶往绍兴上任。

在上任途中，朱熹见到47个难民，衣衫褴褛，扶老携幼，正要去绍兴乞讨。朱熹自掏腰包，给他们买了粮食，然后问他们是哪里人。这些难民说，他们来自台州，因为台州大旱，庄稼歉收，交不上公粮，而台州知州（相当于市长）唐仲友逼着各县官吏下乡催缴，完不成任务就得坐牢，他们只得逃出来。

几天后，朱熹正式上任，第一件事就是去台州下辖的天台县查访。刚进天台县，百姓就拦道告状：朝廷给本县规定的夏税缴纳指标是12000匹绢和36000贯钱，要求在八月底完成；而知州唐仲友为了讨好户部领导，给各县加码，其中天台县要多缴2500匹绢，并且要提前一个月完成，如

今县里的差役正挨家挨户催缴夏税，这是要把本来就身处饥荒之中的百姓往死路上逼。朱熹听完大怒，立即给朝廷上奏章，让户部延缓夏税征收期限，禁止地方官加码征收。

宋孝宗淳熙九年，也就是公元1182年，朱熹到台州城里查访，经过查考账目发现，唐仲友将国库当成私人取款机，曾经取出1482贯零263文钱，送给自己的大舅哥；还取出28616贯零682文钱，让亲信送回他老家存放；又取出699贯零5文钱，给官妓严蕊买衣服。

然后朱熹又会见了台州通判（相当于副市长）赵善伋。赵善伋是宋太宗的第八代孙，早就不满顶头上司的恶行，像竹筒倒豆子一样揭发了唐仲友的所作所为。朱熹听完惊呆了，原来唐仲友不只是贪污腐败，他竟敢在知州衙门里私藏罪犯、制造假钞！

朱熹半信半疑。赵善伋言之凿凿：那个奉唐仲友之命印制假钞的罪犯名叫蒋辉，婺州（今浙江金华）人，在老家排行第二十七，所以人称“蒋念七”（“念”音同“廿”）。目前蒋念七就住在后衙一间小屋里，每天由唐仲友的老妈子金婆婆送饭。

台州是唐仲友的地盘，朱熹一人势单力薄，不敢打草惊蛇，于是先赶回绍兴，从浙东常平茶盐司衙门里挑选了一批精兵强将，到这年的农历七月才杀回台州。朱熹闯进台州衙门，专门搜捕蒋念七，并让其余人等在州衙外面团团围住。

再说蒋念七那边，他正在后衙小屋里印假钞，给他送饭的那个金婆婆冲进去报信：“你且急出去！提举封了诸库，恐搜见你！”[1]意思是让蒋念七赶紧逃走，因为浙东提举朱熹朱大人正率领人马一个仓库一个仓库地搜查，恐怕会搜到他。蒋念七往外跑，踩着一把梯子翻过后衙墙头，刚好

[1]《晦庵集》卷19《按唐仲友第六状》。

本节人物关系网

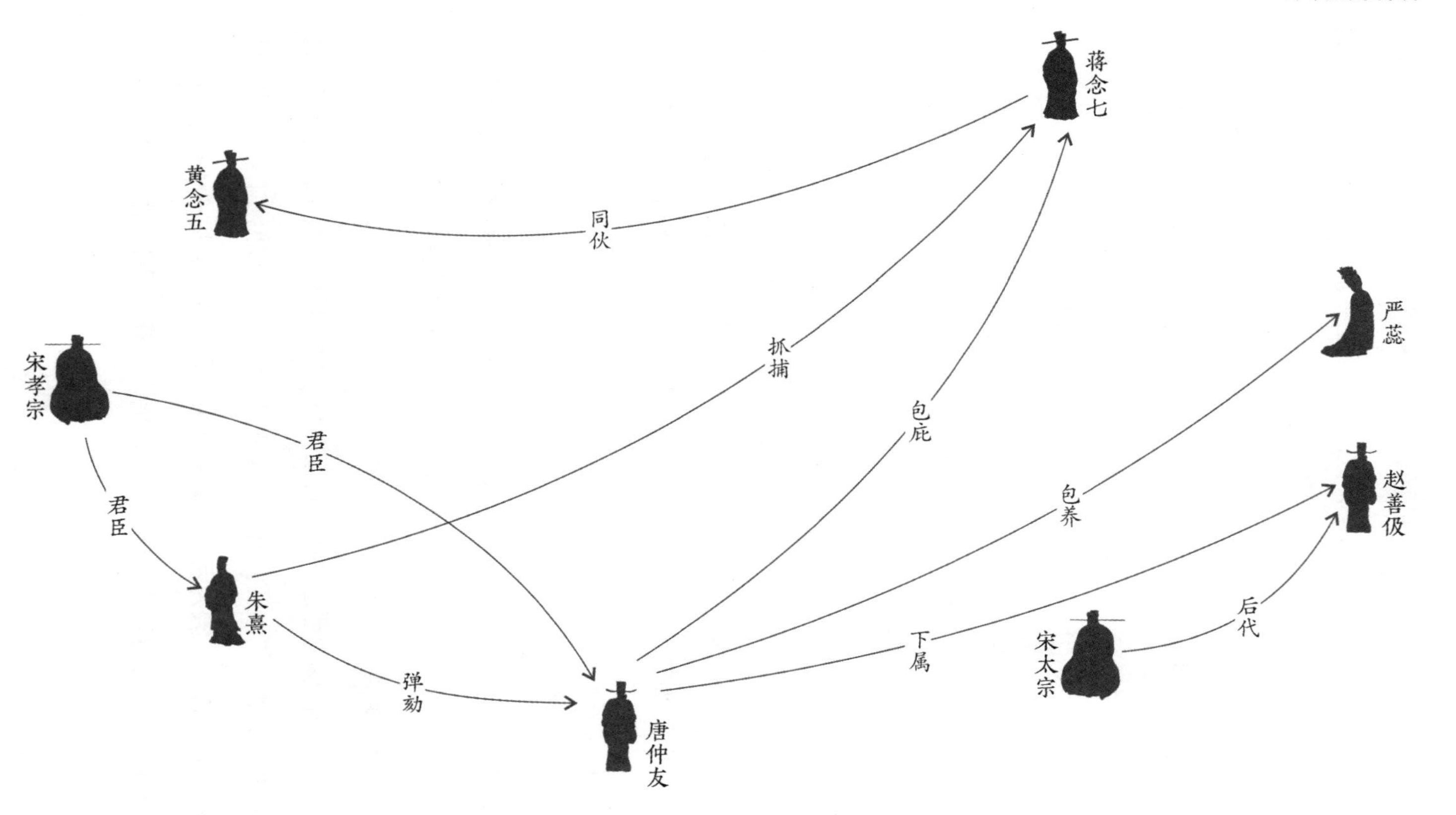

被在外面蹲守的朱熹手下逮了个正着。

这次杀回台州，朱熹不仅抓了蒋念七，还抓走了那个与唐仲友来往密切的官妓严蕊。经过一番审讯，严蕊供状如下：

一、她曾多次与唐仲友“踰滥”，即发生不正当男女关系；

二、唐仲友已经动用公款为她赎身；

三、她得唐仲友宠爱以后，台州官吏人人皆知，有人想求唐仲友办事，便通过她来牵线，这让她多了一个发财的机会。

我在严蕊的供状里读到几条记录，摘抄其中两条：

一是，“临海县贴司徐新等，因差在城外三路及在城总店卖酒不行，并是赔钱送纳，现经本县陈状，备申本州，乞免卖酒，许严蕊钱一百贯文省，托嘱仲友免卖。徐新先将银盏七只，付严蕊作当。……后仲友与免总店卖酒”。台州临海县小吏徐新等人，奉命在本县官营酒店里卖酒，这种工作没有油水，还要往里倒贴，所以徐新找到严蕊，请严蕊居间说情，让唐仲友开恩免除这项倒贴钱的差事，如果说情成功，就送给严蕊 100 贯钱，并用 7 只银杯作抵押。结果呢？严蕊说情成功，唐仲友果然免除了徐新等人卖酒的苦差。

二是，“严蕊及弟子朱妙，入宅打嘱仲友，免断杨準藏伉弟子张百二事，许钱一百贯文，并受过青纱、冷衫缎、水线、鱼鲞等”。张百二是宁海县官妓，犯罪在逃，被一个叫杨準的人窝藏起来。后来张百二与杨準都被抓捕归案，即将判处徒刑，杨準便送给严蕊 100 贯钱，以及一些丝绸和美食，托其向唐仲友说情。严蕊笑纳钱物，与弟子朱妙（也是官妓）一块儿去台州衙门，嘱托唐仲友在杨準案子上高抬贵手。

读史读到这里，我们再跟《二刻拍案惊奇》里讲述的严蕊故事对比一下，就能看出那个版本错得有多么离谱。第一，《二刻拍案惊奇》说严蕊守身如玉，与唐仲友只是柏拉图式的爱情关系，实情并非如此；第二，《二刻拍案惊奇》说严蕊很有骨气，在朱熹刑讯逼供下宁死不招，实际上她招供了不少猛料；第三，《二刻拍案惊奇》说严蕊身份卑微而人品高贵，集美色、才情、侠义于一身，实则她贪财好利，凭借她跟唐仲友的不正当关系，干涉行政与司法。另外，《二刻拍案惊奇》还说严蕊给岳飞的儿子岳霖作了一首《卜算子·不是爱风尘》，然而根据她自己的供状，那首词并不是她写的，而是唐仲友的表弟高宣教给她写的。

说完严蕊，下面我们再看蒋念七的供状。

前文曾经提到，台州通判赵善伋向朱熹透露，蒋念七本名蒋辉，籍贯婺州。其实赵善伋掌握的信息并不准确——蒋念七的原籍在明州，也就是现在的宁波。此人心灵手巧，原以刻字为业，刻章、刻碑、刻书版的手艺出神入化。因为婺州的书坊很多，雕版印刷比较繁荣，蒋念七便在婺州谋生，所以赵善伋才把他当成婺州人。

在婺州谋生多年，蒋念七不再满足于给书坊打工，挣那点儿辛苦钱。宋孝宗淳熙四年，即公元 1177 年，蒋念七与另一个刻字匠黄念五（即黄廿五，在同族同辈男性中排行第二十五）联手制造假钞，尝到了一夜暴富的甜头。但“好景”不长，蒋念七很快落入了法网。制造假钞是重罪，相当于故意杀人。《水浒传》中武松故意杀人，刺配孟州牢城营；蒋念七和黄念五伪造假钞，则被刺配到台州牢城营。

宋朝所谓“牢城营”，等于军队和监狱的结合体，让囚犯以军人的身份（宋朝军人地位低下）进行劳动改造，原则上必须从事最苦最累的高强度劳动。实际情况呢？每一处牢城营都充斥着腐败和不公，只要犯人送上足够多的贿赂，就能摆脱一切劳动，想做什么就做什么。蒋念七深知牢城营的猫腻，让家属稍做打点，雇了一个无业游民替他进行劳动改造，自己则大摇大摆走出牢城营，回到婺州继续制造假钞。宋孝宗淳熙七年，即公元1180年，刑期未满的蒋念七在婺州又找了一个同伙，印制了900张钞票，每张面值 1 贯，总共 900 贯钱。

俗话说，天下没有不透风的墙。公元 1181 年八月，也就是朱熹走马上任浙东提举的时候，蒋念七又一次东窗事发，被婺州义乌县（今浙江义乌）官差捉住了。但在捉拿蒋念七的过程中，义乌官差没有按照法律程序行动——本来应该先出具逮捕文书，再套上镣铐枷锁，而官差心急，没有出具逮捕文书，直接给蒋念七套上枷锁，随即又异地刑讯逼供，打伤了蒋念七的手骨。

蒋念七在婺州被捕，最后怎么又成了台州知州唐仲友的座上宾呢？咱们下回分解。

蒋念七犯案被抓，在刺配期间继续犯案，落在婺州（今浙江金华）官差手中。他是犯过案的人，有一些反侦查经验，也懂得一些办案程序，便托人送出消息，让儿子到婺州衙门告了一状，告婺州官差非法逮捕、非法刑讯。与此同时，他还花钱买通法医，“称肩并背脊、胁、肩、手并皆打伤”。[1] 肩膀、后背、腰眼、手掌，都被婺州官差打伤了。

这时候，台州知州唐仲友得知此事，认为蒋念七是个“人才”，堪作大用，于是让亲信去婺州提人，说蒋念七在台州犯过案，原籍又在台州（实则不是），理应由台州审理。婺州官员不明所以，遂将蒋念七交给唐仲友审理。

唐仲友审理蒋念七了吗？没有，他把蒋念七当作贵客看待，安排到台州衙门后院一个无人打扰的小屋里，让自己的老妈子金婆婆每天送饭，从

[1]《晦庵集》卷19《按唐仲友第六状》。

公元 1181 年八月一直供养到 1182 年八月。

唐仲友是台州知州，堂堂一市之长，为啥要包庇并供养一个罪犯呢？因为他想利用蒋念七为自己谋取利益。跟南宋哲学家朱熹一样，唐仲友本人也是儒学大师，写过一部《荀子注》，还整理过一部校勘精当的《杨子》。唐仲友想出版《杨子》和《荀子注》，又不想自掏腰包支付数目惊人的出版费用（古代雕版印刷成本较高），便让蒋念七当技术骨干，带领一帮工人刻印这两部书。纸张、印墨、排笔、棕刷以及各种颜料开支，还有印刷工人的报酬，都从公款里走账报销。

公元 1181 年十月，《杨子》和《荀子注》刻印完工，唐仲友还不满足，还想让蒋念七"发挥余热"。十月初三那天，唐仲友亲自驾临蒋念七的小屋，劈头就问："我救得你在此，有些事问你，你肯依我不？"[1] 你小子该当死罪，是我让你得以活命，我想让你办些机密大事，你能听我的吗？

蒋念七问道："不知甚事？言了是。"知州大人想让我做啥？您吩咐便是。

唐仲友说："我要做些会子。"我想让你帮我印一些钞票。

蒋念七惶恐地说："恐向后败获，不好看。"印假钞风险太大，万一将来被人知道，您和我都不好收场。

唐仲友说："你莫管我，你若不依我说，便入狱囚杀你，你是配军，不妨。"你先别管印假钞的风险，只管听我的就是，否则我把你扔到监狱里整死，反正你是劳改犯，整死你没人问。

蒋念七吓坏了，不敢不从。

第二天，唐仲友派金婆婆送去一块梨木板和一张大纸，纸上描绘的是当时面值一贯的纸币图案。蒋念七果然心灵手巧，将纸币图案一点儿不走

[1]《晦庵集》卷 19《按唐仲友第六状》，下同。

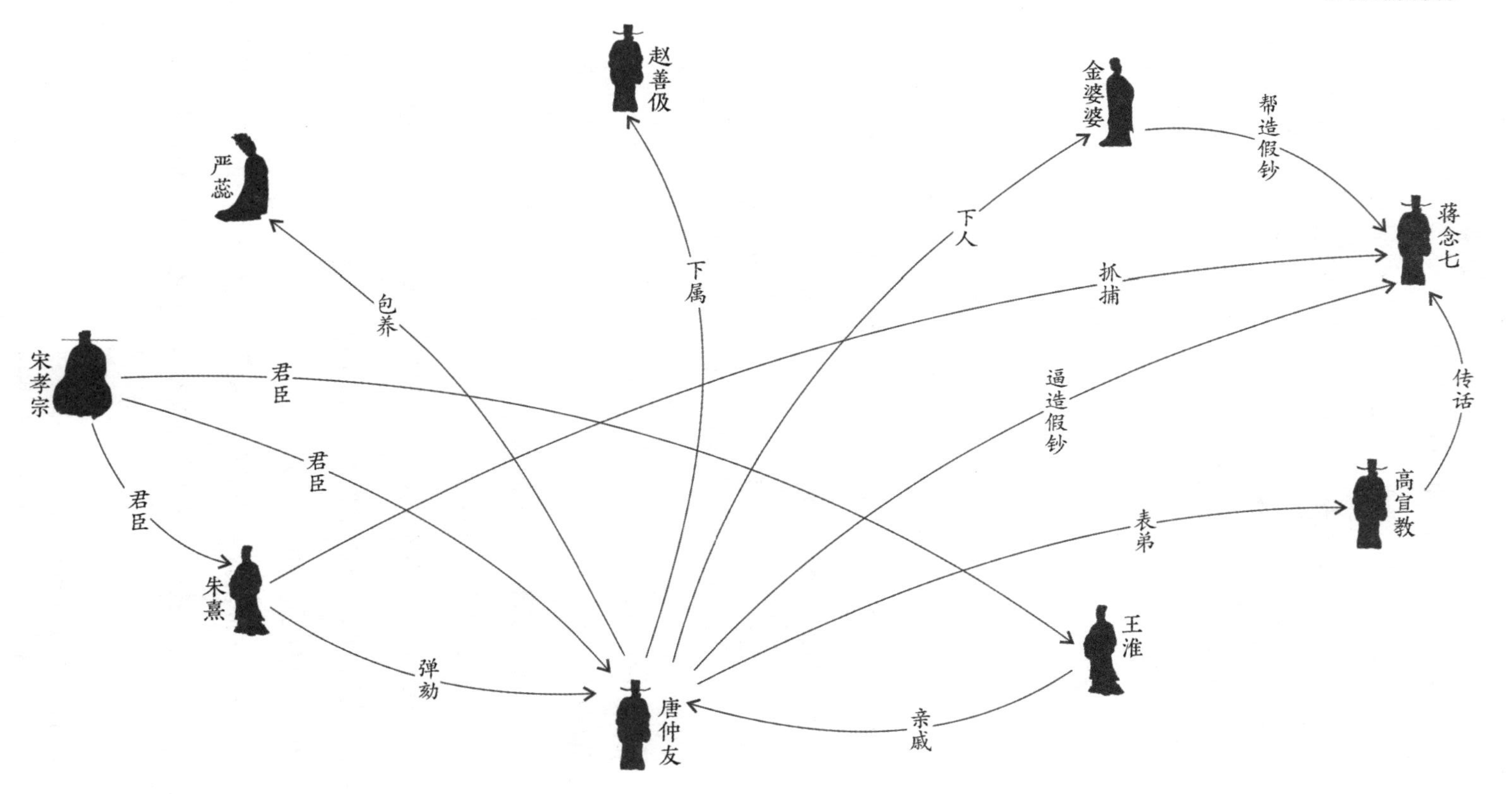
赵善伋
严蕊
金婆婆
蒋念七
帮造假钞
宋孝宗
君臣
君臣
君臣
朱熹
包养
下属
下人
抓捕
逼造假钞
传话
高宣教
表弟
弹劾
唐仲友
亲戚
王淮

样地刻在梨木板上。

南宋流行纸币，名曰“会子”[1]，虽说没有现在的纸币印刷精美，但也有一整套防伪标识，不是仅靠一套纸币图案就能仿造的。这套防伪标识体现在三个方面：第一，纸张是特制的，必须使用四川出产的特种纸，当时叫作“会子纸”；第二，纸上有水印，普通刻字匠和印刷匠很难仿造出那种水印效果；第三，每张纸币上都有户部官员（或者朝廷特许的地方官员）盖的公章和签的花押[2]。在这三个防伪标识当中，第二条和第三条都难不倒蒋念七，难的是怎么搞到印刷纸币的会子纸。坦白说，蒋念七前面两次印假钞犯案，就是因为他用的纸不过关，容易被真正的行家看出假来。

唐仲友能不能弄来会子纸呢？可以，但也挺难。从公元1181年十月到腊月，唐仲友一直在想法搞会子纸。在那两个月期间，他可不舍得让蒋念七闲着，由表弟高宣教[3]出面，监督着蒋念七刻完了一部诗赋。高宣教对蒋念七说：“你若与仲友造会子留心，仲友任满带你归婺州，照顾你不难。”小蒋你别担心，只要你拿出十二分手艺给我表哥做假钞，我表哥就一定照顾你，等我表哥任满以后[4]，会把你带回婺州，你的案子没人敢管。

1181 年腊月，唐仲友终于搞到一批会子纸，让金婆婆装到一个做针线的藤箱里，交给蒋念七印刷假钞。腊月中旬，蒋念七成功印出 200 张，每张面值 1 贯。腊月底，又印出 150 张，每张面值还是 1 贯。然后是 1182 年上半年，蒋念七在唐仲友的命令下继续印假钞，总共印出 2600 张，面值总计 2600 贯。

您可能会问：蒋念七费尽心力刻出假钞版来，唐仲友费心费力搞到一

---

[1] 南宋末年改名“关子”。

[2] 类似于签名。

[3]“宣教”是宋朝低级文官的级别，全称“宣教郎”。

[4] 宋朝知州三年为一任。

批印假钞的特种纸张，他们干吗不使劲印呢？一口气印他几十万几百万几千万贯不好吗？为啥只印了 2600 贯？

其实这跟雕版印刷的缺陷有关。您要是观摩过木版年画的印刷过程，就知道过去雕版印刷在质量和数量上都是有限制的。雕版得用质地坚硬的好木材，先纵切成木板，再晾晒好长一段时间，等它干缩、定型，再刨平、刷油、抛光，然后才能刻字画图。刻完字，画完图，刷上墨，把白纸铺上去，用大刷子一刷，文字和图案印到白纸上，似乎几秒钟就能印一张，一天能印上万张。问题在于雕版是木质的，会吸墨，反复刷印次数多了，那木板就会膨胀变形，再印下去就走样了。所以宋朝印刷匠印书和印钱，都不敢过度使用印版，平均每印 200 张左右，就得把那块印版拿出去冲洗和晾晒，让它休息几天，才能继续印刷。

唐仲友和蒋念七总共印了 2600 贯假钞，如果全部投向市场的话，相当于多少钱呢？在南宋前期，会子的通货膨胀还不是十分明显，购买力还是相当可观。我查过宋孝宗时期会子和白银的比价，平均每 3 贯会子就能兑换 1 两白银，2600 贯会子大约可以兑换 867 两银子。867 两银子又是多少钱呢？查南宋文言小说集《夷坚志》，当时杭州工薪阶层每人每月大约收入 3 两银子，那么 867 两银子就是一个普通工人 289 个月的收入，相当于他们不吃不喝奋斗半辈子的积蓄。

按南宋法令，官民私造会子，轻则抄家，重则砍头，唐仲友命令蒋念七假造这么多会子，应该砍头才对。可是朱熹将此案连同各种证据奏报给朝廷以后，唐仲友并没有受到什么处分，反而被调到江西当提刑[1]去了。

朝廷为什么不处分唐仲友，是犯罪证据还不够充分吗？不是，仅仅因为唐仲友有一门好亲戚。这门好亲戚是谁呢？就是当初推荐朱熹当浙东提

[1] 相当于省司法厅厅长。

举的宰相王淮。南宋末年文献《齐东野语》和明朝话本《二刻拍案惊奇》都说，王淮是唐仲友的老乡，近年还有学者考证，王淮是唐仲友的弟媳的哥哥，其实都不对，王淮实际上是唐仲友的弟媳的亲爹。换句话说，唐仲友有个弟弟，娶了宰相王淮的闺女。

当朱熹带人杀到台州，围堵台州衙门，捉到造假钞的犯人蒋念七时，王淮的女儿就在台州衙门探亲。于是唐仲友倒打一耙，写奏章弹劾朱熹，说朱熹“搜捉轿檐，惊怖弟妇王氏”，硬是掀开家眷的轿子搜查，把王淮的闺女给吓病了。王淮接到奏章，对朱熹甚是不满，便对宋孝宗说，这案子没必要深究，只是两个文官争闲气而已。宋孝宗信以为真，将唐仲友调离台州，派往江西做官。朱熹呢？认为朝廷昏聩，宰相徇私，一怒之下辞官不做，回武夷山教书去了。

啰里啰唆连讲三回，终于把朱熹、严蕊和南宋假钞案的故事给讲完了。我为什么要讲这个故事呢？倒不是想证明古代官场有多么腐败，只是想说明历史真相非常难得，当你读历史的时候，一定要反复提醒自己，真实的历史不是那么容易就能读到的。

文天祥的多面性

宋理宗宝祐四年，也就是公元1256年，顺利通过礼部考试的文天祥又去参加殿试，阅卷官将他的名次排在第五。殿试答卷和考生榜单提交上去，宋理宗亲自审核，读到文天祥的名字，眼前一亮，惊喜地喊道："此天之祥，乃宋之瑞也！"[1]

文天祥本名云孙，字天祥，他以字为名，用"文天祥"这个名字参加殿试。按字面意思理解，"天祥"即"天赐之祥臣"，这个美好寓意让宋理宗龙颜大悦，将文天祥从第五名抬到了第一名，并说文天祥是大宋瑞兆（所以在后来，文天祥改字"宋瑞"）。于是，文天祥成了那一届的科考状元。那位在多年以后抱着南宋流亡朝廷最后一位小皇帝跳海殉国的大臣陆秀夫，也与文天祥同榜，名次靠后。如果我们站在那一届进士榜单前面，依次点数考生的名字，第一个当然是文天祥，第二十九个才是陆秀夫。

[1]《尧山堂外纪》卷63。

文天祥中状元，有运气的成分，但靠的主要不是运气。首先他非常勤奋，勤苦攻读，坐了十几年冷板凳；其次他非常聪明，书法、格律、词赋、古文，无所不通，无所不精，还雅擅下棋，著有《四十局势图》；另外他还很帅，《宋史》本传云："体貌丰伟，美皙如玉，眉秀而长目，顾盼烨然。"身材高大，皮肤白皙，剑眉入鬓，顾盼生姿。北宋以降，状元都是皇帝亲选的天子门生，决定排名的不仅仅是成绩，还有容貌和气质，哪个皇帝都不愿挑选一个长相猥琐的考生当状元，免得站在朝堂上影响心情。而像文天祥这样高大英俊的青年考生，当然会在排名上占优势。

中了状元的文天祥没有立即做官，因为父亲在他中状元那年去世了，他只能回到江西老家守孝三年。三年后，1259 年，文天祥再次赶赴临安，一边等待朝廷分派官职，一边陪弟弟文璧参加科考。文天祥兄弟四人，他是长子，文璧是次子。在 1259 年那届科考中，文璧也中了进士。

1260 年，文天祥得到第一个官职——"签书判官厅公事"，简称"签判"，相当于市政府办公室主任。但他不去上任，而向朝廷申请了一个"祠禄"闲差，属于只领工资不做事的官职。1261 年，朝廷让他担任"秘书省正字"，相当于国家档案馆的中下层文官，他又要辞掉，被朝廷否决，只得上岗。上岗不到一年，朝廷将他下放到瑞州[1]当知州。1265 年，知州任满，文天祥重回临安，升任礼部员外郎，相当于文化部的中层领导。1266 年，他又出任江西提刑，相当于司法厅厅长，这时候他刚满 30 岁。

在江西任上没干多久，文天祥就被罢免了，原因是堂祖母去世，他私自回乡奔丧守孝，御史弹劾他自由散漫，不守规矩，将公事当儿戏，未经批准就撂挑子。他辩解说，那位堂祖母是他父亲的亲妈（文天祥的父亲曾被过继），等于是他的亲祖母，为亲祖母守孝是礼法要求，不管朝廷批不

[1] 今江西省高安市。

批准，他都要遵守这个礼法，并不怕丢官受罚。

在为堂祖母守孝期间，文天祥的小日子过得相当潇洒。宋朝高薪养廉，俸禄高得空前绝后，所以文天祥腰包很鼓，所以他娶妻之后，又接连娶了七房小妾，所以他的儿女纷至沓来：1266 年九月（农历，下同），大儿子文道生落地；1267 年正月，二儿子文佛生落地；1267 年二月，大女儿文柳娘出生；1267 年三月，二女儿文环娘出生……从 1266 年九月到 1267 年三月，仅仅半年，儿女忽成行。

1269 年，为堂祖母守孝期满，文天祥重回官场，先任宁国知府，再进京为官，给年轻的宋度宗讲解儒家经典。当时权臣贾似道把持朝政，文天祥不屑于去拍贾似道的马屁，很快又被罢官，再次回到江西老家闲居。

上一回罢官，文天祥忙着娶妾；这一回罢官，文天祥忙着盖房。他在老家文山买下几十亩地，建造别墅。从他撰写的《纪年录》可知，这片别墅占地很广，南北百余丈，东西三十丈，折合土地五十亩。从他撰写的《山中堂屋上梁文》可知，这片别墅包括“种竹斋”“见山堂”“拂云亭”“澄虚阁”，光听名字就能想象得到，各种建筑错落有致，是真正的园林别墅。文天祥对新居很满意，对人生也很满意，他拿自己跟先贤做比较：“昔晦翁爱武夷而不能家，欧公卜颍水而非吾土，余何为哉？乃幸得之。”当年朱熹老夫子想在武夷山定居，无钱建房；欧阳修虽在颍州[1]安家，颍州并非故乡；再看我文天祥，年纪轻轻就在故乡坐拥豪宅，享受生活。这难道是因为我做过什么贡献吗？非也非也，我只是比较幸运而已。

古代文人并不全是陶渊明，也有不少人过着精致并且奢华的生活。例如清朝文人袁枚，文坛上名满天下，商场上长袖善舞，像文天祥一样，早早地养美妾、住豪宅。但袁枚是自私型的，乾隆五十一年（1786）江南大旱，

[1] 今安徽省阜阳市。

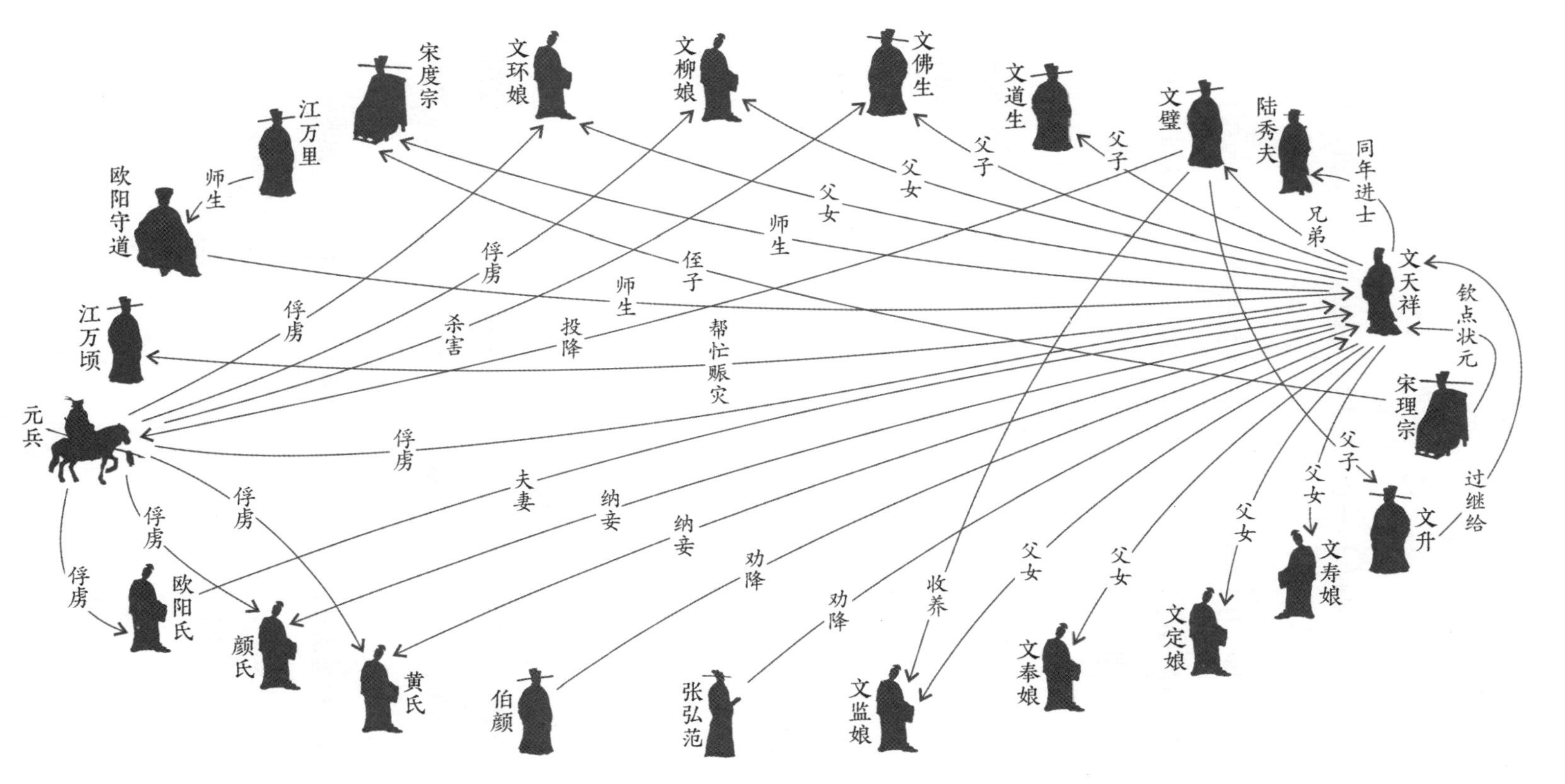
文天祥
宋理宗
钦点状元
过继给
文升
父子
同年进士
陆秀夫
兄弟
文璧
父子
文道生
父子
文佛生
父女
文柳娘
父女
文环娘
宋度宗
师生
江万里
师生
欧阳守道
侄子
师生
江万顷
帮忙赈灾
元兵
俘虏
俘虏
杀害
投降
俘虏
夫妻
纳妾
纳妾
劝降
劝降
收养
俘虏
俘虏
俘虏
欧阳氏
颜氏
黄氏
伯颜
张弘范
文监娘
父女
文奉娘
父女
文定娘
父女
文寿娘
父女

本节人物关系网

南京城内难民拥挤，南京城外饿殍遍地，袁枚高卧家中，安享尊荣，唯恐被穷人抢了钱财，“已两个月不敢出门矣”[1]。反观文天祥，宋度宗咸淳六年(1270)江西歉收，他一边出粮施舍，一边给家乡的父母官江万顷写信，筹划赈灾方案。

江万顷是江万里的弟弟，江万里则是文天祥的师长。文天祥青年时代在江西白鹭洲书院读书，老师叫欧阳守道，而江万里是欧阳守道的老师，又是白鹭洲书院的创办人，同时也是宋理宗和宋度宗器重的大臣。1273 年，江万里主政湖南，在长沙约见文天祥，对文天祥说：“观天时人事当有变，吾阅人多矣，世道之责，其在君乎？君其勉之！”[2]时局即将大变，社稷面临危险，老夫平生见过的人不少，恐怕只有你能担当大任，你要努力啊！

江万里对时局的分析和对文天祥的评价都很准。就在那一年，元朝发兵十万，向南进发。1275 年，元军渡过长江，势如破竹，江万里守城失败，自尽殉国。皇太后和皇帝紧急下诏，呼吁各路勤王，文天祥立即变卖家产，捐钱助饷，率领一万多人北上抗元。《宋史》本传记载：“天祥性豪华，平生自奉甚厚，声伎满前，至是痛自贬损，尽以家资为军费。每与宾佐语及时事，辄流涕抚几曰：‘乐人之乐者，忧人之忧；食人之食者，死人之事。’”文天祥天性奢华，喜欢享受，但是元兵渡江以后，他就将全部家产充作军饷，从此过上俭朴生活。每次跟幕僚谈到国家大事，他都流着泪拍着桌子说：“受了君主的恩惠，就要替君主分忧；拿着国家的俸禄，就要为国家牺牲。”

文天祥是状元，名气大，号召力强。他领兵北上，又奉命东下，投奔他的人越来越多。1275 年八月，他拱卫临安、驻扎西湖时，麾下已有两万多人。朝廷给他的官职也越来越大，到 1276 年正月，他已是右丞相兼

[1]《随园家书》。

[2]《宋史·文天祥传》。

枢密使，同时掌握行政与军政大权。但他成名太早，阅历太浅，闲居时间长，为官时间短，既缺乏行政经验，也缺乏军事经验。担任丞相才一个月，元朝丞相伯颜就围困临安，文天祥代表南宋朝廷去谈判，随即成了伯颜的俘虏，南宋皇帝和皇太后也率领百官归降了元朝。

皇帝投降，社稷倾覆，文天祥在元军押送下一路北上。他试图绝食殉国，饿了许久却不死，以为是天意，于是改变计划，在门客和亲信的帮助下逃走。他经历九死一生，辗转投奔在福建即位的宋端宗，继续领兵抗元。从1276年到1277年，文天祥与元兵接战十几次，偶尔能打胜仗，但大多数时候都是惨败。

1277年八月，文天祥在江西吉安永丰县君埠乡空坑村驻扎，元兵突然攻到，部将巩信战死，他的妻子欧阳氏、小妾颜氏、小妾黄氏、次子佛生、女儿柳娘、女儿环娘都被元兵俘虏，他自己侥幸逃出。1278年腊月，文天祥与麾下残余部队在广东海丰县五坡岭上埋锅造饭，竟然再次遇到元军，麾下溃散奔逃，他被元军俘虏，仓促中吞下早就准备好的自杀药物，药物却失效了。

1279年初春，元军与宋朝水军在崖山决战，宋军大败，大将张世杰牺牲，文天祥的同年进士陆秀夫抱着小皇帝跳海。差不多同一时间，另一支元军围困惠州，文天祥的弟弟文璧献城投降。这年四月，文天祥被元朝大将张弘范从广州押往北方，文璧赶去相见，那是两兄弟最后一次会面。

文天祥在元大都被囚禁两年多，元朝大臣和他当年的同僚多次劝降，都被他严词拒绝。狱中蚊虫肆虐，老鼠猖獗，有时炎热潮湿，有时寒冷刺骨，便溺与污水横流，他安之若素，将生死与痛苦置之度外。他在狱中渐渐得知，妻子欧阳氏被迫出家，小妾被蒙古人像卖牲畜一样卖掉，女儿定娘和寿娘病死，柳娘和环娘成为蒙古人的奴隶，监娘和奉娘被弟弟文璧收养，长子道生病死在广东，次子佛生则在江西空坑被俘不久就被元兵乱刀砍死。他肝肠寸断，几乎要疯掉。

为了摧垮文天祥的意志，元朝统治者故意允许亲属通信。大女儿柳娘往狱中写信，诉说为奴为仆的痛苦，求他归顺元朝。他泣血写道：“收柳女信，痛割肠胃，人谁无妻儿骨肉之情？但今日事到这里，于义当死，乃是命也，奈何奈何！”没有人愿意让妻儿老小受尽屈辱，但是江山已破，社稷已亡，我们只能为国而死，这就是命，不能摆脱。他接着又写道：“可令柳女、环女做好人，爹爹管不得，泪下，哽咽哽咽。”他说的“做好人”，意思是好死不如赖活着，他深受国恩，必须为国捐躯，女儿却不必求死，如果愿意偷生，那就偷生好了，他这个当爹爹的绝不强求。

1282 年腊月，文天祥在北京柴市口[1]从容就义，享年 47 岁。

用我们现代人的眼光来评判，文天祥绝对不是完美人格。他一是迷信，八字、风水、拆字、麻衣相，无一不信；二是妻妾众多，未免过于好色；三是早年贪图享受，多次辞去朝廷差遣，不愿去离家太远和任务繁重的地方任职，光领工资不干活儿。

即使用传统士大夫的道德标准来评判，文天祥在“好色”这一点上也有瑕疵。前文说过，他曾经在半年期间生下两男两女，当时正是他为堂祖母（实际是亲祖母）守孝期间。而按照儒家道德的严格要求，守孝期间是不能亲近女色的。汉朝有一个孝廉赵宣，为父亲守孝二十年，偷偷生下五个孩子，地方官得知后，取消其“孝子”称号，并将其关进大牢。文天祥跟赵宣一样，都没能做到真正的守孝。

好色是私德，与公义无涉，而文天祥在公义上绝对是人格典范。第一，他破家招兵，大公无私；第二，他抗击侵略，忠心报国；第三，他并非武将，却比武将还要勇猛，将个人生死置之度外，是顶天立地的大丈夫；第

[1] 今东城区交道口。

四，他信奉“舍生取义”的道德准则，为了恪守这四个字，头可断，家可破，高官厚禄和各种屈辱都不能动摇他分毫，这铮铮铁骨，这坚定信仰，这献身精神，都是人类文明的元气，不论何时都值得珍惜和歌颂。

不过，文天祥的能力和他的人格并不匹配。他虽然带兵抗元，却没有军事才能，更没有军事经验，但他直到最后都不明白这一点，误以为自己能够力挽狂澜。在《指南录自序》中，文天祥分析宋军败亡原因，指责其他将领分兵据敌：“使予与两淮合，北虏悬军深入，犯兵家大忌，可以计擒，江南一举遂定也。”如果我们能合兵，孤军深入的元军将陷入包围，将被我们一举灭掉，怎么会亡国呢？然而，孤军深入，快速奔袭，靠屠杀和掠夺支撑后勤，完全不要粮草辎重，正是蒙古军队的制胜法宝，虽然变态残暴，但是非常有效。蒙古人靠这套战术灭国无数，南宋守军根本没机会合兵，就算合兵成功，也抵挡不住更野蛮更残忍更具侵略性的几十万元兵。

文天祥起兵抗元时，与幕僚谈论战事和国事，口气很大。他信奉孟子的主张，认为仁者得天下，蒙古兵残杀成性，是为不仁，必然失败。但是翻开真实的历史，没有哪个王朝是靠仁爱得天下的。包括北宋开国时期，南灭南唐，北灭北汉，西南吞并后蜀，都伴随着血腥屠杀以及无耻的奸淫掳掠。南唐后主李煜倒是符合仁君的标准，却丢了江山和性命。

文天祥信奉孟子，将孟子学说奉为圭臬。孟子很自信：“王如用予，则岂徒齐民安，天下之民举安。”齐王要是让我辅佐，岂止是齐国老百姓得平安，全天下老百姓都能得平安。文天祥也很自信，1277 年他在江西跟元兵打游击，竟然带着妻妾儿女转战各地，既拖慢行军速度，也影响军心和士气。但他认为家属在军中恰好可以稳定军心，还以南北朝时的晋朝大臣谢安为楷模，当前方交战时，仍然与幕僚好整以暇地下棋。其实谢安绝对不是高超的军事家，老谢打赢淝水之战，一半是靠敌军组织涣散、容易自溃，一半是靠运气好，碰上了一个急于求成的前秦君主苻坚。假如苻坚不那么心急，稍稍整编一下军队，谢安必定惨败，东晋必定灭国，因为东晋的国力和军力都远远不是前秦的对手。

孟子信命，做事一失败，就认为是天意。文天祥更信命，他就义前，在狱中编写《纪年录》，回顾一生经历，多次提到奇怪的梦境和天象，他都联系到了个人命运和国家命运上。他把被俘两次，两次自杀都不死，也归于天意。第二次被俘前，他已经认为大宋国运消失，必将被元朝取代。他跟元朝丞相博罗辩论，博罗问他为何明知不可而为之，他打了个比方："人臣事君，如子事父，父不幸有疾，虽明知不可为，岂有不下药之理？尽吾心焉，不可救则天命也。"臣子忠于君主，如同儿子孝顺父亲，父亲不幸得了重病，儿子明知治不好，也要尽心去治，这就叫尽人事而顺天意。

文天祥的逻辑有可敬成分，但他既然相信天命，既然认为国运已衰，带兵转战时必然会有消极心理："哎，反正天命不可违，大宋必败，那我就抵抗一天算一天，做一天和尚撞一天钟吧！"不用说，消极心理会让他和他的部队败得更快。

从自信到消极，从奢华到俭朴，从翩翩书生到领兵帅臣，从状元宰相到狱中囚犯，文天祥的人生经历过多次转变。但他的道德准则始终如一，他忠心报国、舍生取义的信仰始终如一。

文天祥是英雄，是性格立体、有情有义的英雄。他痛骂第一批降元的同僚，可是等到他弟弟文璧降元时，他变得无奈，不但不能与弟弟绝交，还不得不将安葬亡母和抚养女儿的重任托付给弟弟。他自己不怕砍头，他追求舍生取义，但他并不强迫自己的女儿一起赴死，他非常开明地给了女儿自主权，这比用道德大棒逼迫别人去死强上一百倍。

身为现代人，我们能向文天祥学什么呢？我觉得，一是要学他在信仰上的坚定，二是要学他在道德上的开明。

第三章　科举之网

从《局事帖》看宋朝科举是否公平

神童晏殊的副作用　柳永改名

假如王安石中状元　当王安石掉进“夸夸群”

宋朝学生怎样回报母校

柳永改名

跟孩子聊天，聊到北宋词人柳永，孩子很奇怪：“这个人怎么有好几个名字啊？又叫柳永，又叫柳三变，又叫柳七郎……”

我告诉他，柳永本来的名字是柳三变，他参加过很多次科举考试，一直考不中进士，为了改变运气，才改名叫柳永。至于柳七郎，那是因为柳永在同族弟兄中排行第七。

我还告诉他，柳永的同族弟兄很多，同胞弟兄却只有两个，他上面只有两个哥哥，他在家里排行老三。孩子马上接口：“他叫柳三变，那他二哥是不是叫柳二变，大哥是不是叫柳大变？”

当然不是。柳永的二哥叫柳三接，大哥叫柳三复，哥仨的名字都带个“三”字。三复、三接、三变，乍听上去挺搞怪的，实际上寓意很深，文化含量很高。

“三复”出自《论语·先进》，说是孔子有一个学生，读《诗经·大雅》里面的一首诗，大加赞赏，读完又读，如是三遍。

本节人物关系网

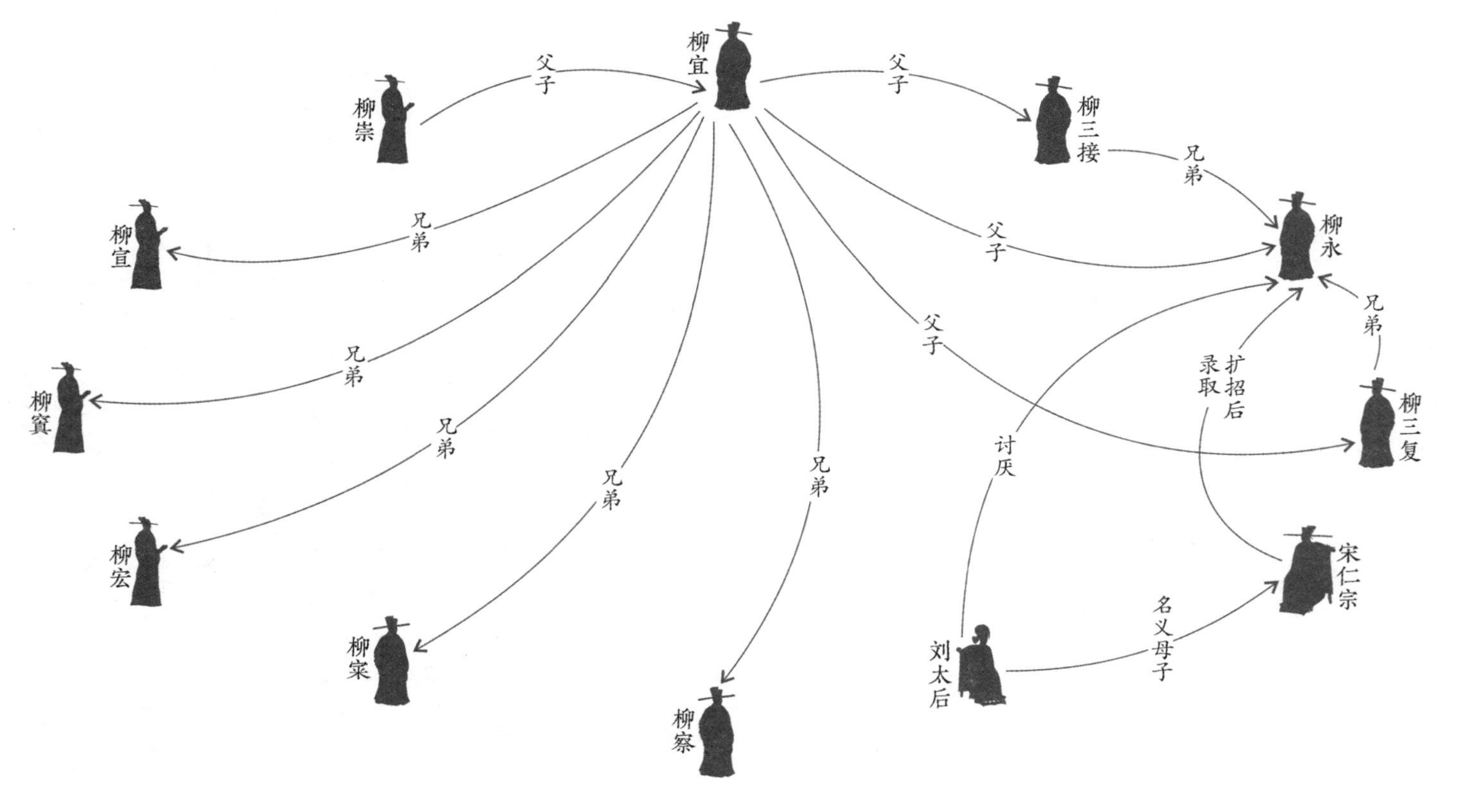

柳崇
柳宜
父子
柳宣
柳賓
柳宏
柳寀
柳察
兄弟
兄弟
兄弟
兄弟
兄弟
父子
柳三接
父子
柳永
父子
柳三复
兄弟
兄弟
扩招后录取
讨厌
刘太后
宋仁宗
名义母子

“三接”出自《易经·晋卦》。晋卦的卦辞上说，古代有一位君王优待大臣，赏赐时出手大方，还能在一天之内接见大臣三次。

“三变”出自《论语·子张》：“君子有三变，望之俨然，即之也温，听其言也厉。”一个有修养有学问的绅士，能让人感觉到三种变化：刚见面时感觉庄重，刚接触时感觉和蔼，等到你真正跟他打交道，又觉得他很严厉，原则性很强。

柳永兄弟三人的名字都是父亲给取的。他们的父亲名叫柳宜，字无疑，是北宋前期著名文学家王禹偁的好朋友，五代十国时还曾经在南唐君主李煜手下做官。北宋灭掉南唐，柳宜成为宋朝官员，先后当过县长（县令）、副市长（通判）、市长（知州）、副部长（侍郎）。柳永籍贯在福建，但生在山东，他出生的时候，他爸柳宜正在山东当官。用咱们现代人的说法，柳永是个官二代。

严格来说，柳永是官三代。他祖父柳崇在五代十国的闽国当过副县长（县丞）。柳永还有五个叔叔，分别叫柳宣、柳寘、柳宏、柳寀、柳察，与柳永他爸柳宜一样，名字里都带着一个宝盖儿。这五个带宝盖儿的叔叔都中过进士。当然，柳永他爸也中过进士，是在入宋之后以县令的身份考取的。身为县令，已入仕途，居然还要再去考进士，说明柳永他爸很有志气。

一个有志气的老爸，对孩子的期望值肯定不低。关于这一点，我们从柳永哥仨的名字上就能看出来。柳三复、柳三接、柳三变，“三复”寓意“努力学习”，“三接”寓意“被君王召见”，“三变”寓意“有学问有修养的绅士”，由此可见父亲对他们的期望有多高。

柳氏三兄弟有没有辜负老爸的期望呢？应该说没有。宋真宗天禧二年（1018），也就是柳永 35 岁那年，大哥柳三复中了进士。宋仁宗景祐元年（1034），也就是柳永 51 岁那年，他和二哥柳三接一块儿中了进士。古人云：“三十老明经，五十少进士。”科举考试竞争激烈，录取率极低，30 岁能中举人，50岁能中进士，已经算是了不起的精英了。

宋哲宗时期，大臣上官均上奏道："今科举之士虽以文章为业，而所习皆治民之说，选于十数万之中而取其三二百。"[1]十几万考生参加科举，从地方上的"解试"到礼部的"省试"，再到皇帝亲自主持的"殿试"，一路过关斩将，一路优胜劣汰，最终能获得进士身份的只有二三百人而已。柳永哥仨全都考中，说明他们足够努力，足够有才华，也说明他们的运气还算可以。

人们都说苏东坡父子"一门三进士"，其实只有苏东坡和弟弟苏辙中了进士，父亲苏洵到死都没有考中。宋朝另一位文学家曾巩，他家是真的厉害，祖父曾致尧是进士，父亲曾易占是进士，到曾巩这一代，除了大哥曾晔外，剩下兄弟五人都中了进士。曾巩考进士时，弟弟曾牟和曾布、堂弟曾阜、妹夫王几和王无咎，六个人同时进考场，同时中进士，在科举史上堪称奇迹。跟曾巩相比，甚至跟苏东坡相比，柳永的运气都要稍差一些，因为他考了很多年，失败了很多次，从青年考到老年，才考中进士。

宋真宗咸平五年（1002），19岁的柳永从福建老家赶赴京城开封，要参加那一年的进士考试。但他走到杭州就不想走了，杭州风景优美，娱乐场所鳞次栉比，他听歌买醉，沉醉欢场，竟在杭州一待三年，误了考试。

宋真宗景德二年（1005），柳永又跑到扬州，在扬州泡了三年。直到25岁时，他才动身去开封，在开封复习了一年功课，次年参加礼部考试，落榜了。他不气馁，留在开封继续复习，三年后又一次参加考试，又落榜了。他还不气馁，继续留在开封，参加宋真宗天禧二年（1018）的科考，结果再次落榜。直到宋仁宗天圣二年（1024），柳永已经年过四旬，第四次进礼部考场，第四次落榜。

---

[1]《上哲宗乞清入仕之源》。

宋人笔记《能改斋漫录》第十六卷记载，柳永第四次考进士时，本已考中，但他运气不好，碰上宋仁宗亲自验看成绩单。宋仁宗瞧见“柳三变”，便对主考官说：“这个人我知道，不就是擅长填词吗？‘忍把浮名，换了浅斟低唱’，既然不要‘浮名’，那就让他‘浅斟低唱’去！”大笔一挥，从进士榜单上把“柳三变”给划拉掉了。

《能改斋漫录》的记载得自传闻，不一定靠谱。另一部宋人著作《后山诗话》写过：“柳三变游东都南北二巷，作新乐府，骫骳从俗，天下咏之，遂传禁中。仁宗颇好其词，每对酒，必使侍从歌之再三。”说明宋仁宗不但早就听说柳永的大名，而且非常喜欢柳永的作品。既然喜欢柳永，怎么会故意跟柳永过不去呢？更合理的解释是，那时候宋仁宗尚未亲政，科考和选官大权都掌握在皇太后刘娥手里，刘娥秉性严厉，厌恶词曲之类的“浅薄”艺术，所以把柳永黜落了。

《苕溪渔隐丛话》后集收录了一个流传更广的传闻：柳永屡次不中，想绕开科举，通过朝中大臣举荐，获得一官半职。某大臣在朝堂上举荐柳永，刘太后听到“柳三变”，就说：“是那个填词的柳三变吗？”大臣说是。太后脸色一变：“让他接着填词去，休想做官！”于是柳永对仕途绝望了，从此放浪形骸，自称“奉旨填词柳三变”，天天与乐工和歌女泡在一起，走上了职业词作者的道路。

从青年到中年，柳永除了考试外，就是填词，他的经济来源可能是父亲柳宜。他中年时，父亲亡故，经济来源断了，主要收入很可能是填词的稿费。宋人笔记《醉翁谈录》丙集记载：“耆卿居京华，暇日遍游妓馆，所至，妓者爱其有词名，能移宫换羽，一经品题，声价十倍，妓者多以金、物资给之。”柳永没改名时，字景庄，改名以后，字耆卿。柳耆卿生活放荡，一有空就去逛妓院。别人逛妓院要花钱，他不但不花钱，还挣钱——他帮人写歌词，创作新的曲子，人家用金钱和东西资助他。

从40岁到50岁之间，柳永去过很多地方，在江南待过，在关中也待过。他在江南极有可能靠填词谋生，到关中则可能是受了某个军官或抚臣的聘请，给人家当幕僚，代写书信，代拟文书，代作诗词。古代文人科举不利，走后面这条道路的很多，陶渊明、李白、杜甫、高适、司马光、徐文长、钱大昕、袁枚，都当过幕僚，倘若雇主升官或立下战功，有可能将幕僚的名字上报朝廷，让幕僚从私人秘书变成朝廷命官。

柳永留下的作品以词为主，涉及人生经历的极少，我们不知道他浪迹关中究竟是不是做了幕僚。反正到了50岁的时候，他仍然没能进入官场。51岁那年，他听说宋仁宗亲政，不但要开恩科，而且要对多年考不中的考生予以照顾，降分录用。柳永雄心再起，与二哥柳三接赶赴京城，参加了这次恩科考试。进场之前，柳永特意改了名字，弃用“柳三变”，改叫“柳永”。

名字一改，运气似乎也改了，这回考试非常顺利，柳永终于中了进士。实际上，柳永之所以能中进士，跟改名没有关系，只是因为宋仁宗不走寻常路，扩大了录取规模。北宋通常每三年录取一次进士，每次录取三百名左右。但这次不一样，宋仁宗竟然录取了一千六百多名！很多像柳永一样屡次失败的考生，这回都扬眉吐气了。

柳永的才华有目共睹，但是平心而论，他不太适合科举考试，因为科举不考填词。即使考填词，柳永也不一定能在考试中脱颖而出，因为无论是设计得多么公平多么精密的考试，都不一定能考出一个人的真实水平。像柳永那样的绝代风采，是考试考不出来的。

神童晏殊的副作用

先给您讲一个略带奇幻色彩的小故事。

话说宋真宗即位不久，江西少年晏颖跟着他的哥哥来到京城，一起参加朝廷举办的神童考试。哥哥成绩好，顺利考中神童，被真宗皇帝亲自接见，特旨授予“同进士出身”的学位。晏颖的成绩稍微差点儿，虽说通过了考试，但是没能获得学位，只获得了在翰林院读书深造的机会。

晏颖不敢懈怠，发奋攻读。多年后，宋真宗的皇后刘娥召见他，让他写一篇《宫沼瑞莲赋》。他抖擞精神，使出洪荒之力，将这篇赋写得神完气足，得到了刘娥的赏识和赏赐。

晏颖兴高采烈，捧着赏赐出了宫，回到他和哥哥下榻的寓所，向哥哥报喜。哥哥还没来得及祝贺他，更大的喜事降临了——宫中太监赶来传旨，说刘娥皇后已经让皇帝批准，授予他“同进士出身”的学位。

晏颖听到这个喜讯，转身走进里屋，反锁房门，半天也不出来。哥哥在外面拍门，他不开。喊他的名字，他也不应。哥哥急了，破窗而入，发

现他竟然死了。他的书桌上放着一张纸，纸上写着两首诗。

第一首："兄也错到底，犹夸将相才。世缘何日了，了却早归来。"

第二首："江外三千里，人间十八年。此行谁复见，一鹤上辽天。"

这两首五言诗通俗浅白，充斥着谢绝尘缘的道家气息，是晏颖的绝笔。那一年，晏颖 18 岁，他的哥哥 23 岁。

18 岁是最鲜活的年纪，如此青年才俊，获得皇后赏识，正值辉煌人生的最好起点，怎么突然就死了呢？宋人笔记《道山清话》记载了晏颖的死，也记载了他死后的结局："章圣御篆'神仙晏颖'四字，赐其家。"章圣即章献明肃皇后，也就是刘娥刘皇后。宋真宗晚年多病，刘娥独揽大权，处理政务，成为事实上的女皇帝，正是她召见了晏颖，也是她让真宗授予晏颖学位的。《道山清话》认为，晏颖可能是神仙转世，他进京考神童、拿学位，那是来渡劫的，如今神童已考，学位已得，俗事已了，尘缘已尽，所以摆脱肉身，回转天宫。因此，刘皇后尊奉晏颖为神仙，并亲手刻下"神仙晏颖"四个字，赐给他们晏家。

神仙是不存在的，晏颖肯定不是什么神仙，《道山清话》的作者要么迷信，要么是故意往晏颖脸上贴金。照我们现在的推断，也许晏颖患有心脏病，得知自己学位到手，仿佛中了千万大奖，兴奋过度，心律失常，一口气上不来，挂了。至于书桌上那两首绝命诗，想必是后人以讹传讹，偷偷补上的戏路。

朋友们可能会犯嘀咕：不就一个学位嘛，值得那么兴奋吗？

确实值得。晏颖和他的哥哥被授予的学位是同进士出身，属于较低等级的进士。我们知道，进士分为三等，头等进士及第，二等进士出身，三等才是同进士出身。但不管哪个等级的进士，都非常难考，一旦考上，做官的可能性基本上百分百。宋人考进士，程序繁杂，门槛很高，要参加州县考试、省级考试，通过这些地方考试之后，解送京城，再参加礼部考试和皇帝亲自主持的殿试。能走完整个程序并获得进士学位的考生寥寥无几。晏颖特别幸运，他压根儿没有参加地方考试和礼部考试，而是直接进京考神童，再机缘巧合地为皇后写了一篇文章，就成了进士，您说他能不兴奋吗？

当然，晏颖的哥哥更幸运，刚考上神童就成了进士，不像晏颖那样还要等上好多年。晏颖的哥哥是谁呢？他叫晏殊，是宋朝最著名的神童。

宋朝所谓神童，那是得到朝廷认证的，是通过专门的考试选拔出来的。这种考试在宋朝叫作“童子科”，最初每两三年考一次，后来每年考一次。考生都是小孩，年龄在10岁上下，先参加笔试，再参加面试。笔试主要是默写《春秋》《诗经》《易经》《论语》等经典，面试主要是考查他们随机应变的能力和吟诗作赋的水平。北宋前期考进士，几百个考生才能取中一个，录取率极低；而童子科的录取率要高得多，每几十个小孩报名应考，就有一个能被取中。不过，被取中的神童一般“赐童子出身”，虽然可以荣耀家门，却不能做官，想要做官还得再考进士，所以并不太受关注。晏殊14岁那年，带着弟弟进京考神童，顺利考中，竟然被赐“同进士出身”，小小少年与进士们平起平坐，等于是打破了先例，拔高了童子科的地位，也让晏殊成了宋朝少年以及宋朝绝大多数望子成龙的家长心目中的成功典范。

晏殊确实是成功典范。他出身贫寒，父亲是普通的衙役，母亲是普通的村妇，从他父亲往上数四代，代代都是农民，没有人中过进士，更没有人当过官。他兄弟四人，大哥名叫晏融，自幼苦读，曾经在地方上参加科举考试，第一场就被刷下来了，只得灰溜溜地回家种田。晏殊是老二，天资聪颖，6 岁就能写诗，13 岁就得到地方官的举荐，14 岁进京考神童，获赐进士学位，从此改写了他的人生和他家人的生活，也改变了江西老家许多平民的教育观念。

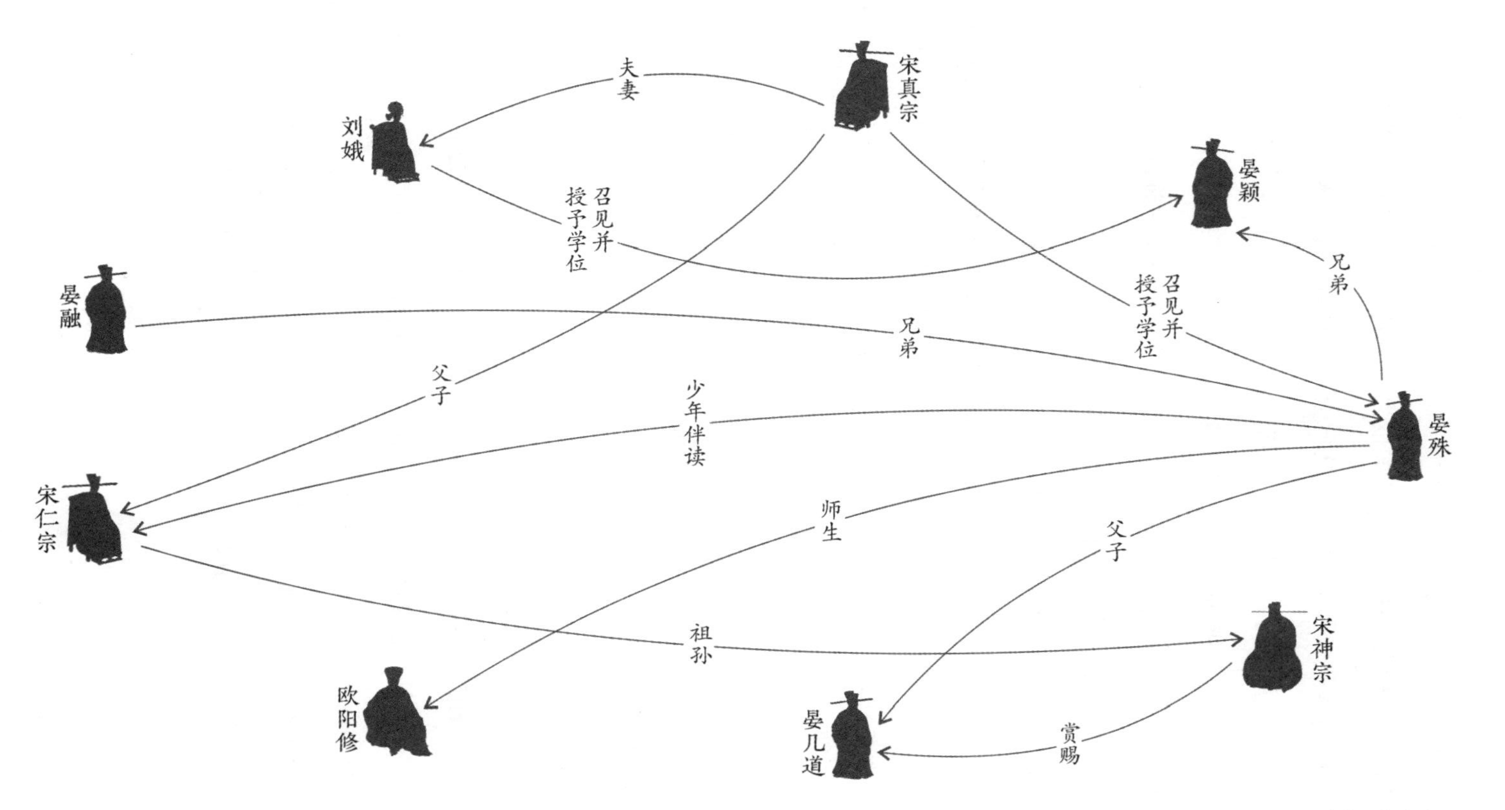

宋真宗
夫妻
刘娥
召见并授予学位
晏颖
召见并授予学位
兄弟
晏融
兄弟
晏殊
父子
少年伴读
宋仁宗
师生
父子
祖孙
宋神宗
欧阳修
晏几道
赏赐

本节人物关系网

晏殊获赐进士学位后，先是被选到翰林院深造，接着被派到东宫陪伴太子读书，然后迅速升官，28岁成为代替皇帝起草圣旨的“知制诰”，30岁成为皇帝的高级智囊“翰林学士”。32岁那年，宋真宗去世，宋仁宗即位，晏殊作为当年伴读东宫的旧臣，升官升得更快了，35岁就进入权力中枢，担任相当于副宰相的枢密副使。宋朝最著名的清官包拯也当过枢密副使，但那时候包拯已经63岁了。刚过而立之年就能进入权力中枢的北宋臣子，恐怕只有晏殊一个人而已。

晏殊成名早，做官早，没有在底层官场的大酱缸里浸泡过，故为人直爽，有一说一。他考神童的时候，发现考题是自己以前做过的，就对皇帝说：“臣十日前已作此赋，有赋草尚在，乞别命题。”[1] 皇帝听说别的官员下班后都去吃喝玩乐，只有晏殊带着弟弟闭门读书，所以选派他到东宫陪太子读书，他却毫不隐讳地说：“臣非不乐燕游者，直以贫，无可为之具。臣若有钱，亦须往，但无钱不能出耳。”意思是他跟别人一样喜欢吃喝玩乐，只因为没钱，才不得不闭门读书。

晏殊出身贫寒，过惯了苦日子，所以相当俭朴。欧阳修是晏殊的门生，在《归田录》中描写过晏殊的饮食习惯：切半张面饼，放一根麻花，卷起来吃，面饼就麻花，不要菜。刘克庄《后村大全集》第103卷也描写过晏殊的节俭：平常写完书信，将没字的地方剪下来，留着下回再用。

可惜的是，晏殊辉煌的人生没有被子孙复制，他正直和俭朴的品行也没有被子孙继承。他一生娶过三位妻子，生了八个儿子，这八个儿子基本上都没什么出息：大儿子早卒；二儿子花天酒地，嫖妓被抓现行，丢了乌纱帽[2]；四儿子贪污腐败，办事能力差，敛财能力强，遭御史弹劾[3]。只

[1]《梦溪笔谈》卷9，下同。

[2] 参见《续资治通鉴长编》卷226。

[3] 参见《续资治通鉴长编》卷474。

有七儿子晏几道才华出众，擅长填词，45 岁之前浪荡江湖，像柳永一样与歌妓为伴，45 岁之后才被宋神宗赏赐官职，派往河南许州许田镇当一个小小的镇长（镇监）。据传晏几道 14 岁中进士，其实那是把晏几道和晏殊搞混了。晏殊只有一个儿子中了进士，就是那个贪污腐败被弹劾的四儿子。

晏殊的成功对家庭影响很大，不过我们很难说清这些影响是好还是坏。他飞黄腾达，宣麻拜相，使他的平民父亲和平民祖父都被追赠“太师”“尚书”“国公”等高官厚爵，绝对的光宗耀祖；可他的儿子们却因为他在权位和财富上打下了基础，变得不思进取，或者胡作非为，败坏了晏家的门风。再结合本节开头那个故事，晏殊的弟弟晏颖之所以暴毙，或许也是因为受到了晏殊的刺激——哥儿俩同时考神童，哥哥一出手就拿到学位，弟弟等了好多年还没有学位，能不憋屈吗？学位到手后能不兴奋吗？兴奋过度能不暴毙吗？

晏殊的成功也影响到了他们家乡的教育风气。据宋人笔记《避暑录话》记载，自晏殊考神童而得官以后，江西少年乌泱乌泱地进京考神童，平民百姓渴望自家孩子能考中，便将孩子和书放进竹篮里，高高地吊到树上去……为何要吊到树上呢？因为那些家长认为，树那么高，篮子那么窄，孩子只能乖乖地缩在里面读书，不至于到处疯跑。

从《局事帖》看宋朝科举是否公平

2016 年 5 月，中国嘉德“大观——中国书画珍品之夜”专场拍卖中，一幅名为《局事帖》的宋代书札被华谊兄弟传媒董事长王中军买下，竞拍价加上佣金，总成交价 2.07 亿元人民币。

《局事帖》是北宋文学家曾巩晚年写给朋友的一封信，这封信篇幅短小，但是信息量巨大，我们可以从这封信出发，窥探一下大宋王朝的官场生态和考试制度。

曾巩在这封信中写道：

局事多暇，动履禔福。去远诲论之益，忽忽三载之久。跧处穷徼，日迷汩于吏职之冗，固岂有乐意耶？去受代之期，虽幸密迩，而替人寂然未闻，亦旦夕望望。果能遂逃旷弛，实自贤者之力。夏秋之交，道出府下，因以致谢左右，庶竟万一。余冀顺序珍重。前即召擢，偶便专此上问，不宣。巩再拜运勾奉议无党乡贤。

二十七日，谨启。

上面这些话文绉绉的，到底说的是什么意思呢？翻成白话文大概是这样的：

如今的官场人浮于事，闲暇很多，我在这里祝愿您吉祥如意，永远幸福。跟您离得远，好久没有聆听您的教诲，时间眨眼即逝，咱们已经有三年没见过面了吧？我在这个偏远荒僻的地方任职，每天处理的都是鸡毛蒜皮的工作，这真不是我想干的啊！虽然朝廷有调我回京的计划，可是接任的人迟迟未至，到现在一点儿消息都没有，我只能在这里朝夕盼望。如果真能离开这个地方的话，那不是因为我运气好，而是得益于您这位贤者的鼎力相助。今年夏秋之交我应该可以办好交接手续，进京接受新的工作，届时我会从您的家门口经过，并通过您的下人向您致谢，这样才能把我对您万分之一的感谢表达出来。最后祝您身体健康，政途顺遂，别的就不多说了。曾巩再次向运勾奉议无党乡贤致敬，写于二十七日。

在信的末尾，曾巩向“运勾奉议无党乡贤”致敬，说明这封信是给他家乡的一位贤达之士（乡贤）写的。“无党”应该是这位贤达之士的号（古代士大夫通常有号，如苏轼号“东坡”，陆游号“放翁”），而“运勾奉议”则是此人的官衔。

“运勾”是“转运使司勾当公事”的简称，这是在转运使手下做高级秘书工作的官职，相当于省政府副秘书长。“奉议”是“奉议郎”的简称，属于北宋文官三十个级别当中的第二十四个级别，相当于八品官。据《宋史·职官志》，“运勾”这一官衔出现于宋神宗熙宁三年（1070）以后，“奉议”这一官衔出现于宋神宗元丰三年（1080）以后。另据《曾巩年谱》，元丰三年时曾巩正在沧州当知州，到了元丰四年（1081），他被神宗皇帝调回京城。

结合信中提到的官衔，以及曾巩自身的履历，我们可以推断出，这封信写于宋神宗元丰三年，也就是公元 1080 年。在这一年，曾巩 62 岁，已经连续在地方当了十余年州县官，他渴望回京任职的心情是非常迫切的。

既然曾巩渴望摆脱地方工作，那他为什么不通过正当程序向朝廷提出申请，而是拐弯抹角向一位官衔比他还要低的老乡求助呢？其实曾巩申请过，只是因为朝中大臣正在闹党争，掌权的一派大臣不想让他进京任职，所以他只能通过私人关系“走后门”，靠自己的朋友圈来达成愿望。

我们知道，宋朝虽然商业繁荣，已经出现了市民社会，但它毕竟处于专制体制下的农业时代，归根结底仍然是一个熟人社会。在熟人社会里，每个人都摆脱不了人情请托，而且大家在请托方面的资源和机会并不均等。

以曾巩为例，他就拥有普通人难以比拟的家庭背景和官场人脉。

他的祖父名叫曾致尧，是宋太宗太平兴国八年（983）的进士，官至两浙转运使，相当于省长或常务副省长。他的父亲名叫曾易占，是宋仁宗天圣三年（1024）的进士，官至节度推官，相当于地方法院院长。他的生母姓吴，出身于淮南望族，同时也是大政治家王安石的亲戚——王安石的外公吴畋就是曾巩生母吴氏的亲哥哥。吴氏死得很早，她去世以后，曾巩的父亲又续娶朱氏，这位朱氏同样出身于淮南望族，家有良田三万亩。巧合的是，朱氏跟王安石也是亲戚——王安石的第二个妹妹嫁给了朱氏的堂弟。

祖父是高官，父亲是高官，生母和继母也都出身高贵，曾巩小时候生活在相对优裕的环境中，自然能接受相对优良的启蒙教育。《宋史·曾巩传》记载：“（曾巩）生而警敏，读书数百言，脱口辄诵。年十二，试作《六论》，援笔而成，辞甚伟。甫冠，名闻四方，欧阳修见其文，奇之。”一生下来就很聪明，识字特别早，记忆力特别好，几百字的文章读一遍就能背下来，12 岁就能写出格调不凡的议论文，18 岁时就声名鹊起，并得

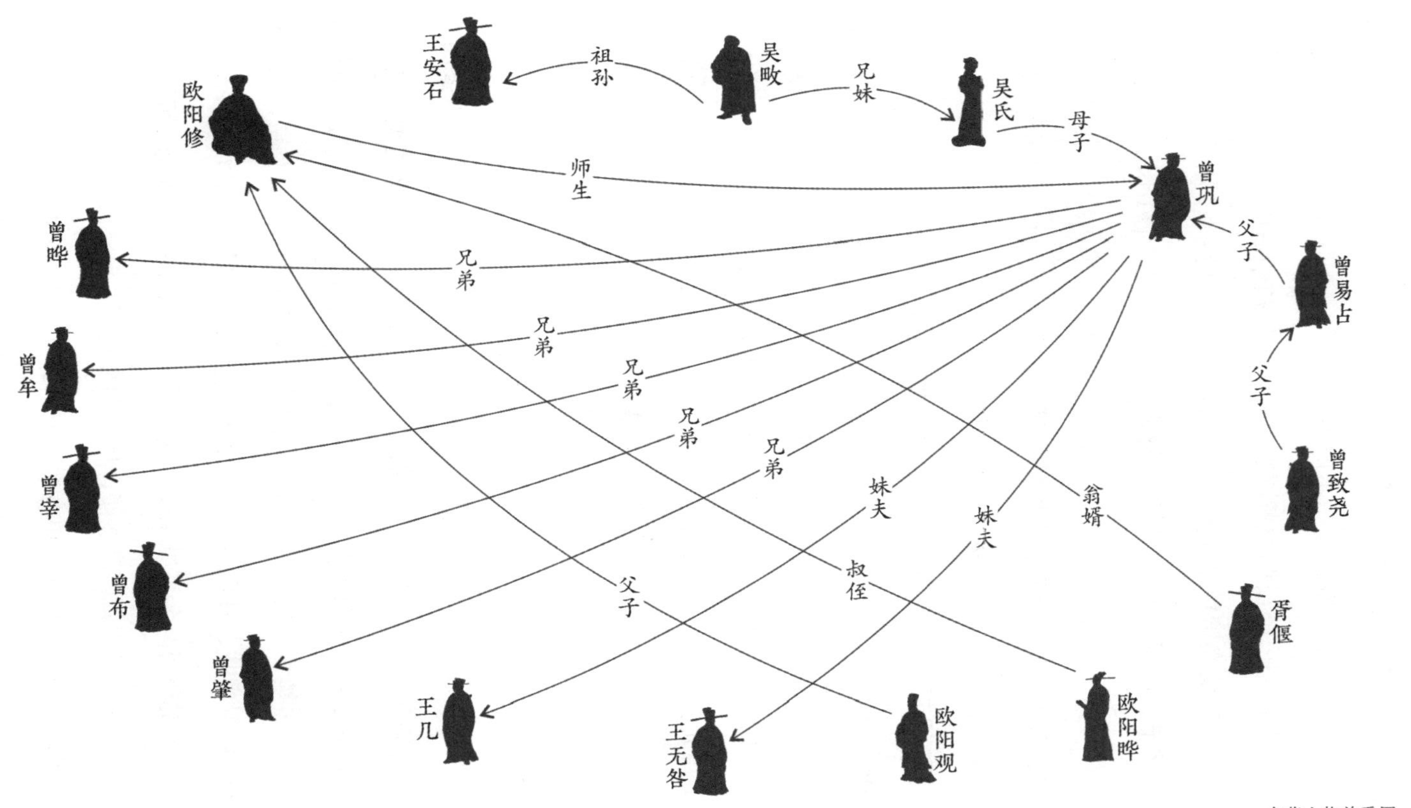
王安石
祖孙
吴畋
兄妹
吴氏
母子
欧阳修
师生
曾巩
父子
曾易占
父子
曾致尧
曾晔
兄弟
曾牟
兄弟
曾宰
兄弟
曾布
兄弟
曾肇
兄弟
妹夫
王几
妹夫
王无咎
翁婿
胥偃
叔侄
欧阳晔
父子
欧阳观

本节人物关系网

到文坛领袖欧阳修的赞赏。您瞧，精英家庭教育出来的孩子就是这么牛。

出身于精英家庭的孩子不但在受教育方面比普通孩子条件好，而且在科举考试和公务员选拔考试当中也比普通孩子占优势。

曾巩的父亲曾易占一生结过三次婚，总共生了六个儿子，即曾巩、曾晔、曾牟、曾宰、曾布、曾肇。这六个儿子当中，除了长子曾晔外，另外五个都考中了进士。最令人惊奇的是，曾巩考中进士那一次，他带着弟弟曾牟、曾布和堂弟曾阜，以及妹夫王几、王无咎，六个人同时参加由欧阳修主持的科举考试，居然一个不落全考中了。

宋朝的科举考试并不容易通过，北宋大臣上官均《上哲宗乞清入仕之源》一文描述："今科举之士，虽以文章为业，而所习皆治民之说，选于十数万之中而取其三二百。"从地方科考到中央科考，从州试、省试再到殿试，平均每场有十几万名考生参加，而最终被取中的只有二三百名而已。录取率如此之低，考生们既要拼成绩，更要拼运气，曾巩他们六人同时入场，同时考中，这种奇迹从概率上是很难解释的。最符合常识的解释只能是，曾巩等人走了后门，或者说他们虽然不走后门，但是主考官欧阳修出于欣赏曾巩的缘故，有意无意地为曾家子弟开了后门。

宋代考生通过了科举考试，并不代表可以做官，还需要再参加类似现在国家公务员选拔考试的"关试"或"铨试"。在后面这类考试中，制度上的不公平是显而易见的：每名考生都要先获得两名以上在职官员的保举，然后才能进考场。前面说过，曾巩的父亲和祖父都是高官，他们家跟王安石家是亲戚，并且曾巩从小受到欧阳修的赏识，有了如此强大的官场人脉，别说获得两名官员保举，就算要几十个保举都没问题。而那些出身于平民家庭的考生就困难多了，他们的亲戚都是平头百姓，去哪里找在职官员保举他们呢？从这个角度看，宋朝的科举考试或许只是事实上的不公平，而宋朝的公务员考试从制度设计上就存在着严重的不公平。

有的读者可能会举出反例：欧阳修出身贫寒，打小就死了父亲，小时候没钱购买纸笔，他妈妈用荻（形状似芦苇）在泥地上教他写字，后来不一样考中进士并做了大官吗？这说明平民子弟还是有机会的嘛！

没错，平民子弟并不是一点机会都没有，只是跟官二代们比起来，他们的机会实在太少。并且欧阳修虽然出身贫寒，但他跟曾巩一样属于官二代，他的父亲欧阳观也做过官。欧阳观死后不久，欧阳修就跟着母亲投奔了做官的叔叔欧阳晔。欧阳修长大后还曾被大臣胥偃看中，做了胥偃的女婿，当他参加公务员考试的时候，岳父胥偃正是他的保举人之一。我们试想一下，假如欧阳修的亡父和叔父都不是官员，假如他没有碰上一个做官的岳父，他极有可能像大多数平民子弟一样下田劳作，永远失去读书考试入朝为官的机会。没错，宋朝的教育环境和官场生态就是这么不公平。

许多官员子弟即使不参加考试，也一样能获得做官的机会。举个例子，曾巩的祖父是大官，所以曾巩的父亲在中进士之前就已经做了两任公安局局长（县尉）和一任法院院长（司法参军）。再比如，陆游的父亲陆宰是大官，所以陆游12岁那年就拥有了“登仕郎”的官衔。

因为父亲为官，所以儿子可以免试为官，这在古代中国叫作“恩荫”。两宋三百余年间，平均每年通过科举考试和公务员考试做官的人是360名，而通过“恩荫”这一渠道做官的却有500名。再以南宋嘉定六年（1213）为例，该年吏部选官38864名，其中考试选官10923名，只占28%，而恩荫授官却多达22116名，占了57%（剩余的官员名额通过捐资购买和吏员提拔获得）。您看了上述数据，就知道宋朝官二代做官有多么容易。

过去有学者为曾巩作传，说曾巩年近40岁才考中进士，步入仕途后又长年在地方任职，想做京官时只能向熟人请托走关系，堪称“仕途坎坷”。其实跟绝大多数平民子弟比起来，曾巩已经是幸运到极点了，您觉得呢？

假如王安石中状元

根据北宋地理学家朱彧《萍洲可谈》记载，王安石将近 60 岁那年，从江宁知府的位置上退休，在南京钟山脚下买地盖房，隐居了。既然盖了新房，当然要置办家具，缺啥买啥呗。王安石盘点家具，发现家里有一张藤床，不是新买的，也不是旧有的，而是从江宁府衙带出来的。

王安石问仆人："是谁这么大胆，竟敢把公家的床搬到我私宅来了？"

仆人回道："报告老爷，是夫人让我们搬的。"

王安石将夫人批评了一通，让她把床还回去。夫人不听，说："我喜欢这张床，我就不还回去！"

王安石百般劝说，夫人就是不答应。王安石急了，把鞋一脱，往那张藤床上一躺。夫人想拦没拦住，见老伴四平八稳地躺在床上的那副样子，皱了皱眉，叹了口气，第二天就让仆人把这张床还给了江宁府衙。

《萍洲可谈》解释道："王荆公妻越国吴夫人，性好洁成疾。公任真率，每不相合。"王安石的夫人姓吴，特爱干净，而王安石呢，特不讲卫生，两口子合不来，所以当王安石躺过那张床以后，吴夫人就再也不想要了，嫌脏嘛！

《萍洲可谈》没有夸张，在宋朝历史上，王安石不讲卫生是出了名的。南宋朱弁《曲洧旧闻》记载："王荆公性简率，不事修饰、奉养，衣服垢污，饮食粗恶，一无所择，自少时则然。"王安石粗枝大叶，不修边幅，衣服脏了不换，饭菜臭了不嫌，从年轻时就是这样子。

《曲洧旧闻》还说，王安石 40 岁左右做京官，先当群牧司判官，再担任知制诰（负责为皇帝起草诏书的文学近臣），与司马光、吕惠卿、韩维、韩绛以及黄庭坚的岳父孙觉等人经常交往，这帮朋友定期去开封寺庙开设的浴池里洗澡，但王安石从来不主动去洗，除非别人硬把他拽到浴池里。

在饮食上，王安石也很不讲究。据曾敏行的《独醒杂志》记载，王安石去赴宴，无论坐在哪个位置，无论宴席上有什么菜，他都只吃离他最近的那个菜。有一回，下属请王安石吃饭，饭后对王安石的夫人说："我终于知道王大人爱吃啥菜了，原来他爱吃獐肉啊！"夫人笑道："那一定是因为獐肉离他最近，下回你换成大白菜试试看。"果不其然，下属又一次请王安石吃饭，特意把一盘白菜摆到王安石跟前，把獐肉放得远远的，王安石这回只夹白菜，至于那盘獐肉，他一筷子都没动。

《独醒杂志》又记载，王安石当宰相时，他儿子王雱的小舅子来家里做客，他用几块猪肉、一盆菜汤和两枚芝麻烧饼招待人家。王雱的小舅子挑食，见烧饼中间薄、四周厚，就只吃正中间芝麻最多饼又最薄的地方，吃到最后，剩下一个"面包圈"，扔餐桌上不吃了。王安石见状，拿起那个"面包圈"，默默地啃了起来。

以上故事说明，王安石很不讲究，同时又比较节俭。

宋朝官员俸禄优厚，生活富足，大到造园，小到喝茶，都力求雅致。王安石则不然，他连怎么喝茶都未必知道。据彭乘《墨客挥犀》记载，北

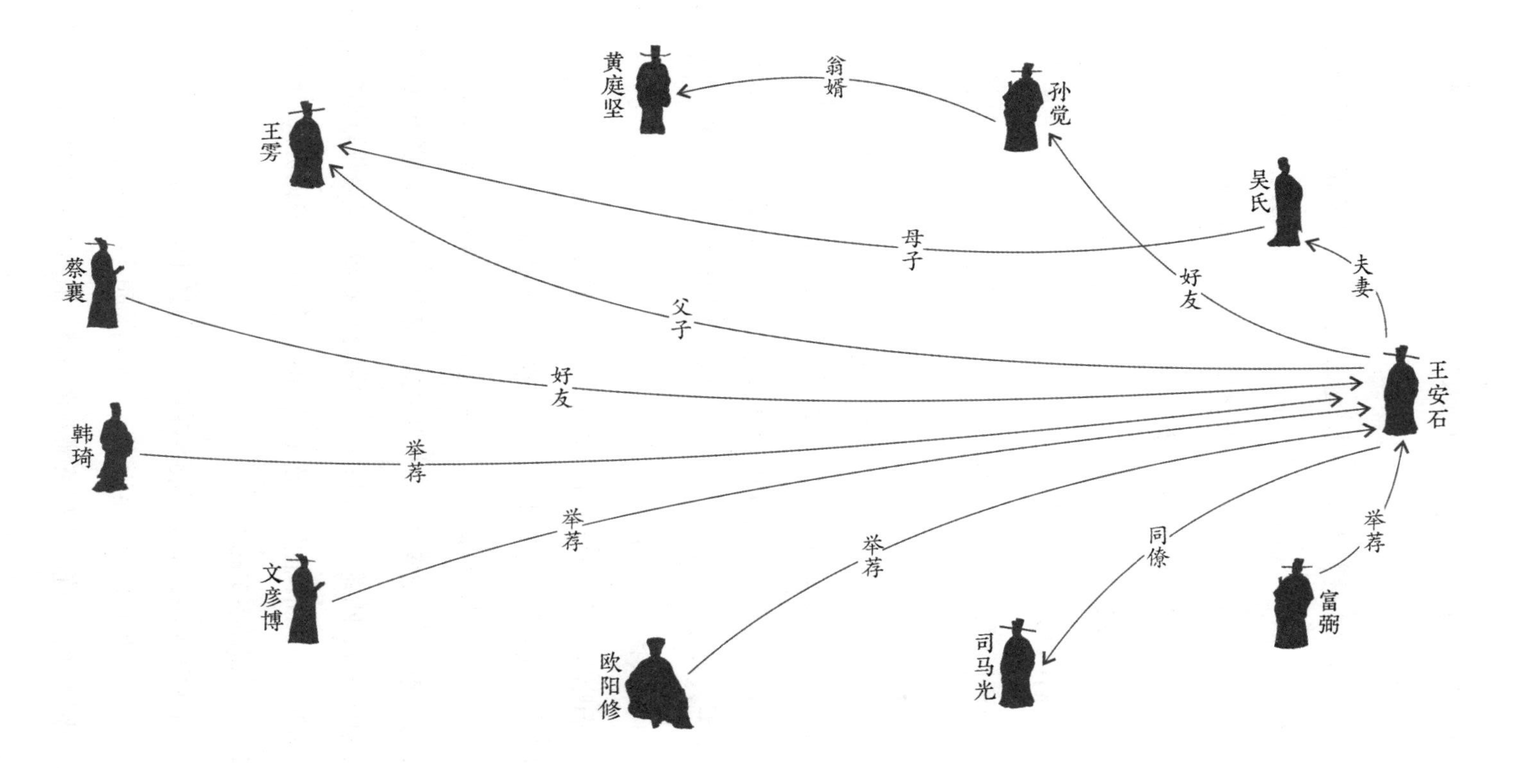
本节人物关系网
王安石
吴氏
夫妻
孙觉
好友
黄庭坚
翁婿
王雱
母子
父子
蔡襄
好友
韩琦
举荐
文彦博
举荐
欧阳修
举荐
司马光
同僚
富弼
举荐

宋最精于茶道的大臣蔡襄很是倾慕王安石的才华，听说王安石要来他家做客，赶紧取出最珍爱的一款小茶饼，烧开一壶最清冽的山泉，亲自烹茶，让王安石品尝。却见王安石从荷包里捏了一撮中药，直接撒到茶碗里，端起茶碗，咕嘟嘟，咕嘟嘟，连茶带药一饮而尽，然后放下茶碗，赞道："嗯，好茶，好茶！"像王安石这么喝茶，再好的茶都被他糟蹋了。

王安石不但不在乎物质生活，甚至连权位和名望都不放在心上。

《宋史·王安石传》写道："少好读书，一过目终身不忘。"说明王安石天分极高，智力极好。"属文动笔如飞，初若不经意，既成，见者皆服其精妙。"说明王安石拥有顶尖的文学天赋和文学才能。脑袋瓜聪明，文学功底又好，参加科举考试自然占优势。宋仁宗庆历二年（1042），22 岁的王安石一举考中进士，名次排在第四，仅次于状元、榜眼和探花。

实际上，凭着在殿试时的优异成绩，王安石本来应该中状元。可惜他写的策论剑拔弩张，无所顾忌，阅卷官讨论再三，怕皇帝被王安石的论调惹恼，最后在呈递名次的时候，临时把他压到第四名，把第四名的考生提到第一名。原先第四名考生名叫杨寘，论成绩连探花都不如，结果却成了状元；王安石本来是状元，结果排到了探花后面。但王安石丝毫不介意，因为他从来没有把状元当成自己的人生目标。

王安石中进士后，依例参加朝廷的铨选，随后被派到扬州担任"签书淮南节度判官厅公事"，相当于省政府办公厅的高级秘书。他工作勤奋，文采了得，每天下了班还不休息，刻苦攻读各种典籍，所以很受上司的欣赏。他的上司是下放到扬州的元老重臣韩琦，韩琦向朝廷举荐王安石，想把王安石破格提拔为京官。但是，韩琦的荐举竟然被王安石拒绝了，因为王安石也没有把京官当成自己的人生目标。

这里我要稍加说明：宋朝官员可以粗略分成三个等级，最高等级叫作"朝官"，最低等级叫作"选人"，中间等级叫作"京官"。宋朝的京官不一定在京城做官，它只是一种资格，一种地位较高并且晋升较快的资格。选人升官很慢，通常要熬几个年头，再由五名以上中高级在职官员举荐，还要再进京参加一次考试，才可能变成京官。而一旦成为京官，那升官就快多了。韩琦大力推荐王安石，想让王安石从选人变成京官，换成别人早就乐疯了，但王安石不为所动。这倒不是王安石故作清高，而是因为他有着更为宏大的政治抱负。

王安石的抱负不是升官，而是强国和富民。29 岁那年，他被调到浙江鄞县（今浙江宁波鄞州区）当县长，在鄞县建学校，立保甲，兴水利，给农民发放短期贷款，都取得了不错的效果，县财政有钱了，老百姓的生活好转了，文化教育和社会治安情况也都大有改善。若干年后，他宣麻拜相，主持变法，很多改革主张其实都是他在鄞县摸索出来的实际经验。

王安石在地方上政绩突出，居官又极清廉，朝中大佬听闻他的名声，争相举荐他，其中包括另一位元老重臣文彦博，以及当时的文坛大佬欧阳修。文彦博举荐王安石当馆阁学士，被王安石谢绝；欧阳修举荐王安石当谏官，也被他谢绝。后来王安石去群牧司当了一个小小的判官，成了司马光的同僚。

38 岁那年，王安石接受宰相富弼的举荐，担任“三司度支判官”，相当于财政部的司局级官员。在这个职位上，王安石摸清了朝廷的底子，认识到“冗官冗兵”和“积贫积弱”的巨大风险，形成了通过变法来富国强兵的政治主张。

47 岁那年，王安石的主张得到新皇帝宋神宗的大力支持，他在两三年内升任“参知政事”，相当于副宰相，开始着手变法。50 岁时，他又升任“同中书门下平章事”，相当于正宰相，开始全面推行变法。

在变法过程中，王安石态度坚决，六亲不认。凡是阻挠变法的人，或者对变法细节提出不同意见的人，都受到了他的打压。欧阳修举荐过王安石，王安石却向宋神宗弹劾欧阳修：“如此人，在一郡则坏一郡，在朝廷则坏朝廷。”[1]韩琦举荐过王安石，王安石却说韩琦“不经世务”，属于“庸人”。开封府百姓反对变法，自断手指，王安石说那些百姓是“蠢愚为人所感动者”，还向宋神宗建议禁止百姓击鼓鸣冤、滥告御状。至于他提出的“三不足”论：“天变不足畏，祖宗不足法，人言不足恤。”更是人所共知，无须赘述。

王安石变法不是为了权位，不是为了私利，他打压一切保守派，也仅仅是对事不对人，丝毫没有挟嫌报复的意图。但他过于自信，自信到了刚愎自用的地步；过于强势，没尝过理想主义的苦头，不懂得妥协和渐进的妙用，所以他失败了，并在失败之后受到了保守派更为强烈的反扑。他的激进改革和司马光的激进反扑都是一心为国家谋福利，但他们也都给国家造成了巨大创伤。

前文说过，王安石本来可以中状元。假设当年阅卷官没有调整王安石的名次，假设他中了状元，那么历史是否会因此改变呢？我猜不会。以王安石的强烈个性，状元出身会让他更加自信，会让他升官更快，会让狂风暴雨式的变法来得更猛烈，最后遭遇的失败也许会更惨。

[1]《宋史·王安石传》，下同。

当王安石掉进『夸夸群』

有那么两年，内地高校流行“夸夸群”。据说不管是谁，不管遇到了什么烦心事儿，不管是挂科还是失恋，只要打开手机或电脑，在夸夸群里一顿倾诉，马上就会有一堆群友冲上来夸你，夸得你天上少有、地上无双，夸得你精神焕发、雄心再起……火力如此密集的夸奖，其实古人也经历过，例如宋朝的文学家、政治家兼改革家王安石。

我们知道，王安石是文学史上赫赫有名的“唐宋八大家”之一，同样跻身于“唐宋八大家”的另一位文坛大腕曾巩是他的至交，两人结识于青年时代，刚见面就成了铁哥们儿。

曾巩给王安石写诗道：

此言此笑吾此取，非子世孰吾相投。

今谐与子脱然去，亦有文字歌唐周。

——曾巩《发松门寄介甫》

这首诗大意是说：

我的言语和喜好比较特别，只有你能够理解我，世界这么大，只有你跟我志趣相投，希望我能跟你一起快快乐乐地归隐山林，写文章歌颂最美好的时代。

很明显，这是一首夸王安石的诗。

曾巩夸王安石，不仅当面夸，还向别人夸。宋仁宗庆历四年（1044），曾巩给朝中大佬蔡襄（北宋书法家、政治家，蔡京的堂兄）写信，信末专夸王安石：

> 巩之友王安石者，文甚古，行称其文，虽已得科名，然居今知安石者尚少也。彼诚自重，不愿知于人，然如此人，古今不常有。如今时所急，虽无常人千万不害也，顾如安石，此不可失也。执事倘进于朝廷，其有补于天下。亦书其所为文一编进左右，庶知巩之非妄也。
>
> ——曾巩《上蔡学士书》

我们不妨把曾巩的夸奖翻译成白话文：

我的朋友王安石，文章非常典雅，人品非常高尚，如今他已考中进士，但是知道他的人还很少。他太低调，不愿意毛遂自荐，可他的学识和才能真是古今少有。当今时代，普通人才缺一千缺一万都不要紧，假如像王安石这样的人才得不到重用，那可真是国家的一大损失。我希望您能把他举荐给朝廷，让他有机会匡扶天下。我把他的文章编成一本小册子，随信寄给您，您看过他的文章之后，就知道我对他的评价名副其实，丝毫没有夸大。

宋仁宗庆历六年（1046），曾巩给另一位大佬欧阳修写信，信末又

本节人物关系网

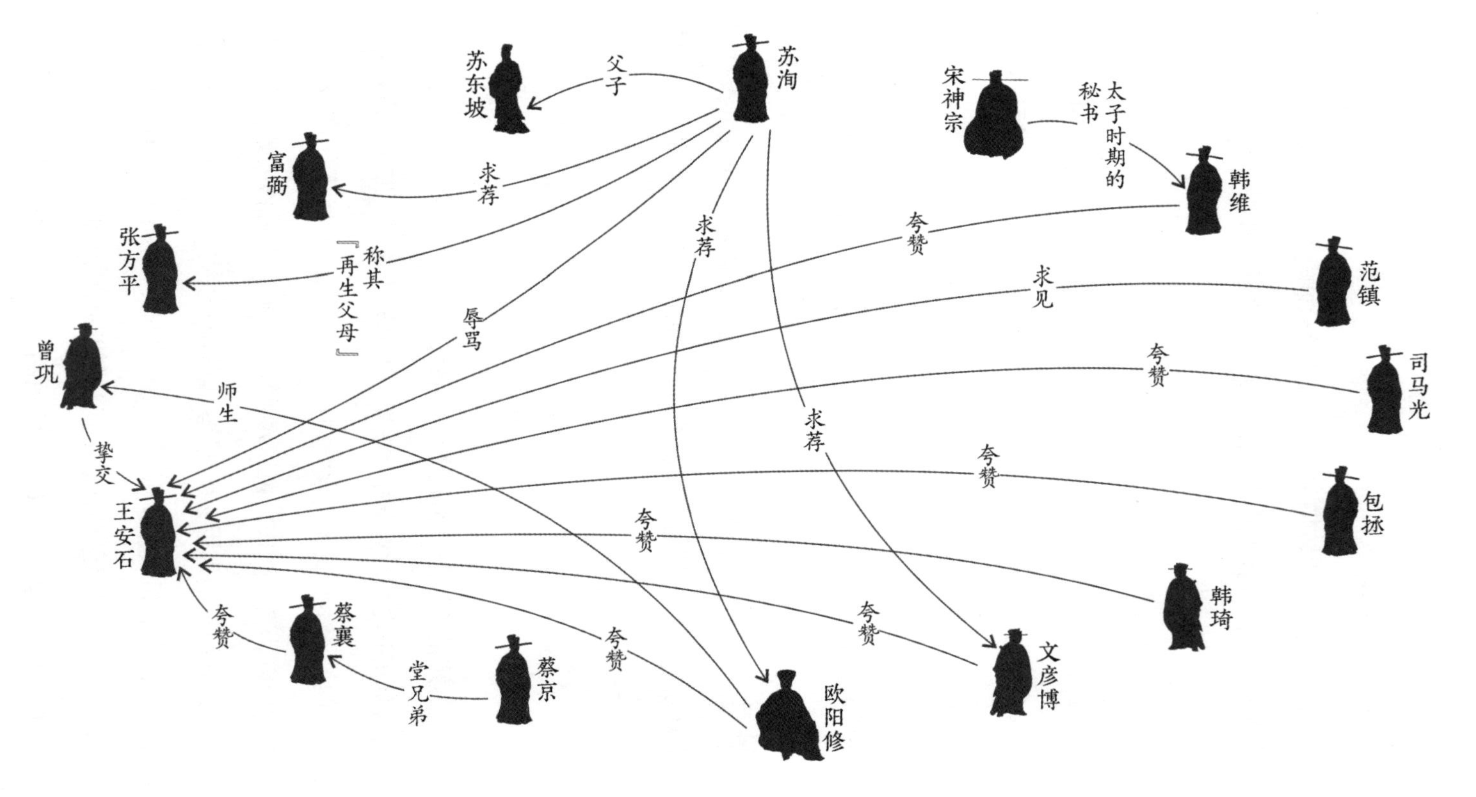
苏洵
父子
苏东坡
求荐
富弼
称其
『再生父母』
张方平
辱骂
求荐
求荐
宋神宗
秘书
太子时期的
韩维
夸赞
范镇
求见
司马光
夸赞
包拯
夸赞
韩琦
夸赞
文彦博
夸赞
欧阳修
夸赞
师生
曾巩
挚交
王安石
蔡京
堂兄弟
蔡襄
夸赞

是专夸王安石：

> 巩之友王安石，文甚古，行甚称文，虽已得科名，居今知安石者尚少也。彼诚自重，不愿知于人，尝与巩言：“非先生无足知我也。”如此人，古今不常有。如今时所急，虽无常人千万不害也，顾如安石不可失也。先生倘言焉，进之于朝廷，其有补于天下。亦书其所为文一编进左右，幸观之，庶知巩之非妄也。
>
> ——曾巩《上欧阳舍人书》

不知道您注意到没有，曾巩向欧阳修夸王安石，与他向蔡襄夸王安石的路子一模一样，连用词都是雷同的。例如“文甚古”“居今知安石者尚少也”“彼诚自重，不愿知于人”“如此人，古今不常有”“其有补于天下”等，都是他以前用过的词儿。这就好比网上那些试图用收费夸夸群赚快钱的商家，为了省事儿，将夸人的话语批量发给他们低价雇来的水军，让水军复制粘贴发送，把进群买夸的客户夸到恶心为止。当然，曾巩与所有夸夸群的群主都不同，他不收费，并且只夸王安石一个人。

欧阳修是曾巩的老师，他听了曾巩对王安石的夸奖，又读了王安石的文章，对王安石也是大加赞赏。1054 年，欧阳修给宋仁宗写奏章夸奖王安石，请求仁宗皇帝破格提拔。1056 年，欧阳修又给仁宗写了一篇奏章，夸“王安石，德行文学，为众所推，守道安贫，刚而不屈……久更吏事，兼有时才”[1]，意思是说王安石文章好，人品也好，不贪图富贵，不屈从权贵，又在基层干过很多年，十分熟悉民情，工作能力特别强。

查《宋史·王安石传》，在欧阳修向宋仁宗夸奖王安石之前，比欧阳

---

[1] 欧阳修《荐王安石、吕公著札子》。

修官级和威望还要高的大臣文彦博也夸过王安石。文彦博是这么夸的："恬退，乞不次进用，以激奔竞之风。"王安石不走后门，不追求官位，是官场的一股清流，希望朝廷予以提拔，让王安石成为标杆和模范。

再查宋朝人詹大和编撰的《王荆文公年谱》，除了曾巩、欧阳修、文彦博之外，王安石当地方官时的老上司韩琦、当京官时的老上司包拯，王安石的同年进士兼亲家吴充，以及王安石年轻时的好友兼同事司马光、范镇、韩维等人，都在不同场合夸过王安石。

在这个猛夸王安石的高官群体当中，韩维是宋神宗当太子时的秘书，经常在神宗跟前夸奖王安石的才干，每当神宗说"你这个方案很不错"的时候，韩维就会回答："回奏圣上，这个方案不是我想出来的，是我的好朋友王安石想出来的。"所以，宋神宗即位以后，很快重用王安石，很快听从了王安石的建议，很快搞起了轰轰烈烈的变法改革。

换句话说，王安石之所以能够宣麻拜相，之所以能够推行自己的变法主张，跟那么多人在皇帝跟前夸他是分不开的。

不过，并不是所有的人都夸王安石，也有人骂他，例如苏东坡的父亲苏洵。

苏洵骂王安石，骂得很早，那时候王安石只是一个中等官员，还没有显露出自己的变法倾向，还没有触动所谓保守派的利益，更不可能因为变法而给国家和人民带来什么危害。苏洵骂王安石，与政治见解没有任何关系，纯粹是因为看王安石不顺眼。

苏洵为什么看王安石不顺眼呢？来龙去脉是这样的：宋仁宗嘉祐元年（1056），苏洵带着两个儿子在京城开封参加进士考试，两个儿子都考中了，苏洵却落榜了。那时候，苏洵已经48岁，他在此之前参加过很多次进士考试，次次都落榜，所以他很沮丧，想绕过科举，通过官场推荐的捷径免试当官。他向元老重臣文彦博和富弼上书，向文坛领袖欧阳修上书，希望这些大佬读到自己的文章，欣赏自己的才华，进而帮助自己得到一官半职。除此之外，他还不停地著书立说，揣着自己的作品参加开封文坛的各种聚会，一逮到机会就请人“斧正”。有一回碰到了王安石，王安石天性耿直，认为苏洵的作品迂腐可笑，大而无当，直言不讳地表示不屑。这下把苏洵惹恼了，从此怀恨在心[1]。公元1063年，王安石的老母亲在开封病逝，京城名人都去祭拜，只有苏洵不去，还写了一篇《辨奸论》，将王安石骂了个狗血淋头，说王安石吃的是猪食和狗粮，长了一张囚犯的脸，注定不会有好下场。几年后，王安石变法，苏洵已经去世，保守派将这篇《辨奸论》批量印刷，广为散发，用死去的苏洵做先锋，非常鸡贼地攻击王安石。

曾经有学者怀疑，《辨奸论》并非出自苏洵之手，而是保守派伪造的。但我觉得，这篇文章不像伪造的。苏洵这个人，文笔极好，文章格局也很大，但他一生都在追求名利，为了早日做官，狠拍家乡父母官和朝中官员的马屁。有一个官员张方平，在四川做地方官，被苏洵尊称为“再生父母”，但张方平只比苏洵大两岁而已。苏洵还有点儿睚眦必报，最喜欢记仇，在人品上离他的两个儿子苏轼和苏辙差得太远。

至于王安石的格局，则要比苏洵大多了。苏洵一生都没有考中进士，经过欧阳修多次举荐，年过五旬才得到一顶小小的“霸州文安县主簿”的乌纱帽，被人夸一次就感恩戴德，被人骂一次就记恨终身。王安石呢？少年成名，仕途顺利，22岁中进士，26岁当知县，49岁当副相，50岁当宰相，成名前被很多人夸，变法时被很多人骂，但他对夸赞和毁骂都不放在心上，既不讨好夸他的人，也不打击骂他的人。好友曾巩夸过他，他执政后并不提拔曾巩，因为曾巩反对变法；文彦博、韩琦、欧阳修不仅夸过他，而且提拔过他，他执政后却将这些大佬赶出朝廷，因为大佬们反对变法；司马

[1] 参见《三苏年谱》第一册。

光、范镇、苏辙和小官郑侠都骂过他，他也从来不怀恨，还为郑侠开脱罪名。他唯一感到遗憾的是，这些在道德上同样优良的贤人君子，始终不理解他的政治主张。

在本节最后，我还想再补充一点：“夸夸群”在宋朝是很常见的。

宋朝选官制度比较独特，将科举和荐举糅为一体：一个人考中了进士，还要再参加相当于公务员选拔考试的“铨试”，而铨试前需要获得在职官员的点赞和举荐；一个低级官员想成为中等官员，需要参加“朝考”，而朝考前又要获得五名以上在职官员的点赞和举荐。所以呢，每个官员都被其他官员夸过，夸夸群在宋朝官场其实到处都是，并不仅限于王安石和他的朋友圈。

宋朝学生怎样回报母校

2022年初春，“艾瑞深校友会网”公布《2021中国大学校友捐赠排名100强》，清华大学以47.2亿元的校友捐赠总额名列榜首，北京大学以41.97亿元的校友捐赠总额排名第二。在这份榜单上，有9所大学的校友捐赠总额超过10亿元，就连排名垫底的几所高校，也分别收到了几千万元的校友捐赠。

有评论说，功成名就的毕业生回馈母校，以前是剑桥、哈佛、麻省理工等国外名校的传统，如今终于成了国内高校的流行，值得庆贺。但我们只要翻开历史，就会发现宋朝学生已经开始这样做了。到了南宋后期，太学甚至还形成一个定例：成就越大的学生，对母校的回报也必须越多。

根据宋朝文献的记载，这个定例是这样的：

> 太学先达归斋，各有光斋之礼，各刻于斋牌之上。宰执则送金饭碗一只，状元则送镀金魁星杯盘一副。帅漕新除，各斋十八

界二百千、酒十樽。

——《癸辛杂识》后集《光斋》

翻译成白话文就是说，那些早年在太学读书的达官显贵重返母校，都会给他们所在的班级捐钱捐物。如果是宰相、副相、枢密使之类的朝廷大员返校，每人会捐一只金饭碗；如果是新科状元返校，要捐一套镀金的魁星杯盘；如果是刚刚被任命为安抚使、转运使、常平使、提刑的高级地方官返校，则要捐给本班第十八界会子200贯，再加上10桶酒。

所谓“第十八界会子”，指的是南宋朝廷发行的第十八套纸币，在公元1250年前后流通于江浙地区。查王仲荦先生的古代物价考订专著《金泥玉屑丛考》，南宋纸币最初坚挺，后来贬值，面值200贯的“十八界会子”只能兑换铜钱50贯。如果购买稻米，购买力相当于现在的人民币4万元。

在南宋，安抚使管军，转运使管钱，常平使负责茶盐专卖，提刑负责审理刑狱，这些官职的实权都相当于省长或者副省长，如果从太学毕业的学生能混到这四顶乌纱帽里的任何一顶，都算得上功成名就。可是，他们却只捐给母校几万元（不算额外捐赠的那10桶酒），而不是几百万、几千万、几个亿，是不是太小气了呢？

我们不妨捋一捋。

首先，现在的学生出路很广，既可以从政，也可以经商，还可以去搞科研，任何一所名校的毕业生里冒出来几个亿万富翁，都不是什么稀罕事儿，学校想得到大笔捐赠，有的是人脉，有的是机会。而宋朝太学是为了培养和储备行政人才设立的，太学生的主要出路就是当官，但是当官的合法收入只有俸禄和朝廷赏赐。如果要求一个太学生为母校捐赠很多很多钱，那就只能逼着他去当贪官了。

其次，现代高校需要的经费极多，建楼，建图书馆，建实验室，设立各种奖学金，攻克理工类的高精尖课题，每个项目都需要巨额资金，仅靠国家拨款是很难填补缺口的。宋朝太学却是纯粹官办的小型文科院校，占地面积小得可怜，在校人数少得可怜，老师只教儒家经典，学生只攻读儒家经典，有吃有住有书有纸笔就够了，朝廷每年拨付的经费根本花不完，并不需要校友来倾囊相助。

那么问题又来了：既然并不需要校友出钱，宋朝太学为什么还要接受捐赠呢？

目的其实很单纯：为了激励在校学生，为了让太学里的各个班级在科举考试中展开竞争。

相信细心的朋友看得出来，那些从太学走出来的达官显贵捐赠时，并不是捐给学校，而是捐给班级。在南宋后期，太学总共分为二十个斋，也就是二十个班级。每个班级都有一个固定不变的名字，包括“正心斋”“诚意斋”“循理斋”“养正斋”“持志斋”“守约斋”“习是斋”“果行斋”“观化斋”“存心斋”“笃信斋”“务本斋”等。

无论哪个斋出了状元，出了高官，出了大学问家，都只给那个斋捐赠。刚入学的太学生想知道哪个斋培养出来的人才更多，只要数数哪个斋获赠的东西更多就行了。比如，“存心斋”供着两只金饭碗，说明此斋曾经培养两个宰相。再如，“观化斋”新得几百桶酒，说明此斋刚刚又有一批校友被任命为地方高官。在这些斋读书的学子，喝着美酒，看着金饭碗，自然会有自豪感，自然会下意识地加倍努力，希望自己有朝一日也能飞黄腾达，光耀本斋。其他斋的学子在本斋里看不到金饭碗，看不到镀金的魁星杯盘，也一直没机会品尝某位校友送来的美酒，就会觉得羞耻，就会知耻而后勇，就会暗暗立下誓言：有朝一日必定让自己的班级扬眉吐气。

最近几十年来，内地学校教学楼墙壁上大多挂着名人画像，中外名人都有，例如牛顿、爱因斯坦、居里夫人、鲁迅、叶圣陶、华罗庚……宋朝

本节人物关系网

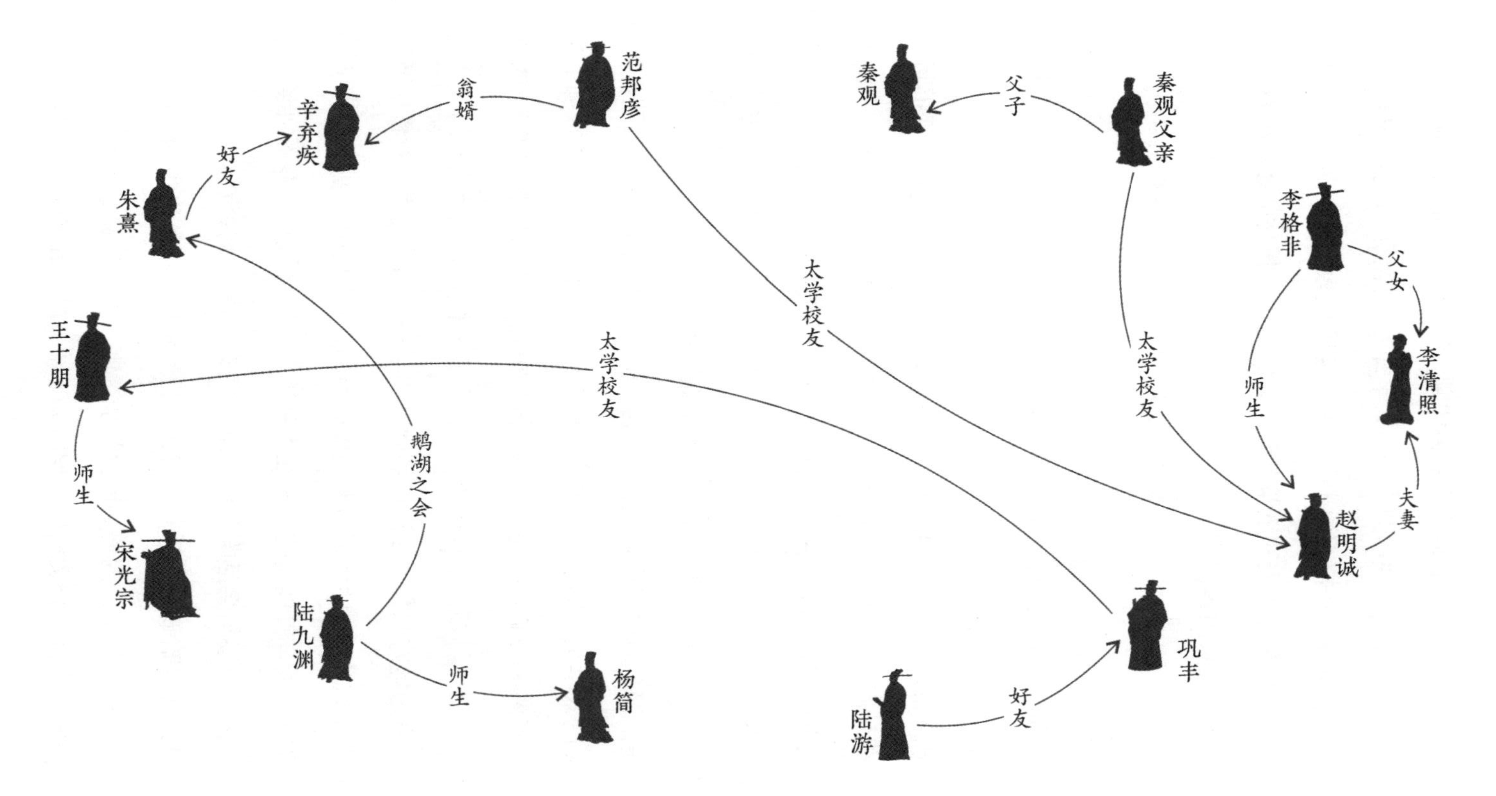
范邦彦
翁婿
辛弃疾
好友
朱熹
秦观
父子
秦观父亲
李格非
父女
李清照
太学校友
太学校友
师生
王十朋
太学校友
师生
宋光宗
鹅湖之会
赵明诚
夫妻
陆九渊
师生
杨简
巩丰
陆游
好友

太学逢年过节，各班级则会将本斋的名人校友写在教室大门上，大家集体朝他们的名字鞠躬行礼。

以南宋太学为例，状元王十朋曾经在“观化斋”读书，后来当上太子（登基后为宋光宗）的老师，被封龙图阁学士，所以他的名字被刻在“观化斋”大门上；理学名家杨简（陆九渊弟子）曾经在“循理斋”读书，后来考中进士，做了知府，所以他的名字被刻在“循理斋”大门上；陆游的好友巩丰先后在“存心斋”和“果行斋”读书，后来考中进士，担任江东提刑，所以他的名字被刻在“存心斋”和“果行斋”的大门上，同时被这两个班级的学生顶礼膜拜。同样是用名人来激励学生，我们现在是用全世界的名人，宋朝太学则只用校友中的名人，这样更有亲切感。

巩丰、杨简、王十朋，现代人看到这几位的名字，可能有些陌生，下面说说那些为大伙所熟知的太学名人。

第一位，李清照的前任老公赵明诚。赵明诚曾在北宋太学读书，直到跟李清照结婚时，还没有从太学毕业。后来他不仅成了著名的金石学家，在仕途上也相当了不起——南宋初年曾经担任江东安抚使，相当于省长兼军区司令。

第二位，苏东坡的高足秦少游。公元 1088 年，秦少游经人举荐，做了太学博士，相当于现在的正教授。可惜的是，刚到太学没几天，秦少游就被苏东坡的政敌弹劾，丢掉了官职。秦少游的父亲早年在太学读书，据说仰慕一个名叫王观的同学，所以才给儿子秦少游取名秦观。更有意思的是，多年以后，陆游出生，陆游的母亲仰慕秦少游的才华，所以给儿子取名陆游，字务观，意思是希望儿子能像秦少游那样有才华。

第三位，辛弃疾的岳父范邦彦。宋徽宗在位时，范邦彦在太学读书，直到北宋灭亡，才被迫离校。北宋灭亡以后，北方成了金国人的天下，范邦彦考中金国进士，被派到蔡州息县（今河南息县）当县令，他率领全县官民归降南宋，又成了南宋的官员。

宋朝名人当中，很多人都跟太学有缘，有的是在太学读书，有的是在太学教书。像李清照的父亲李格非、苏东坡的学生晁补之、范成大的堂哥范成象，当年都在太学待过。其中李格非担任太学博士，晁补之担任太学正，范成象担任太学录。太学博士相当于正教授，太学正相当于风纪官，太学录相当于风纪官的助手。

还有两位名气更大的牛人，直接推动了太学的创立和改革。这两位牛人分别是范仲淹和王安石。

宋朝最初没有太学，只有国子学，而国子学只收七品以上官员的子弟。宋仁宗在位时，范仲淹推行“庆历新政”，一手清理官场，一手振兴教育。范仲淹先是在京城开封设立“四门学”，招收八品以下官员的子弟。然后他又将四门学改成太学，并且开始扩招。四门学改名太学时，在校生最多不能超过 200 人；几年以后，太学扩招到 600 人。这样一来，基层官员也有机会把孩子送到太学读书，享受最高规格的官办教育。

宋神宗在位时，王安石推行变法，尝试废除科举，只用太学培养行政人才。在王安石的推动下，太学继续扩招，学生数量从 600 人暴增到 2400 人。这 2400 人被分进 80 个班级（南宋缩减到 20 个班级），又按照考试成绩分为“上舍生”“内舍生”和“外舍生”，上舍生 100 人，内舍生 300 人，外舍生 2000 人。其中上舍生又分上中下三等：上等上舍生可以不参加科举考试，直接做官；中等上舍生可以绕过解试和省试，直接参加殿试；下等上舍生可以绕过解试，参加省试和殿试。在宋朝，以上制度叫作“三舍法”，又叫“舍选法”。

宋朝科举考试分为三个环节，第一个环节是参加地方州府官员主持的解试，第二个环节是参加中书省或礼部主持的省试，最后一个环节是参加皇帝亲自主持的殿试。只有这三个环节全部通过，才能成为进士。进士再参加吏部主持的选官考试，才能得到官职。从解试到选官考试，淘汰率极高，成功率极低。可是再看太学生，居然有机会免试做官，或者绕过淘汰率极高的解试和省试，直接参加殿试，跟普通考生相比，实在是占到了天大的便宜。

不过，太学生也不是那么好当的。王安石变法以后，各地学生想入太学，必须有州县官员的举荐信，还必须通过入学考试。刚进太学，最初只能当外舍生，不用交学费，但也没有任何补贴；外舍生每月一“月书”，每季一“季考”，每年一“岁考”，每次成绩都优秀，才有资格变成内舍生，享受到每月几百文的伙食补助；内舍生也是考试不断，连续三年品学兼优，经太学博士和太学正、太学录多人保举，才有资格升为上舍生；上舍生继续考试，考试成绩优异者，才有机会当“斋长”“斋谕”“职事学正”“职事学录”，也就是班长、副班长、见习风纪官、见习辅导员；上舍生连续两年担任学生会干部，再经太学官员举荐，才能免试做官。

不仅考得勤，太学的纪律也很严格。南宋文人周密在太学读书多年，我们不妨听他讲讲南宋太学对违纪学生的惩罚手段——

最轻的惩罚是“关假”，即三个月之内没有假期。别人节假日可以出校门，违纪生不许。

稍重的惩罚是“迁斋”，即从排名靠前的班级里被赶出去，搬到排名靠后的班级。如果所在班级本来排名就垫底，那就去小黑屋就读。太学里的小黑屋，类似监狱里的禁闭室，当时叫作“自讼斋”，在那里自做自吃，不许出去，不能跟同学交谈。

最重的惩罚是“夏楚”，也就是用荆条抽屁股。实施这种惩罚时，全校学生集合，太学官员让学生干部宣读罪状，然后让人剥去违纪学生的衣服，抽打他几下，将他赶出校门。

从北宋中叶到南宋末年，宋朝皇帝都非常重视太学教育，所以太学生的地位一直很高，在政治上也是一股不可小觑的力量。宋神宗在位时，亲自到太学视察，见太学生学习刻苦，高兴得赏赐每人美酒两升。那时候两升是 1200 毫升，两升酒足有 2.4 斤，虽说不是蒸馏酒，但也能让人喝到醺醺然。某些太学生越喝越兴奋，竟然爬到楼上敲起鼓来，吓得太学官员赶紧阻止。太学生却喊道："奉圣旨得饮！"俺们是奉旨喝酒，谁敢阻拦？

北宋末年和南宋前期，每次朝廷重用投降派，太学生都群起上书，以至于人们给太学取了个绰号："有发头陀寺，无官御史台。"[1] 一方面，太学生生活清寒，学习刻苦，仿佛带发修行的苦行僧；另一方面，他们又抨击权臣，大胆敢言，好像没有乌纱帽的监察官。

南宋哲学家朱熹与辛弃疾是好友，两人曾经谈论太学优劣。辛弃疾认为，花钱养许多没有实际才能的学生，不划算。朱熹却提到一点："太学作养风骨之士，亦是高远气象。"我觉得，朱熹的话很有道理。

[1]《鹤林玉露》丙编卷 2《无官御史》。

第四章 师友之网

朋友的儿子犯罪，包公会怎么判？

大师抄袭，还是大师吗？

范仲淹对决小表弟

沈括陷害过苏东坡吗？

苏东坡的弟弟苏辙是『兄控』吗？

苏辙的孙子为何要捧秦桧？

黄庭坚的朋友圈

当秦少游遇到苏东坡

朋友的儿子犯罪，包公会怎么判？

苏东坡年轻时有一个好朋友，名叫章惇，字子厚。

宋仁宗嘉祐二年（1057），苏东坡中了进士，章惇也中了进士，这样的关系被称为“同年”。宋朝惯例，同年如手足，进入官场后，只要不成政敌，都会互相帮扶，一部分同年还会结成亲家，从此世代交好。

王安石变法时期，苏东坡跟章惇政见不同，被章惇打压。但在此之前，他们相交莫逆，简直是无话不谈的铁哥们儿。宋仁宗嘉祐九年（1064），章惇在陕西某县当县令，请苏东坡登山游玩。苏东坡恐高，不敢爬陡崖，而章惇身手不凡，三步两步就冲了上去，站在极险处拍手大笑，笑苏东坡像女人一样胆小，不敢冒险。[1]

章惇敢于冒险，不惜以身试法。他比苏东坡小两岁，高大帅气，身材魁梧，有武人之资，可惜生活上很不检点，中进士之前，经常在京城饮酒

[1] 参见苏轼《晚香堂苏帖》。

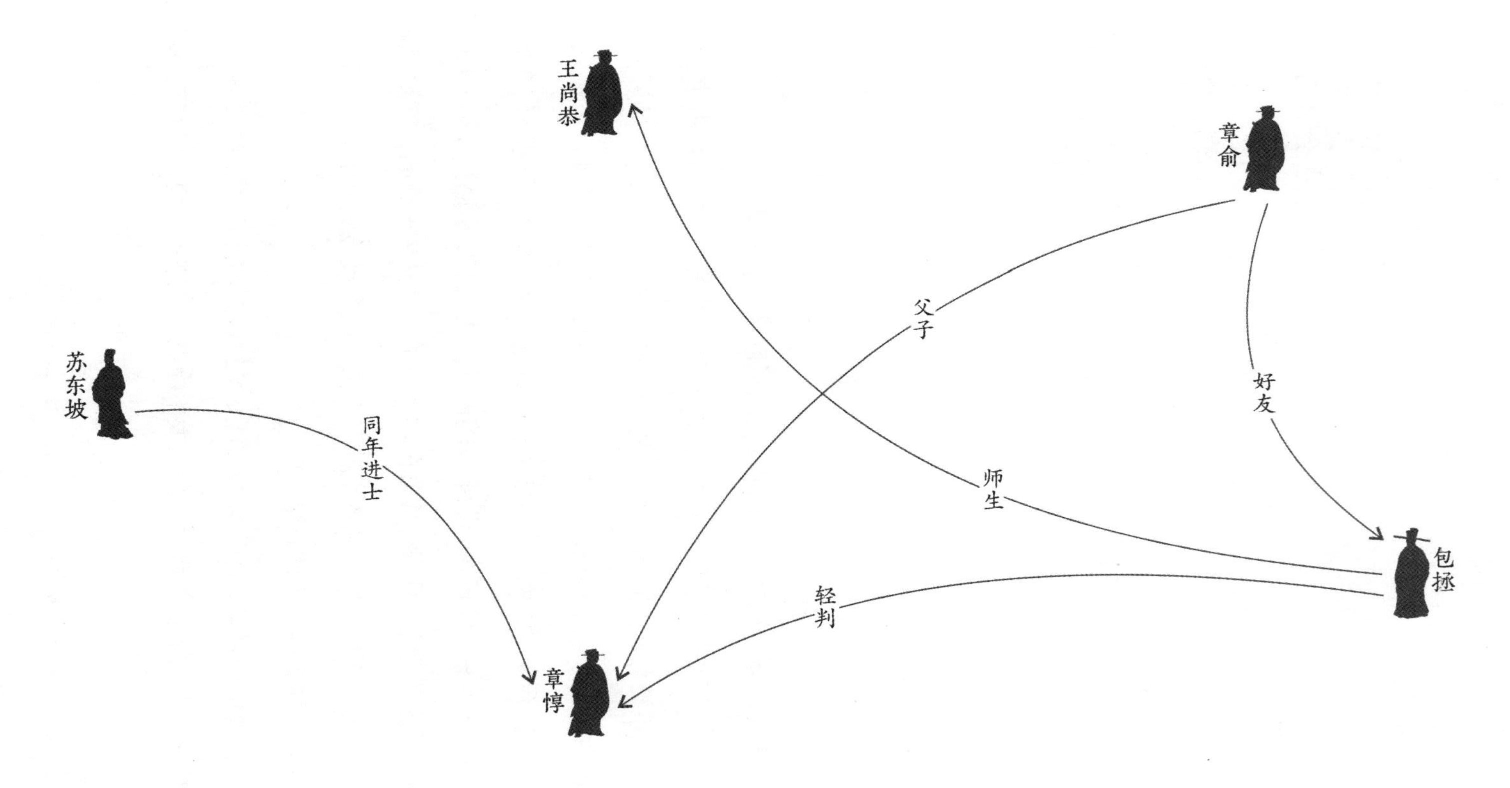
本节人物关系网
王尚恭
章俞
父子
好友
苏东坡
同年进士
师生
包拯
轻判
章惇

宿娼，寻花问柳，甚至勾引良家妇女。有一段时间，他竟然跟族里一位长辈的小妾好上了，半夜翻墙而入，跟那个小妾鬼混，结果被长辈发现。章惇急急如丧家之犬，忙忙若漏网之鱼，提上裤子就往外跑。长辈拎着棍子在后面追，章惇翻身上墙，“噗通”一声跳下去。坏了，墙外有个老太太，正倚着墙根儿坐着，章惇正好踩人家身上，差点儿把老太太踩得背过气去。

章惇的长辈不愿意张扬家丑，忍气吞声，没有报案。那老太太可不干，去开封府告了一状，告章惇大逆不道，跟长辈的妻妾通奸，还伤及无辜。结果可想而知，章惇自然是被扭送到开封府，等着府尹问罪。

那时候的开封府尹是谁呢？正是中国历史上最有名的清官——大名鼎鼎的包公包青天。

传说中包公断案如神，昼审阳间冤案，夜掌阴曹地府，审过的案子没有一千也有八百。实际上，包公“倒坐南衙开封府”的时间只有一年半，在任期间审过的案子并不多，目前有据可考的只有三宗，其中一宗就是章惇的案子。

章惇的案子证据确凿，案情明白，非常好审，也非常好判。根据北宋初年修订的法典《宋刑统》：“和奸者，男女各徒一年半，杖一百。”与人通奸，男女双方各处一年半徒刑，各打一百大板。《宋刑统》又规定：“奸小功以上亲、父祖妾，及与和者，谓之内乱。”与长辈的小妾通奸，称为“内乱”。内乱是十恶不赦之罪，必须从重判处，重则凌迟，轻则砍头，不许减刑，不许赦免，更不许用罚金来代替刑罚。同样是《宋刑统》：“诸误杀伤人者，减故杀伤一等，……从过失法收赎。”过失杀人或者过失伤人，刑罚比故意杀人或故意伤人减轻一等，根据受害者伤情轻重斟酌，可以用罚金来代替刑罚。

《宋刑统》是北宋初年在唐朝法律基础上暂时修订的法典，后来宋朝又出台了许许多多的法令条文和司法解释，分别称为“条格”和“编敕”。

宋朝官员判案，参照条格和编敕的时候多，参照《宋刑统》的时候少。不过，从汉唐到明清，法律原则是一以贯之的，从南宋时期修编的《庆元条法事类》来看，它与《宋刑统》并没有很大区别，同样的罪行，会处以差不多的刑罚。即使到了清朝后期，较轻的误伤还是可以用罚金来代替刑罚，跟长辈的妻妾通奸仍然属于十恶不赦的大罪，还是要被砍头或者凌迟的。

现在章惇的案子摆在了包公面前，罪行是两条：一条是误伤老太太，一条是跟长辈小妾通奸。包公该怎么判呢？

答案似乎很明显：包公铁面无私，一定不会轻饶章惇，一定会要了章惇的小命。

可是，史学家司马光在《涑水记闻》一书中记载了包公的判决结果："时包公知开封府，不复深究，赎铜而已。"包公没有深究，对章惇仅仅是经济惩罚，让他赔了老太太一笔钱。也就是说，包公放过了章惇跟长辈小妾通奸的大罪，只追究了踩伤老太太的过失。

这是为何？包公难道也会徇情枉法吗？

要说徇情，包公跟章惇还真的有点儿交情。章惇的父亲章俞，跟包公同朝为官，而且私交不错。换言之，章惇是包公的世交，是包公的朋友的儿子，可以被称为包公的"世侄"。

包公轻判章惇，却不是因为交情，而是为了大局。什么大局呢？不是朝局，也不是政局，而是整个社会的差序格局：士大夫是老百姓的尊长，父亲是儿子的尊长，尊长的脸面必须维护，否则百姓将不敬服官绅，儿子将不敬服父亲，尊卑无序，社会就乱套了。

就章惇一案而言，包公既要维护章惇他爹章俞的脸面，也要维护拎着棍子追赶章惇的那位长辈的脸面。包公认为，如果追究章惇跟长辈小妾通奸的案子，则章惇的父亲和长辈脸面尽失，案情公布出去，老百姓背地里肯定会议论："这些士大夫干的什么事儿啊！满嘴的仁义道德，一肚子男盗女娼，瞧他们家乱得，还配给咱们做表率？呸！”

上述逻辑科学吗？不科学。混乱吗？有点儿混乱。但是，宋朝官员经常这样葫芦提判案，只要能维护上层和尊长的脸面，就完全可以无视法律条文。

《名公书判清明集》是宋朝名臣的判例汇编，我从中挑出来两件案子，请您看看当时官员的判案逻辑。

案件一：某个无耻变态的老混蛋对儿媳耍流氓，儿子告到衙门，父母官竟然将儿子打了一百大板。那父母官给出的理由是：“父可以不慈，子不可以不孝。……纵使果有新台之事，……只当为父隐恶，遣逐其妻足矣。”当爹的可以不慈，当儿子的不能不孝，即使父亲对媳妇耍了流氓，也应该隐瞒父亲的恶行，将妻子赶走，让父亲没有机会继续耍流氓就是了。如此判案的父母官绝非等闲之辈，竟是南宋名臣胡颖，此人跟包公一样，清正廉明，学问很大，威望很高，拥有不俗的政绩和官声。

案件二：某举人与邻居家的童养媳通奸，致其怀孕，邻居告上衙门，却遭到举人同胞兄弟的殴打。您猜法官是怎么判的？那个与人通奸的举人本应被判处徒刑，但因为是举人，所以免予刑罚，派差役押送他到府学，让府学教授抽打他二十荆条，警告他不要再犯即可。举人的弟弟殴打原告，本应被判处杖刑，但他毕竟替哥哥出头，故“以爱兄之道”，无罪释放。

举人通奸竟然能免除刑罚，弟弟为哥哥出头竟然能随便打人，北宋法典《宋刑统》没有这样写啊！南宋法典《庆元条法事类》也没有这样写啊！堂堂父母官怎么能不尊重法律条文呢？怎么能胡乱判决呢？

宋朝官员并不认为他们在胡乱判决，因为他们都是儒家门徒，在儒家门徒的心目中，上下尊卑比社会公正更重要，封建礼教比法律条文更重要。用南宋理学名臣真德秀的话说：“至于听讼之际，尤当以正名分、厚风俗为主。”[1] 父子之间的名分可以超越法律，家丑不可外扬的礼俗可以掩盖事实，判案不需要遵循法律，遵循儒家思想就可以了。

用儒家思想代替法律条文，不是包公的首创，更不是胡颖和真德秀的首创，其源头可以追溯到两千多年前的西汉中叶。我们知道，西汉大儒董仲舒曾经倡导“春秋决狱”，即用《春秋》这部被儒家认可的史学经典作为判案依据。比如，儿子杀了人，被父亲藏起来，按照西汉法律，包庇凶手要受重刑，但是董仲舒却认为，《春秋》上载有父亲包庇儿子的案例，符合儒家“亲亲相隐”的精神，所以这位父亲并没有罪，不用受到任何惩罚。

包公判章惇一案，与董仲舒的判案理念一脉相承，洋溢着浓浓的儒家气味。过去人们一直说，包公铁面无私，执法如山，是宋朝的法家。实际上，包公骨子里还是儒家弟子。

儒家与法家孰是孰非？“春秋决狱”是否有其合理之处？古代中国有多少法律条文在多大程度上吸纳了儒家思想？这都是很大的学术问题。我想说的是，包公也是人，在官员权力缺乏制衡的环境下，他并非不可能徇私。据《宋史翼》记载，包公有一个门生，名叫王尚恭，在开封府阳武县（今河南省原阳县）当知县，一宗案子判得不公，老百姓上诉到开封府，请包公复审。包公一看状子，此案已被门生审过，当即扔在地上，说：“既经王宰决矣，何用复诉耶？”既然王县长都审过了，我还用复审吗？

王尚恭是包公的门生，也是包公的下级，包公喜爱这个老部下，认为他不会犯错，所以连案情都不看，直接发还。由此可见，包公不但有些武断，而且比较护短。

---

[1] 真德秀《西山政训》。

大师抄袭，还是大师吗？

宋朝中后期，江湖上流传着一个这样的传说。

有两个年轻人，一起在泰山读书，连续十年都没有下过一次山，那真叫“两耳不闻窗外事，一心只读圣贤书”。其中一个年轻人，学习尤其刻苦，不但不下山，连老家寄来的信都不敢轻易拆开，每次收到家信，瞧见信封上写着“平安”两个字，就随手扔到废纸篓里去，唯恐勾起思乡之苦，分了学习的心。他们读书如此精进，学业当然大成，后来两人学成出山，各自创派收徒，都成了宋朝有名的教育家。

这两个人，一个叫孙复，一个叫胡瑗。孙复，字明复，山西人，生于公元 992 年，刚过而立就在泰山办学，被弟子尊为“泰山先生”；胡瑗，字翼之，陕西人，生于公元 993 年，祖上几代都在陕西安定堡定居，被弟子尊为“安定先生”。

比孙复、胡瑗稍晚几年，还出了一位名叫石介的学者。石介也曾创派收徒，桃李满门，因为家在山东泰安徂徕山附近，所以被弟子尊为“徂徕先生”。

孙复、胡瑗、石介，都生在北宋初年，学问都很大，名声都很响，门徒都很多，对宋朝乃至元、明两朝的儒学发展都有极大影响，所以三人并称“宋初三先生”。不过我们暂且不谈石介，只讲孙复和胡瑗的故事。

孙复和胡瑗有很多故事散布于正史和野史，其中真假参半，并不全是史实。比如本文开头，孙复和胡瑗在泰山隐居读书，同窗十年，这就是宋元时期一些读书人编造出来的。人们编这个故事，无非是为了励志，想让更多人学习先贤，坐得住冷板凳，耐得住寂寞，挡得住一切诱惑，哪怕是亲情的诱惑。

孙复确实在泰山住过，并且不止十年，是二十年。但在那二十年当中，孙复可不是为了求学，而是为了办学。孙复曾经多次参加科举考试，一直没中进士，于是退隐山林，办起泰山书院，掌教大约二十年，相当于咱们现代人考公务员失败，弃政而从教，成了民办学校的校长。至于胡瑗，根据最近三十多年来黄富荣、徐洪兴、刘文仲、陈植锷等学者各自的考证，他在中年以前或许跟孙复通过信，但却没有见过面，更没有机会同住十年，一起在泰山苦读。

还有一种说法出自《宋史·范纯仁传》，大意是说，孙复和胡瑗没在泰山成为同窗，却在河南商丘成了同窗——宋朝政治家兼文学家范仲淹在商丘执掌应天书院时，胡瑗和孙复都在该书院读书，都是范仲淹的学生，都与范仲淹的儿子范纯仁相来往，几个好学生成立了学习小组，共同探讨学业。

最后这种说法载于正史，但也未必属实。公元1039年，胡瑗曾经在苏州府学教书，范仲淹命令另一个儿子范纯祐拜胡瑗为师。宋朝跟现在不一样，那时候讲究师道尊严，注重学术辈分，假如胡瑗是范仲淹的学

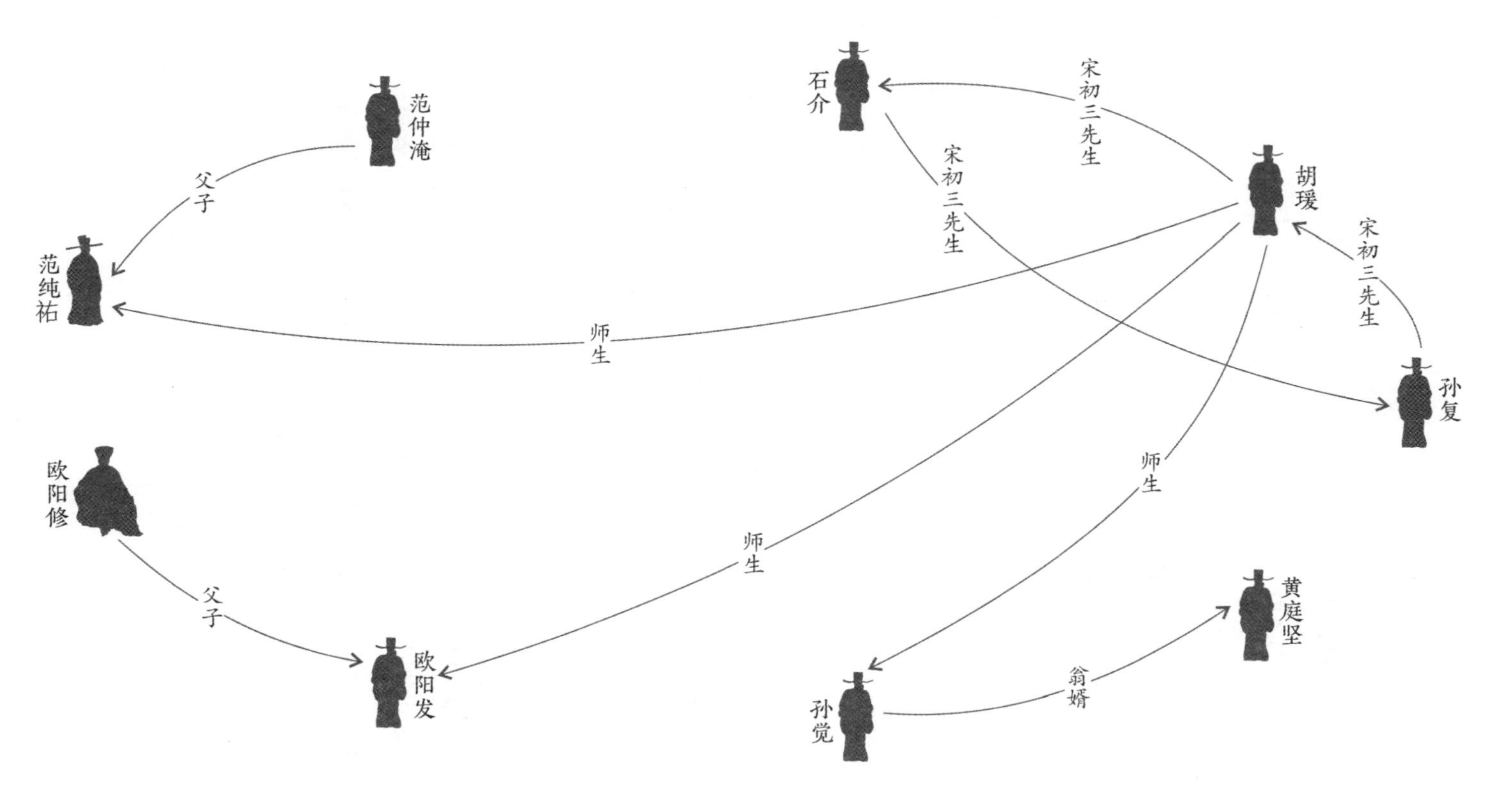
范仲淹
父子
范纯祐
石介
宋初三先生
宋初三先生
胡瑗
宋初三先生
孙复
师生
欧阳修
父子
欧阳发
师生
师生
孙觉
翁婿
黄庭坚

本节人物关系网

生，那么他就得与范仲淹的儿子平辈论交，不太可能再去当范仲淹某个儿子的老师。

现在我们能读到的古代文献，对胡瑗和孙复年轻时求学经历的记载既不详细，又互相矛盾。推想起来，这些记载要么出自传闻，要么是为了催人奋进而故意杜撰。胡瑗和孙复的名气越大，崇拜者越多，附会在他们两个身上的励志故事也就越多。

真实的故事往往并不励志。比如，《宋史》为孙复立传，写孙复晚年名气更大，被朝廷聘请到太学教书；与此同时，胡瑗也被聘请到太学教书。两位声名赫赫的大教育家成了同事，彼此的关系却很差。《宋史·孙复传》原文是这么写的："复与胡瑗不合，在太学常相避。"孙教授厌恶胡教授，不想见到胡教授，胡教授一来，他就躲，瞧见了也假装没瞧见。

野史上对两个人的关系也有描写，司马光的世侄邵博著有《邵氏闻见后录》一书，说"先生恶胡瑗之为人"。这里的"先生"，指的就是孙复，意思是说孙复看不惯胡瑗的为人。

到了南宋，大儒朱熹给学生讲课，学生问朱熹："胡瑗是大学者，孙复也是大学者，两个大学者为什么搞不到一块儿呢？"朱熹答道："安定较和易，明复却刚劲。"[1] 胡瑗比较随和，孙复比较倔强，他们关系不好是因为性格不合。

朱熹将孙、胡两人的矛盾解释为性格不合，这个解释可能正确，但却不够透彻。孙复厌恶胡瑗，真正的原因出在胡瑗身上：胡瑗著书立说和编写讲义的时候，其实抄袭过孙复的文章。

有例为证。

胡瑗给学生讲《春秋》："齐以郎之战，未得志于鲁，今因宋、郑之

---

[1]《朱子语类》。

仇，故帅卫、燕与宋来伐鲁。鲁亲纪而比郑，故会纪侯、郑伯，以败四国之师。不地者，战于鲁也。”这段话与孙复《春秋尊王发微》里的文字几乎一模一样：“齐以郎之战未得志于鲁，因宋、郑之仇，故帅卫、燕与宋伐鲁。鲁亲纪而比郑也，故令纪侯、郑伯及齐师、卫师、宋师、燕师战，以败四国之师。不地者，战于鲁也。”

胡瑗给学生讲《礼记》：“大夫宗妇者，同宗大夫之妇，非谓大夫与宗妇也。觌者，见夫人也。”再看孙复《春秋尊王发微》：“大夫宗妇者，同宗大夫妇也。觌者，见也。”你看，两段文字意思完全相同，只是在表达上有细微差别。孙复撰写《春秋尊王发微》在前，胡瑗在太学授课在后，分明是胡瑗引用了孙复的著述。引用而不注明出处，那自然就是抄袭了。

孙复治学，专精《春秋》。胡瑗则是博览广收，对经学、史学、音律、军事、农书、历法都有浓厚兴趣。如果比较训诂之严谨、注经之功底，胡瑗确实比不上孙复。胡瑗给学生授课，可以借鉴孙复的研究成果，也应该借鉴孙复的研究成果。但他应当征求孙复同意，至少也要在课堂上以及自己的著作里说明哪些成果是孙复孙教授搞出来的，否则既不符合学术规范，也不符合道德规范。

不过我们也不能强求古人，毕竟古代还没有知识产权方面的法律。古代知识分子刊印书籍，将前人成果归于自己，传抄别人而不说明，历朝历代都不鲜见。宋朝出版业繁荣昌盛，流传于世的宋人笔记就有千种以上，如果我们留心翻阅的话，会发现许多笔记的许多词条都是重复的。北宋人写过的朝野掌故，南宋人可能照抄下来。欧阳修记载的风俗趣闻，可能会被陆游再“记载”一遍。

就连数学小册子都会犯同样的毛病：在北宋数学家贾宪和南宋数学家秦九韶的著作里，我们能读到魏晋南北朝数学家编写的例题。而到了明清数学家那里，宋朝数学文献里的例题又会再次出现，有时连表述上都不差一个字。

我前几年撰写古代茶道方面的书时，搜集了宋朝以后的大部分茶文献，您猜怎么着？明朝人出版的《茶谱》竟然将宋元时期的几种《茶录》摘抄汇编，全不加注，假如不仔细对比，一定会把明朝茶人著作里的描述都当成明朝茶道，误以为明朝文人还在坚守唐宋时期的煮茶风气。

再回过头说孙复和胡瑗。孙复对胡瑗有意见，不仅因为胡瑗抄袭，还因为胡瑗的门徒更多，课堂反馈更好，比他的影响力更大，教出来的学生更优秀。像欧阳修的儿子欧阳发，还有黄庭坚的岳父孙觉，都出自胡瑗门下。《宋史·孙复传》概括得简略而精当："瑗治经不如复，而教养诸生过之。"胡瑗搞学术研究比不上孙复，但是教学方法却比孙复强得多。

在整个古代中国，胡瑗都称得上是相当前卫的教育大师。第一，他性格幽默，课堂气氛活跃，学生刚开始瞧不起他，越到后来越喜欢他。第二，他兼重文武，让学生走出书斋，关注时局，读书之余，还要练习骑射。他本人也文武兼修，协助范仲淹驻守西疆时，敢于打破老规矩，发明新武器，在练兵和屯田方面都做得相当出色。第三，他开创了一个空前先进的教学方法：分斋治学。

在胡瑗之前，所有的官学和书院都要求学生专攻诗书（官办武学除外），而胡瑗则倡导学生根据各自的兴趣和专长，在诗书之外兼修一门实际学问，例如天文历法、三角测量、工程建筑、攻城守城……胡瑗在湖州府学教出来的门生刘彝，后来就成了一名水利专家，给城墙设计了能自动开合的"水窗"，需要泄洪时水窗开启，洪水退去后水窗闭合。

前文说过，胡瑗抄袭别人的学术成果，道德上确实有污点。一个道德上有污点的教育大师，还算不算大师呢？我觉得算。因为道德污点并不能掩盖胡瑗的教育成绩。我们不能总是把人品和成就混为一谈，不能总是把诗人要流氓说成“爱情”，也不能总是把奸商搞慈善说成“炒作”。道德是一回事儿，艺术成就和社会贡献是另外一回事儿。

范仲淹对决小表弟

不知道您有没有听到过这样一种说法：在单亲家庭长大的孩子，更有可能出人头地。

比如孔子，他是跟着母亲颜氏长大的，父亲叔梁纥在他3岁时就死了[1]；再如孟子，刚生下来就没了爸爸[2]；又如欧阳修，不到4岁就丧父，被母亲和叔父带大[3]；比欧阳修稍晚的黄庭坚也是这样子，十几岁时父亲亡故，只得投奔舅舅李常[4]。

以上事例统统属实，但不足以证明幼年丧父就能让人成才。实际上，我们更有可能在身边和媒体上见到相反的例子，例如父母离异或亡故，孩子在生活上受打击，在精神上受刺激，变得内向、孤僻，甚至辍学、吸毒，走上犯罪道路……

---

[1] 参见《孔子家语》。

[2] 参见《孟子注疏》。

[3] 参见《欧阳文忠公年谱》。

[4] 参见黄庭坚《祭舅氏李公择文》。

我的意思是说，孔子、孟子、欧阳修、黄庭坚，这些前辈先贤只是历史长河中涌现出的小样本。他们出身于单亲家庭，却能取得非凡成就，只是因为他们碰巧拥有特别强的自制力和抗压能力，在尝尽人间冷暖、历尽世态炎凉之后，不但没有自暴自弃，还能成功将压力转化成奋发向上的动力。

下面我们要说的范仲淹，就是这样一个特别励志的小样本。

范仲淹两岁丧父，母亲带着他改嫁到一户姓朱的人家，所以他改姓朱，取名朱说。范仲淹在朱家长大，在朱家读书，一直以为自己就是朱家的子孙。直到有一天，他劝朱家的两个同辈兄弟不要铺张浪费，人家非但不听，还嘲笑他："吾自用朱家钱，何预汝事？"[1] 俺们花的是俺朱家的钱，跟你这个外姓有啥关系？听闻此言，范仲淹大惊，四处调查自己的身世，这才知道他不姓朱，而姓范。

知道了身世以后，范仲淹耻于寄人篱下，背上书箱离家出走。母亲跑出来追他，他说："母亲不要担心，儿子可以自立，等儿子金榜题名那天，再回来接您。"然后他单枪匹马赶到当时的"南京应天府"，也就是现在的河南商丘，凭借优异成绩考进应天府公立学校"应天府学"（并非"应天书院"）。那一年，他 23 岁。

范仲淹在应天府学昼夜苦读，学到瞌睡时就把冰冷的井水泼到脸上。他脱离了朱家的供养，断绝了经济来源，所以衣食拮据，生活上十分节俭。据宋人笔记《东轩笔录》记载，青年范仲淹自做自吃，一天只吃两顿饭：每天睡前熬一锅粥，第二天早上，粥会凝结，他切成四块，用布包起来，带到学校，上午吃两块，傍晚再吃两块。冷粥寡淡无味，他只能用咸菜疙瘩下饭，天天如此。

[1] 南宋楼钥《范文正公年谱》。

本节人物关系网

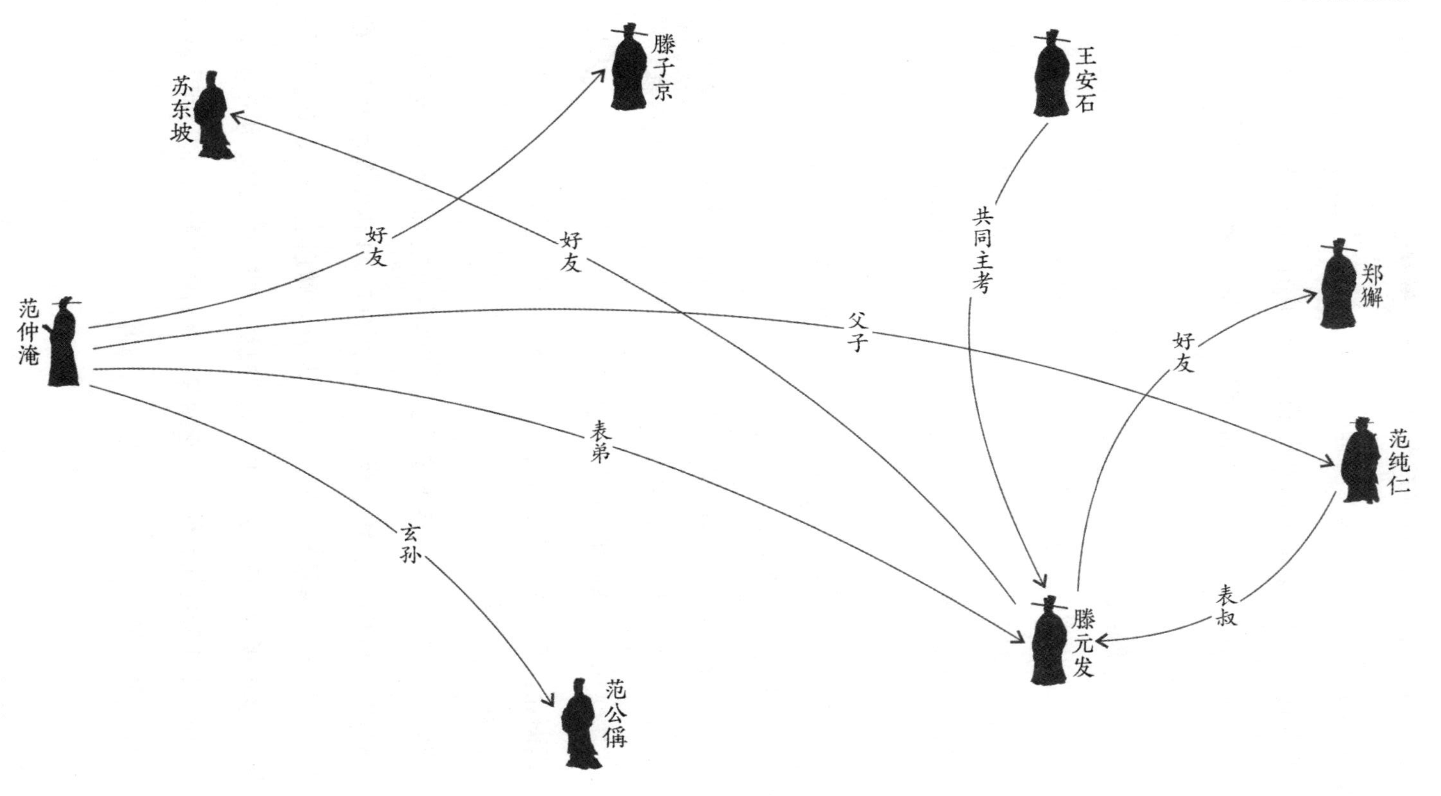

27岁那年，范仲淹如愿以偿考中进士。29岁那年，他被派到亳州（今安徽亳州）做官，将母亲接到了任上。

范仲淹文采出众，格局宏大，居官清廉，能力超群，无论文治还是武功，都极有建树，最后升任参知政事，相当于副宰相。

我们知道，宋朝是古代中国最为厚待士大夫的朝代，中高级官员的俸禄高到了惊人地步。拙著《历史课本闻不到的铜臭味》考证过，公元1045年范仲淹以“资政殿学士”出任“陕西四路宣抚使”兼“知邠州”时，把他的工资、禄米、衣赐、薪炭、贴职钱和职田的田租全部加起来，按购买力折成人民币，已经达到了年薪百万的水准。

但范仲淹始终保持节俭的习惯，《宋史·范仲淹传》说他“非宾客不重肉”，除非家里来了客人，否则餐桌上最多只有一道荤菜。他把俸禄节省出来，在苏州老家买了几千亩田地，供养族里的穷人，帮助没钱读书的范氏子孙读书应考，帮助没钱婚配的范氏子孙谈婚论嫁，这就是中国家族慈善史上赫赫有名的“范氏义庄”。对于族人之外的读书人，他也慷慨解囊。他的玄孙范公偁的《过庭录》中记载：“守陈，以己俸作布衾数十幅待寒士。”在陈州当官时，他用自己的俸禄做了几十条被子，送给当地的穷书生。

范仲淹还有一个表弟，家道中落，无力入学，也被范仲淹接到任上，与儿子们一起读书。

这位表弟本名滕甫，字元发。宋朝第七位皇帝宋哲宗在位时，太皇太后高滔滔垂帘听政，权势熏天。高太后的父亲名叫高甫，所以滕甫必须避高甫的名讳，就以字为名，改名滕元发，字达道。

我们查《苏东坡文集》，可以查到一篇苏东坡写给滕元发的《与滕达道第五十七简》，书信大意是说，苏东坡在山东登州做官，买到登州出产的几百只鲍鱼，寄给了滕元发。另外据宋朝皇族子弟赵令畤的《侯鲭录》

记载，苏东坡在镇江金山游玩时，滕元发“乘小舟破巨浪来相见”。这两条文献足以说明，滕元发跟苏东坡交情不浅。

多年后，滕元发去世，苏东坡撰写墓志铭，介绍了滕元发与范仲淹的关系：“范希文皇考，舅也。”范希文即范仲淹，皇考即父亲，范仲淹的父亲是滕元发的舅舅，所以滕元发是范仲淹的姑舅表弟。搞笑的是，很多学者读到这句古文，都会断错句，当成“范希文，皇考舅也”，误以为范仲淹是滕元发父亲（皇考）的舅舅，结果把辈分搞错至少两代。

这也难怪，范仲淹生于989年，滕元发生于1020年，两人辈分是相同的，年龄却差了一代人。南宋时期，范仲淹的玄孙范公偁在《过庭录》中写道：“（滕元发）视忠宣为叔，每恃才好胜，忠宣未尝与较。”“忠宣”是范仲淹的二儿子范纯仁，他与滕元发年龄相仿，两人一块儿玩，滕元发总是拿出表叔的派头，欺负范纯仁，而范纯仁忠厚老实，从来不跟这位小表叔计较。

范仲淹有四个儿子，都继承了范仲淹的勤俭门风，生活很节俭，学习很努力，待人接物很厚道。跟四个表侄相比，滕元发的表现就差远了，他寄人篱下，却心高气傲，既不听老师的管教，也不听范仲淹的管教。据《过庭录》记载，滕元发经常逃课，跑到外面骑马。有一回，他试图驯服一匹劣马，马一尥蹶子，把他摔了个大背跨，差点儿摔骨折。范仲淹狠狠训了他一顿，但他不听，顽劣如故。

《过庭录》上还说，滕元发爱打球，球是用木头刻成的，有小甜瓜大小，用一根曲棍去打，就跟打高尔夫似的。范仲淹见他天天打球，很生气，让他把球交出来，然后当着他的面，让手下人用铁锤把球砸碎。铁锤砸到球上，球没碎，从地上反弹起来，正打在范仲淹额头上。范仲淹抱着脑袋喊疼，滕元发站在旁边幸灾乐祸：“哼，真痛快！”范仲淹长叹一声，拿这小子没办法。

又据宋人笔记《梁溪漫志》记载，滕元发有一个很要好的玩伴，名叫郑獬。郑獬与滕元发臭味相投，滕元发爱吃肉，郑獬爱喝酒，两人凑到一起，大碗喝酒、大块吃肉，如同梁山好汉，江湖人称“滕屠郑沽”。他们曾经去寺庙里偷宰方丈的狗，被和尚们告到官府，差点儿挨板子。

另一部宋人笔记《避暑录话》记载，滕元发醉醺醺地从外面回来，瞧见范仲淹在读书，便作了一个揖，问道：“表哥读的是什么书？”范仲淹说：“《汉书》。”滕元发捋起袖子喊道：“《汉书》里有一个汉高祖，大字不识几个，却当了皇帝，你读书有啥用？”范仲淹张口结舌，答不上来，只能报以微笑，看着表弟大摇大摆地离开书房。这段故事说明滕元发反应敏捷，天资聪明，也说明他真的讨厌学习。

正因为讨厌学习，所以滕元发科举屡次失利：1045年考进士，落榜了；1049年再考，又落榜了。后来他得知比他小几岁的表侄范纯仁都中了进士，深受刺激，终于把精力用在读书上，在1053年中了进士。

中了进士，做了官，滕元发的本性仍然没变，骨子里还是那个放荡不羁的少年，在官场上屡出狂言。有一年，他和王安石共同主持科举考试，将一份他认为比较出色的考卷排在高等。王安石怀疑他徇私舞弊，收受了考生的贿赂。他气急，当场赌咒发誓：“苟有意卖公者，令甫老母下世！”[1]我要是徇私舞弊，就让我妈去死！那可是宋朝，是极为重视孝道的时代，拿母亲赌咒发誓，说好听点儿叫口不择言，说难听点儿就是大逆不道。王安石赶紧劝他：“公何不恺悌？凡事须权轻重，岂可以太夫人为咒也？”你怎能这样不孝呢？什么事都要权衡轻重，怎么能因为这一点点小事，就拿自己的亲娘起誓呢？你傻啊你！

幸亏滕元发是在北宋繁盛时期当的官，朝廷风气比较正，对士大夫比

[1] 魏泰《东轩笔录》，下同。

较宽容，无论是外圆内方的官员，还是剑拔弩张的书生，只要才能出众，都有机会发出耀眼的光芒。范仲淹外圆内方，成就非凡，而滕元发个性张扬，同样取得了不凡的成就，甚至还当上了开封知府。“三言二拍”里有一位擅长断案的“开封府滕大尹”，原型就是滕元发。

最后我想再补充一点。范仲淹写过一篇脍炙人口的《岳阳楼记》，开篇“滕子京谪守巴陵郡，越明年，政通人和，百废具兴”。这个“滕子京”，是范仲淹的同学滕宗谅，并不是范仲淹的表弟滕元发。

沈括陷害过苏东坡吗？

多年前，余秋雨写《苏东坡突围》，有过这么一段文字：

> 沈括，这位在中国古代科技史上占有不小地位的著名科学家，也因忌妒而陷害过苏东坡，用的手法仍然是检举揭发苏东坡诗中有讥讽政府的倾向。如果他与苏东坡是政敌，那倒也罢了，问题是他们曾是好朋友，他所检举揭发的诗句，正是苏东坡与他分别时手录近作送给他留作纪念的。这实在太不是味道了。历史学家们分析，这大概与皇帝在沈括面前说过苏东坡的好话有关，沈括心中产生了一种默默的对比，不想让苏东坡的文化地位高于自己。另一种可能是，他深知王安石与苏东坡政见不同，他投注投到了王安石一边。但王安石毕竟也是一个讲究人品的文化大师，重视过沈括，但最终却得出这是一个不可亲近的小人的结论。当然，在人格人品上的不可亲近，并不影响我们对沈括科学成就的肯定。

这段话大概意思是说，《梦溪笔谈》的作者、宋代博物学家沈括，因为与苏东坡不合，常怀报复之心，再加上他嫉妒苏东坡的才华与名气，所以恶意举报苏东坡写诗讽刺皇帝。然后呢？皇帝震怒，苏东坡被捕，一代文豪过上流放生活。

余秋雨的说法肯定不是毫无根据，但却违背历史，同时也不符合沈括的性格和人品。

我们先看余秋雨这种说法的出处。沈括陷害苏东坡的记载，出自宋朝史书《续资治通鉴长编》，而这段叙事的依据是一本目前已经散佚的私人笔记《元祐补录》。也就是说，《元祐补录》才是最原始的出处。但在引用过《元祐补录》之后，《续资治通鉴长编》的作者又补充道："此事附注，当考详，恐年月先后差池不合。"原文意思是说，《元祐补录》未必靠得住，还需要继续考证。

古人说要继续考证，却并没有继续考证，所以需要我们来完成这个考证工作。

《元祐补录》说，沈括奉旨巡察浙江，路过杭州，向时任杭州通判的苏东坡索要诗集，从诗集中找到"证据"，然后回京举报，使皇帝黜免苏东坡。实际上，沈括是在1073年巡察的浙江，而在此后几年内，苏东坡仕途一直很顺，不但没让皇帝不满，还从副市长（通判）升职为市长（知州）。由此可见，沈括要么没有陷害过苏东坡，要么就是他的陷害毫无杀伤力。

再看沈括的性格，他谨慎、怯懦，甚至还有点儿逆来顺受，绝对不是阴狠毒辣、背后下刀的人。

1073年，沈括巡察浙江之前，宋神宗曾经询问王安石："沈括这个人是否可信？"王安石夸沈括"谨密"——性格谨慎，做事缜密。在人浮于事、思想迂腐的大宋士大夫群体中，沈括确实是极其难得的技术官僚。他博学多才，聪明多智，为人谨慎，事事谋定而后行，既不保守，也不激进，王安石交办的所有工作，他都做得又快又好。

至于沈括的怯懦性格，从他饱受虐待却不敢还击的经历就能看出来。北宋地理学家朱彧在《萍洲可谈》一书中描述，沈括的续弦异常狠毒，不但打骂沈括，还将沈括前妻所生的儿子赶出家门，而沈括连给儿子送饭都不敢，只能请朋友偷偷接济儿子。朱彧是沈括的亲戚——朱彧的二姐嫁给了沈括的儿子沈清直，比较熟悉沈括的家事，所以这段记载应该是可信的。

沈括不仅在老婆面前逆来顺受，在上司面前也是俯首帖耳。王安石变法时期，沈括是得力干将，最初深受重用，但他并不赞成王安石的所有政策。首先，他反对在河北边境大栽桑树（王安石想用桑林阻挡敌骑奔袭），认为这些桑树会让宋军失去远射优势；其次，他反对让河北百姓饲养战马，认为不如训练弓箭；最后，他还反对王安石倡导的战车，认为那是不合时宜的春秋古法。不赞成归不赞成，沈括却从来不敢顶撞王安石。王安石让他复原战车，他就将全部精力都用在这项毫无意义的工作上，最终那些战车也没能派上用场。

除了屈从上司以外，沈括竟然还屈从下级。50 岁前后，沈括被派驻陕西，抵御西夏，以“经略安抚使”的身份统领西部文官武将和所有兵马。有一位文官叫徐禧，非要在一个不适合防守的地方修筑城堡。沈括当然反对，但因为徐禧是皇帝亲信，所以又不敢得罪，最后还是听从了对方的主张。还有一名武将叫种谔，与徐禧不合，既不愿在徐禧修筑的新城里驻扎，也不愿在徐禧危难时出兵救援。名义上，沈括是徐禧和种谔的上级，实际上他根本不敢指挥徐禧和种谔。

也许沈括以为，只要屈己从人，就能皆大欢喜。可惜事与愿违，他的好人主义换来了军事上和政治上的双重惨败。1082 年，徐禧筑造的永乐

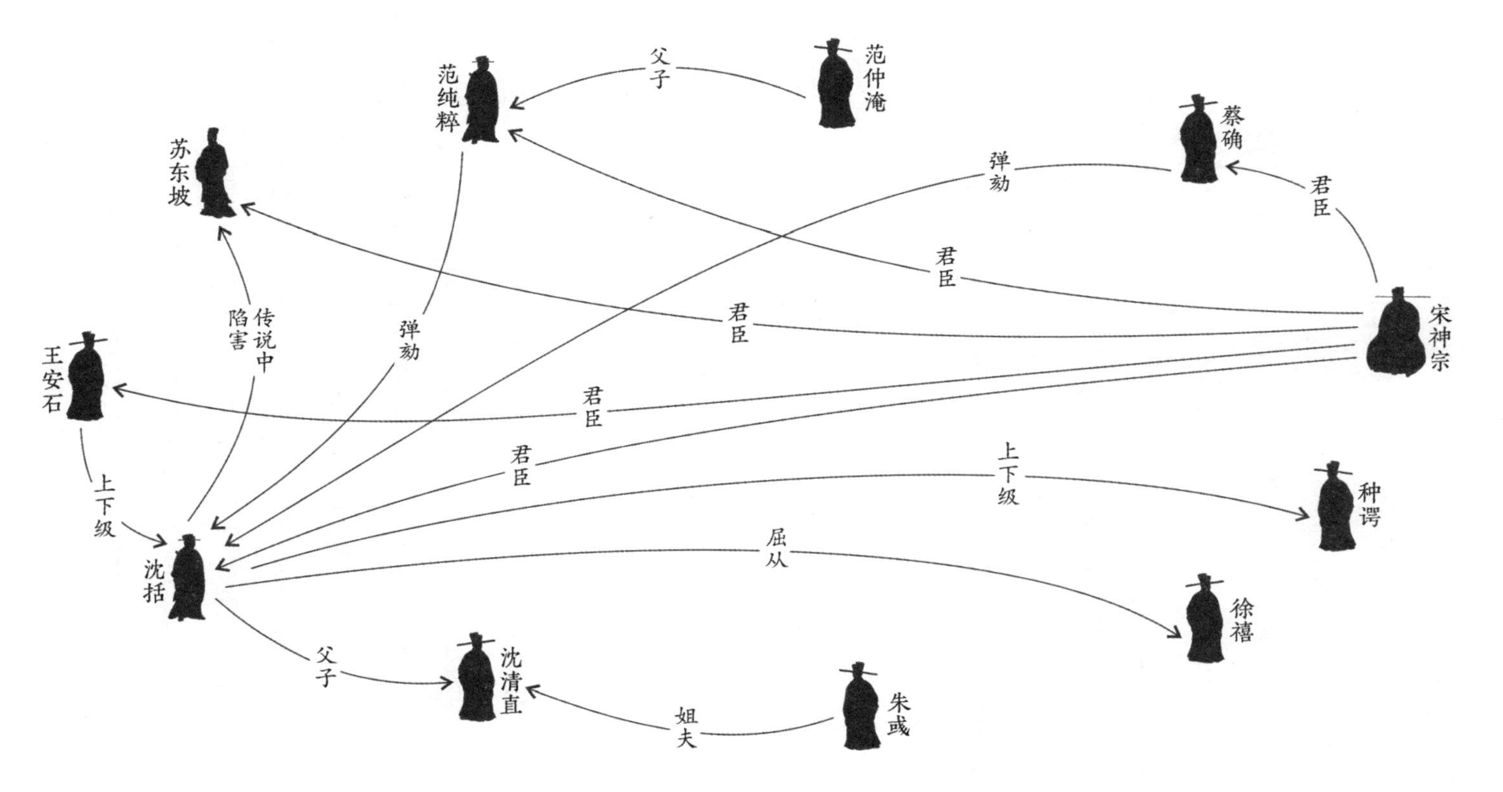
范纯粹
父子
范仲淹
蔡确
苏东坡
弹劾
君臣
君臣
君臣
宋神宗
传说中陷害
弹劾
王安石
君臣
君臣
上下级
上下级
种谔
沈括
屈从
徐禧
父子
沈清直
姐夫
朱彧

本节人物关系网

城被西夏攻破，二十万宋军惨遭覆灭，从此让大宋永远失去对西夏的军事优势。事后朝廷追责，将罪过都安在沈括头上。沈括本来是地方大员兼军区司令，结果被贬为八品闲官。

再看王安石那边，他对沈括的评价也有了 180 度的大转弯。最初，王安石夸奖沈括“谨密”，然而自从王安石第一次罢相以后，沈括在他眼里就成了“壬人”。“壬”是十二地支里的一支，代表水，壬人是像流水一样摇摆不定的小人。沈括懂水利，知民情，思想相对开通，是变法的得力助手，为什么会被王安石当成小人呢？因为王安石罢相之后，沈括公开上奏，请皇帝停止那些并不合理的改革。等到王安石复出，沈括又马上闭嘴。王安石性格强硬霸道，怎么能容忍沈括这种墙头草呢？

王安石不能容忍沈括，许多大臣也对沈括激烈批判，其中既有反对变法的保守派，也有支持变法的新党。有一个变法派大臣，名叫蔡确，让宋神宗远离沈括。范仲淹的儿子范纯粹一向反对变法，更是劝宋神宗砍掉沈括的脑袋，理由是大宋和西夏本无战争，沈括这种小人非要开战，才给国家惹来兵祸。其实范纯粹完全是睁眼说瞎话，宋夏之间战事不断，对西夏开战是宋神宗的主张，仅仅因为战败，沈括才当了替罪羊。

沈括为何会同时受到保守派和变法派的攻击呢？其实与变法关系不大，两派一起出动，几乎都是在攻击沈括的人品——墙头草，顺风倒，王安石在位时不敢说话，王安石下了台才提意见。这也是北宋中后期士大夫群体独有的一种非常奇怪的道德评判标准：你没跟我站在一队，我说你是小人；你最初在另一队，后来站在我这队，我还说你是小人。沈括相对务实，不愿一直站在王安石那边，结果就成了双方都批判的小人。

现在回过头来，再看沈括陷害苏东坡那个传闻。

如前所述，该传闻的原始出处是《元祐补录》，此书大概写于南宋前期，距离沈括去世已有小半个世纪。在南宋前期，王安石被主流舆论评为奸臣，沈括更是奸臣麾下的小人。《元祐补录》的作者在讲完沈括陷害苏东坡的故事以后，又意犹未尽地追加一句："轼知杭州，括闲废在润，往来迎谒恭甚，轼益薄其为人。"苏东坡主政杭州，沈括闲居润州（今镇江），沈括拍苏东坡马屁，更加受到苏东坡的鄙视。事实上，苏东坡主政杭州时，沈括早就搬到了秀州（今浙江嘉兴），说沈括从润州跑到杭州去拍马屁，那只是所谓"君子"们对"小人"的想象而已。几百年前的古人头脑冬烘，逻辑混乱，容易将臆想当作史实；而我们生活在科学昌明、重视证据和考据的现代，就没必要再犯同样的毛病了。

苏东坡的弟弟苏辙是『兄控』吗？

网上很多文章在谈苏东坡和弟弟苏辙的关系，有的猛夸苏辙是“大宋第一暖男”，有的说苏辙不惜向皇帝交还官位来给苏东坡赎罪，后来为了拯救哥哥才一路做到宰相，还拿出巨款为哥哥还房贷，处处以兄长为先，颇有“兄控”情结……

在真实历史上，苏辙对苏轼确实很好，但要说他为哥哥还房贷、为了哥哥才去当宰相，那就太扯了。

我们先简单聊聊苏轼和苏辙的前半生。

唐宋八大家，苏家占了仨：苏洵、苏轼、苏辙。其中苏洵是老爸，苏轼是大哥，苏辙是小弟，关于这一点，人所共知。苏洵总共生了仨儿子，大儿子名叫苏景先，在苏轼 3 岁（虚岁）那年不幸夭折了。照这个排行，苏轼是老二，苏辙应该算老三。

苏轼和苏辙同父，但未必同母，因为老爸苏洵娶了一妻二妾，妻子姓程，两个小妾分别姓杨和任。程氏生了苏轼，史有明载。但苏辙是谁生的呢？可能是程氏生的，也可能是杨氏或者任氏生的。

据传苏轼还有个妹妹，人称“苏小妹”，嫁给了苏轼的得意门生秦少游。其实苏轼根本没有妹妹，只有一个姐姐，在眉山苏氏大家族中排行第八，人称“苏八娘”。苏八娘嫁到眉山官宦之家，20 岁左右被虐待至死，所以当苏轼哥儿俩做官以后，很长时间都不跟姐姐的婆家人来往。

苏轼和苏辙在同一年结婚，那年苏轼 19 岁，苏辙才 16 岁。[1] 婚后第二年，哥儿俩就跟随父亲苏洵进京考进士。苏轼和苏辙同时考中，但苏洵却落榜了。考中进士后，哥儿俩又参加国家公务员选拔考试（“铨试”），都没能通过。直到 1061 年，哥儿俩再次进京，终于在最高级别的选官考试（“制举”）中取得优异成绩。当时苏轼 26 岁，苏辙 23 岁。

1062 年，苏轼正式进入官场，被派往陕西做官，而苏辙则谢绝了朝廷的派遣，留在京城开封侍奉苏洵。苏轼在凤翔府（今陕西宝鸡一带）当了三年“签判”（全称“签书判官厅公事”，相当于市政府秘书长），苏辙则在开封侍奉了三年老爸。也就是说，为了向父亲尽孝，同时也为了让哥哥安心工作，苏辙放弃了早早做官的机会。用儒家伦理讲，苏辙同时做到了“孝”和“悌”，堪称道德标杆。

1065 年，苏轼从陕西回到开封，改做京官。眼见哥哥回京，父亲有人侍奉了，苏辙才前往河北大名府担任“推官”（相当于市政府副秘书长），那是他在官场的第一份工作。

但苏辙到大名府刚一年，父亲就去世了，苏辙和苏轼扶柩还乡，丁忧守制，直到 1069 年才再次进京。进京后，苏轼在开封府做“推官”，苏辙被派往陈州（今河南周口）做“教授”（相当于市教育局局长）。此后

---

[1] 按照属相，苏轼比苏辙大 3 岁；按照周岁，苏轼比苏辙大 2 岁多。按照农历，苏轼生于 1036 年底，苏辙生于 1039 年初；按照公历，苏轼生于 1037 年初，苏辙生于 1039 年春。一些著作说苏辙比苏轼小 3 岁，这是根据农历或属相；另一些著作认为苏辙比苏轼小 2 岁，则是根据公历或周岁。本书采用三苏研究权威孔凡礼先生的说法。

本节人物关系网

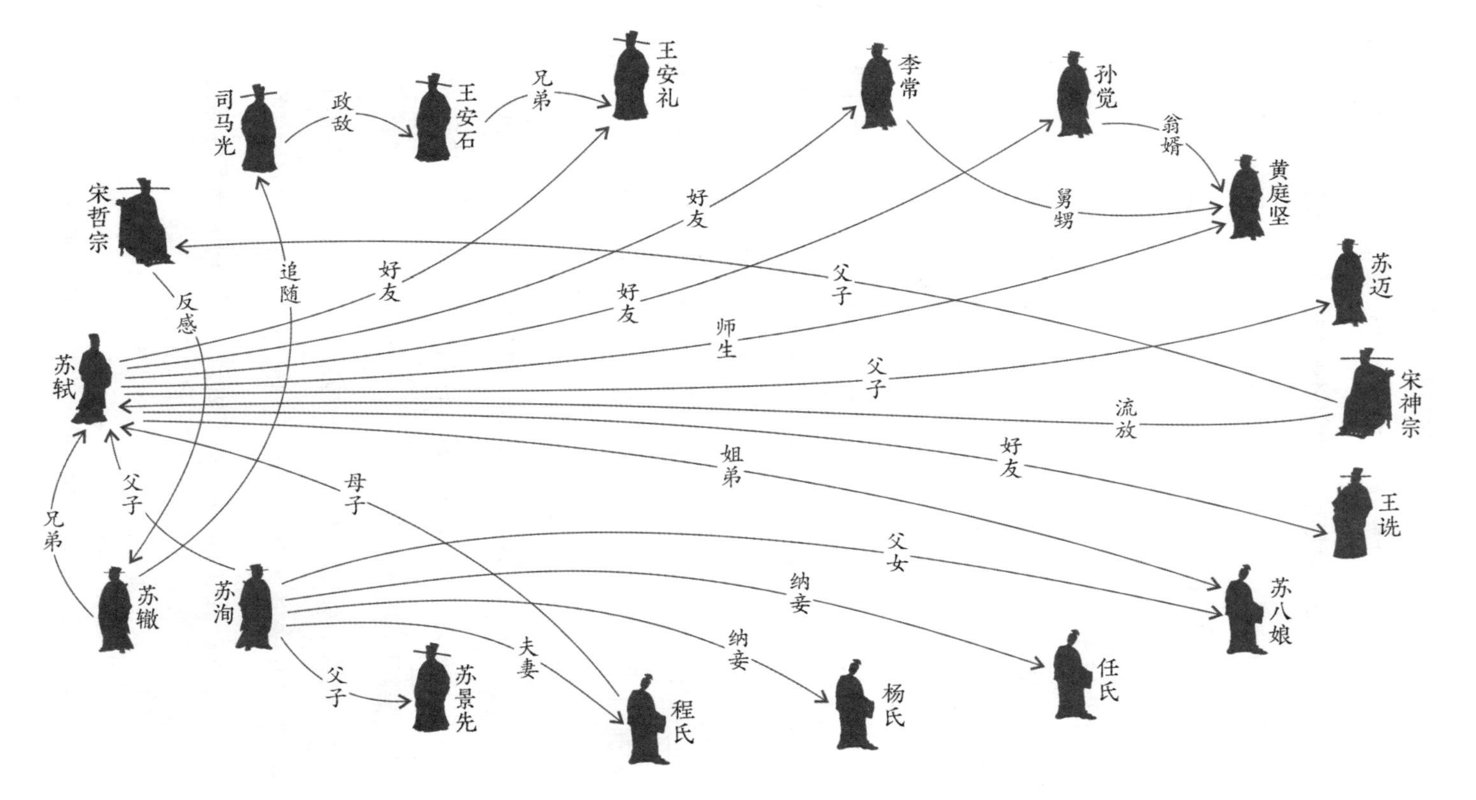

司马光
政敌
王安石
兄弟
王安礼
李常
孙觉
翁婿
黄庭坚
宋哲宗
舅甥
好友
苏迈
追随
好友
父子
反感
好友
师生
苏轼
父子
宋神宗
流放
好友
姐弟
母子
父子
王诜
兄弟
父女
纳妾
苏辙
苏洵
苏八娘
纳妾
夫妻
任氏
父子
苏景先
程氏
杨氏

十年里，苏轼仕途都很顺利，从推官升通判（相当于副市长），从通判升知州（相当于市长），在各地岗位上不断升迁。苏辙呢？一直当副职，不过官衔也在缓慢晋升。

但是到了 1079 年，苏轼在浙江湖州当知州的时候，出大事了，著名的“乌台诗案”来了。

关于乌台诗案的前因后果，各种论述车载斗量，无须本书啰唆，我们只需要看看苏辙在此案中的表现。

案发之时，远在湖州的苏轼毫不知情，而正在南京应天府（今河南商丘）做签判的苏辙因为离开封很近，收到好友王诜王驸马的书信后，赶紧派仆人骑快马飞奔湖州。遗憾的是，那个仆人半道上耽搁了，让抓捕苏轼的钦差赶到了头里。当然，就算仆人能提前赶到湖州，也不可能扭转案情，但至少可以让苏轼有一个思想准备。

1079 年八月十八，苏轼被押解到开封，当天深夜下了大狱。苏辙先托京城友人打探案情，然后向皇帝宋神宗上书求情。这篇文章叫作《为兄轼下狱上书》，全文有几百字，我们只摘录其中最关键的几句：

“臣早失怙恃，惟兄轼一人，相须为命，今者窃闻其得罪逮捕赴狱，举家惊号。”微臣早年丧父，与兄长苏轼相依为命，如今得知他被捕入狱，全家惊恐，痛哭失声。

“轼居家在官，无大过恶，惟是赋性愚直，好谈古今得失。”我哥苏轼本质并不坏，仅仅是天性耿直，爱发议论，被人抓住了把柄。

“臣欲乞纳在身官，以赎兄轼，非敢望末减其罪，但得免下狱死为幸。”微臣愿意将所有官职还给朝廷，只求陛下开恩，不敢奢望您免去他的罪过，但求您能饶他一死。

苏辙与苏轼的兄弟感情向来深厚，这篇文章发于肺腑，绝无水分。

宋人笔记《萍洲可谈》记载，苏轼被捕，惊慌失措，妻儿在后面大哭跟随，走到湖州西门时，苏轼朝天高喊："子由，以妻子累尔！"意思是希望远方的苏辙能听见，自己生死未卜，只能将老婆孩子托付给苏辙了。

另一部宋人笔记《避暑录话》记载，苏轼入狱，未知生死，让大儿子苏迈探听案情，如果听到宣判死刑的噩耗，就送一条鱼到狱中。哪知一个月以后，苏迈离京借钱，请亲戚代送牢饭，亲戚误送腌鱼。苏轼见鱼大惊，写绝命诗寄给苏辙："圣主如天万物春，小臣愚暗自亡身。百年未满先偿债，十口无归更累人。是处青山可埋骨，他年夜雨独伤神。与君世世为兄弟，又结来生未了因。"诗意很明确，先说将家属托付给苏辙，又说希望来生还能跟苏辙做兄弟。

常有学者以"宋朝不杀士大夫"为理由，怀疑以上两段记载的真实性。其实，宋朝皇帝从来没有"不杀士大夫"这条祖训。再翻开《宋史》，宋神宗曾将文官李逢凌迟，宋哲宗曾将王安石的外孙吴侔凌迟，宋钦宗杀死了蔡京的儿子蔡攸，宋高宗砍了太学生陈东的头，又将"篡位"的大臣张邦昌赐死。到南宋中叶，更有宰相韩侂胄、大臣苏师旦、状元华岳等人被杀……所以在乌台诗案里，只要皇帝真的动怒，苏东坡绝对难逃一死。

苏东坡怕死吗？那是肯定的。趋利避害是人之本能，喜生畏死是人之天性，苏东坡也不例外。而在小命难保之时，苏东坡第一个想到的总是苏辙。

必须说明的是，宁可罢官也要为苏轼求情的人还有很多，我可以列出一个长长的名单，其中包括驸马王诜、苏辙的上司张方平、苏轼的同乡范镇、苏轼的同年进士章惇、苏轼的学生黄庭坚、黄庭坚的舅舅李常、黄庭坚的岳父孙觉、王安石的弟弟王安礼等。这些人都是官员，有的还是高官。后来苏东坡出狱，流放黄州，这些求情者也都受到牵连，有的被罢官，有的被降级，有的被罚款。

相比较哥儿俩的性格，苏东坡更加直率，更加幽默，更喜欢被人开玩笑，所以树敌较多。苏辙呢？少年老成，城府较深，所以在后半生升官更快。

宋哲宗在位时，奶奶高太后垂帘听政，苏轼兄弟都得到重用。苏轼从杭州知州升礼部侍郎，又从礼部侍郎升礼部尚书。苏辙从户部侍郎升御史中丞，又从御史中丞升尚书右丞。宋朝搞的是群相制度，朝堂上一群宰相，其中“尚书右丞”只比“尚书左丞”低半级，相当于副宰相。到这时候，苏辙的官位已经比苏轼高了。

苏辙为什么能做更大的官呢？因为那时候国家的实际领导人并非宋哲宗，而是高太后。高太后非常谨慎，所以更喜欢生性谨慎的苏辙。

但苏辙有时候又太谨慎了，简直到了欠揍的地步。举一个典型的例子：1091 年六月，西夏十万大军入侵陕西，屠戮军民万余人。高太后召集群臣商讨对策，另外几个宰相都主张出兵反击，苏辙却极力反对。

苏辙说：“凡欲用兵，先论理之曲直。我若不直，则兵决不当用。”出兵先看占不占理，如果我方不占理，坚决不能出兵。

苏辙又说：“夏人引兵十万，直压熙河境上，不于他处作过，专于所争处杀人，此意可见。此非西人之非，皆朝廷不直之故。”西夏干吗出兵十万来打我们？因为我们对不起西夏。

苏辙还说：“边臣贪功生事，不足以示威，徒足以败坏疆议，理须戒敕。”边疆守将跟西夏交战，属于贪功生事，于我大宋不利，朝廷应该申斥守将。

其实西夏一直在攻打北宋边疆，王安石变法时期北宋成功反击，夺回失地，还修筑了许多堡垒。司马光一执政，不仅将那些土地拱手送给西夏，还拆除了绝大部分堡垒。作为司马光的追随者，苏辙继续实行绥靖政策，处处对西夏退让。他真实的想法其实是：西夏可以不遵守约定，我们大宋不能不遵守，因为一打仗就没好果子吃。“兵起之后，兵连祸结，三五年不得休，将奈何？”[1] 假如我们穿越到宋朝，给苏辙解释“和平是打出来的，不是求出来的”这个道理，他不但听不进去，还会骂我们“贪功生事”。

等到高太后薨逝，宋哲宗亲政，苏辙的相权很快就被剥夺。为什么呢？不仅是因为宋哲宗想要改换朝臣班底，也是因为少年皇帝年轻气盛，早就对苏辙软弱无能的绥靖外交政策反感透顶了。

假如抛开军国大事不谈的话，苏辙倒显得亲切可爱，像个真正的暖男。

苏辙有几首诗提到买房的事，其中一首五言诗的开头是：“我老无定居，投老旋求宅。”另一首五言诗的开头是：“我老未有宅，诸子以为言。”还有一首七言诗：“我年七十无住宅，斤斧登登乱朝夕。”诗意都差不多，都是说自己到晚年还没有房子。

其实苏辙早年在开封是有房子的，那是父亲苏洵买的，位于开封内城西门宜秋门（俗称“老郑门”）附近，取名“宜秋园”，又叫“南园”。苏洵一辈子没考中进士，晚年靠欧阳修举荐才当上九品小官，俸禄极低，根本付不起房款，还向同乡大臣范镇借了很多钱。这笔债由谁来还呢？主要由苏东坡偿还。苏东坡做官早，前半生的官位也比苏辙高，有能力替父亲还债。

乌台诗案之后，苏轼和苏辙先后被贬，不在京师居住，于是托人卖掉了宜秋园。此后苏轼在黄州建造“雪堂”，苏辙在筠州建造“东轩”，都属于自建房。后来宋哲宗即位，二人回京，苏轼在常州宜兴买下一座农庄，苏辙仍旧没有买房，却在开封城郊买了几百亩农田，租给佃户耕种。

苏辙买房是在 70 岁那年，地点是在今河南许昌，买了一座破旧的大院子，屋子将近百间，被苏辙扩建到百余间。那是苏辙第一次买房，也是最后一次。苏辙官至宰相，俸禄极其优厚，为何到 70 岁才买房？倒不是

---

[1] 苏辙《颍滨遗老传》。

他不想买，而是因为他开销太大了。

千万不要相信那些信口雌黄的网文，说苏辙将全部积蓄都拿来帮哥哥。从哥儿俩现存的信札来看，苏轼在经济上帮助苏辙的次数倒更多一些，因为苏辙的女儿很多。

苏辙总共生了七个女儿，其中两个夭折。为了让五个女儿嫁得风光一些，苏辙几乎花光了毕生积蓄。据苏辙的孙子苏籀在《栾城遗言》一书中的记载，仅仅是第五个女儿出嫁，苏辙就卖掉了开封城郊的几百亩地，换来 9400 贯铜钱，全部做了嫁妆。按照购买力换算，这 9400 贯铜钱相当于现在的人民币 750 万元！

为了嫁闺女，竟然卖地卖房甚至还要借债，现代人听了可能会感到稀奇，其实在宋朝不足为奇。宋朝家训经典《世范》写道：“当早为储蓄衣衾、妆奁之具，及至遣嫁，乃不费力。若置而不问，但称临时，此有何术？不过临时鬻田庐。”生了女儿就要早早地准备嫁妆，假如等到出嫁时才去准备，怎么来得及呢？恐怕只能卖房子卖地了。

宋朝盛行厚嫁之风，南宋初年跟随宋高宗南渡的大臣李光生了个女儿，朋友写信祝贺，李光回信道：“家有五女，贼盗不过其门。”你们就别祝贺了，我发愁还来不及呢！没听俗话说吗？谁家要是生了五个女儿，连小偷都不屑于光顾他们家。而苏辙刚好有五个女儿存活，所以苏轼在写给同学章惇的一封信里感叹：“子由有五女，负债如山积。”我弟弟苏辙不幸生下五个女儿，欠下一屁股巨债。

那么好，答案来了：苏辙做那么大的官，为何买房那么晚？是因为帮哥哥还债吗？错，是因为嫁女儿把钱花光了。

苏辙的孙子为何要捧秦桧？

历史上有些人物，自己爱惜羽毛，从不为非作歹，品格高尚，受人敬仰，但他们的子孙未必都是好人。

就拿陆游的儿子陆子遹来说吧，此人献媚权贵，欺压百姓，几乎将治下农民逼上梁山，是伟人后代未必伟大的典型。

陆游总共生了七个儿子：大儿子陆子虡，二儿子陆子龙，三儿子陆子修，四儿子陆子坦，五儿子陆子约，六儿子陆子布，七儿子陆子遹。

可能是人之常情，年龄越小的孩子，越容易受到父母宠爱，七个儿子当中，最小的陆子遹最得陆游欢心。陆游有一首《冬夜读书示子遹》："古人学问无遗力，少壮工夫老始成。纸上得来终觉浅，绝知此事要躬行。"很明显，这首诗表达了陆游对陆子遹的厚望，希望陆子遹既多读书，又多实践，读万卷书，行万里路。陆游还写过一篇《跋为子遹书诗卷后》："此儿近者时时出所作，皆大进，论建安黄初以来至元和以后诗人，皆有本末，历历可听，吾每为汗出。"子遹这小子，近来学问大有长进，谈论魏晋及汉唐诗人，字字有来历，句句有出处，把我这个当爹的听得一身冷汗，感叹后生可畏。陆游晚年整理诗稿，陆子遹出力最多，提出许多精彩建议，所以陆游常常对人说："季子能传吾衣钵矣！"我的小儿子能够继承我的衣钵了！

陆游万万没有料到，他最钟爱最看好的小儿子陆子遹，并没有继承他的衣钵，反倒成了人品卑劣、手段毒辣的贪官。

南宋笔记《吹剑后录》记载，宋理宗绍定年间（1228—1233），陆子遹在江苏溧水当县令，征收农田六千多亩，将这批土地献给了著名奸相史弥远。史弥远不好意思白要，便"以十千一亩酬之"，即按照每亩万文的价格支付给陆子遹买地钱。陆子遹呢？"追田主，索田契，约以一千二亩。"给农民支付补偿款的时候，却降到了五百文一亩！农民会答应吗？当然不答应，"相率投词相府"，他们集体去宰相那里告状。

宰相是谁？史弥远啊！就是他从陆子遹手中买了地，岂能不照顾陆子遹？史弥远将告状的农民骗回去，随即给陆子遹写了信。陆子遹大发雷霆，"会合巡尉，持兵追捕，焚其室庐，众遂群起抵拒，杀伤数十人。……悉填囹圄，灌以尿粪，逼写献契，而一金不酬"。派兵抓捕告状者，烧了他们的房子，杀伤几十人，将余党关进大牢，用粪尿灌他们，强迫这些老百姓写下自愿上交土地的保证书，最后一分钱也没补偿他们。

陆子遹的恶行传播出去，严重激发了官民矛盾，溧水百姓"家家门首列置枪刀"，摆出一副武力暴动的架势。南宋词人刘宰气得大骂陆子遹："寄语金渊陆大夫，归田相府意何如？加兵杀戮非仁矣，纵火焚烧岂义欤？万口衔冤皆怨汝，千金酬价信欺予。放翁自有闲田地，何不归家理故书？"你陆子遹抓捕百姓，残杀无辜，搞得官逼民反，人人心里都痛骂你。你老爸陆游那么好的名声，全让你这个不肖之子给败坏了，你要是还有那么一点儿羞耻之心，就赶紧主动辞职，回家再读几年书吧！

我必须说明，陆子遹在溧水胡作非为的时候，陆游已经去世几十年了。换言之，陆游并不知道他最钟爱的这个小儿子竟能坏到如此地步。如果陆游活着，一定会被气死。

说完陆游的不肖子孙，我再说说苏辙的不肖子孙。

苏辙有三个儿子、十几个孙子，其中一个孙子名叫苏籀。从 14 岁起到 23 岁，苏籀一直待在苏辙身边，由苏辙手把手地传授文化知识和诗词格律。可以说，苏辙培养时间最长、下功夫最深，在经史方面最有心得的孙子，就是苏籀。

苏籀著有《栾城遗言》，主要记载苏辙晚年的言行。该书记载："公令籀作诗文，五六年后，忽谓籀曰：'汝学来学去，透漏矣。'"苏辙让苏籀学习诗文，学了五六年，有一天对苏籀说："嗯，不错，你小子学出门道了。"该书还记载："公每语籀曰：'闻吾语，当记之勿忘，吾死，无人为汝言此矣。'"苏辙常常叮嘱苏籀："平常听见爷爷说什么话，就记下来，别当耳旁风，爷爷将来死了，就没人再给你说这些话了。"你看，就像陆游对儿子陆子遹寄予厚望一样，苏辙也对孙子苏籀寄予厚望。

苏籀不是进士，估计也没有考过进士。如果他是平民子弟，只能一辈子在豫南务农[1]。但他是苏辙的孙子，而苏辙当过大官，所以在苏辙死后，他有机会得到恩荫，进入官场。1114 年，宋徽宗给苏辙的子孙发放乌纱帽，苏籀去河南三门峡（时称陕州）当了一个小官。几年后，因为父母去世，苏籀离开官场，去许昌守孝。1126 年，金兵过河，中原沦陷，苏籀去湖北、湖南一带逃难。南宋初年，由于金兵不断南侵，两湖地区保不住，苏籀又先后逃到浙江和福建。

苏籀幼承祖训，既有爱国热情，也有满腹诗书，在逃难期间，他写过

[1] 北宋灭亡之前，苏东坡与苏辙的子孙长期在今豫南地区的许昌和平顶山定居。

宋徽宗
父子
宋高宗
曾孙
宋宁宗
宠信
秦桧
吹捧
苏籀
祖孙
苏辙
宠信
史弥远
陆游
父子
陆子虡
父子
陆子龙
父子
陆子修
父子
陆子坦
父子
陆子约
父子
陆子布
父子
陆子遹
贿赂

本节人物关系网

许多苍茫豪迈的长诗，也给南宋流亡小朝廷上过书。那时候他是主战派，力劝宋高宗和相臣们厉兵秣马，积累实力，痛击金兵，收复中原。他给朝廷提过很靠谱的建议，其中包括提高武将地位、取消对武将的猜忌、让武将拥有真正的指挥权。他甚至还在诗里表达过亲自上战场的渴望。

但他很快就变了。1138 年左右，秦桧二次拜相，苏籀给秦桧上书，投秦桧之所好，大谈对金国求和的伟大意义："易战争为誓盟，变甲胄为皮币，改冤仇忾恨为恩惠，我之所得如此，复何求焉？……夫战，不得已之举也；和，名教之所许也。方且郊馆劳犒，赠贿异礼，费虽千金，不逾于弃军屠城之衅乎？"[1] 放弃战争，换来友睦，卖掉铠甲，赈济百姓，放下两国冤仇，由我大宋恩赏女真，如果能换来这一局面，我们还有什么要求呢？战争，是不得已的；求和，是儒家道义所允许的。将大量钱财花在和平上，不比我军苦于征战、我民惨遭屠城之难更划算吗？

半年后，苏籀再次给秦桧上书，这回直接拍马屁，先把秦桧比成周公和魏征，然后又夸秦桧："不受其名，不居其勋，此大贤高致，世俗固不识也。"[2]您为国家做出巨大贡献，却不愿意出名，不接受封赏，始终保持着高尚的操守和低调的本色，世俗之人怎么能认识到您的伟大呢？最后苏籀再次建议求和，并且希望秦桧能开恩召见自己："仆之肤受末学，过计私虑，何补千算？其幼闻长者骨髓之论，拳拳不能置也。归耕其分矣，再伏光范之门，尚幸一见。"[3]所有国家大事都在您谋划之中，小的才疏学浅，思考一万年也比不上您思考一瞬间，本来不该在您面前多嘴。可是小的自幼接受祖父和父亲之教诲，明白国家兴亡，匹夫有责的道理，实在是按捺不住这一片报国之心啊！小的无德无能，应该回家务

[1] 苏籀《双溪集》卷 8《上秦丞相第一书》。

[2] 苏籀《双溪集》卷 8《上秦丞相第二书》。

[3] 同上。

农，可是临走之前，希望能到您府上拜访一次，不知道您能不能满足小的这一点点愿望呢？

我在想，假如苏辙地下有知，见孙子如此无耻地对一个大奸臣摇尾乞怜，会不会气得活过来呢？

本节讲了两个不肖子孙的故事，只想证明两条道理：第一，文采好的人，人品未必同样好；第二，精英家庭培养出来的孩子，不一定都是好孩子。

黄庭坚的朋友圈（上）

宋朝有一个法号惠洪的和尚，写了一部笔记体专著《冷斋夜话》，开篇讲了这么一个故事。

北宋末年，某书生雇了一艘小船，搭船渡江。船到江心，突然刮来一阵飓风，刹那间波涛汹涌，巨浪滔天。

眼看小船就要被掀翻，船家连滚带爬冲进舱底，摸出几只火腿，噗通噗通扔进了水里。

书生躲在舱底，正吓得面无人色，见船家扔火腿，忍不住喊道："船……船家……你……你怎么扔……扔了？"

船家答道："无缘无故起这场风浪，准是江神发脾气，咱得送他老人家一些好吃的。您瞧，风浪是不是小了一些？"

果然，风不像刚才那么猛，浪也不像刚才那么大了。但是江面仍然翻腾得像一大锅滚水，几尺高的波涛仍然把小船颠成了过山车。

"这……这不顶用啊！"书生说。

这时船家也躲到了舱里，他挠了挠头，红着脸说：“可能江神嫌我们送的礼物太单薄。相公，您有没有什么值钱的东西？要是有的话，就送给江神他老人家吧！破财免灾，破财免灾！”

那书生从腰间解下一块玉佩，双手交给船家，让他扔到了水里。

“不行啊相公，江神还在发火呢！”

书生又从包袱里摸出一块砚台，也扔到了水里。

“不行，还是不行。”

书生似乎明白了，自言自语：“我有一把扇子，扇面上有黄庭坚的题字，莫非江神想要的就是这幅扇面儿？嗯，十有八九是这样。”他从怀里取出那把扇子，恭恭敬敬地展开，看了又看，爱不释手。扇面儿题着一首唐诗：

独怜幽草涧边生，上有黄鹂深树鸣。

春潮带雨晚来急，野渡无人舟自横。

落款：黄庭坚，某年某月某日书。

书生长叹一声，双手捧扇，让船家扶着，跪在舱底磕了几个头，然后将扇子扔进大江。

扇子刚入江水，风就停了，浪就平了。船家大喜，先给江神磕头，又给书生磕头，然后摇起橹来，船平平安安抵达了对岸。

故事讲完了，我们来分析一下其中寓意。

世上有没有江神？肯定没有。这个故事是不是真实发生过？估计也不是。《冷斋夜话》的作者惠洪和尚为何要写一件没发生过的事呢？目的很明显，他想通过这样一个故事，来证明黄庭坚的书法有多么宝贵和多么受欢迎。

本节人物关系网

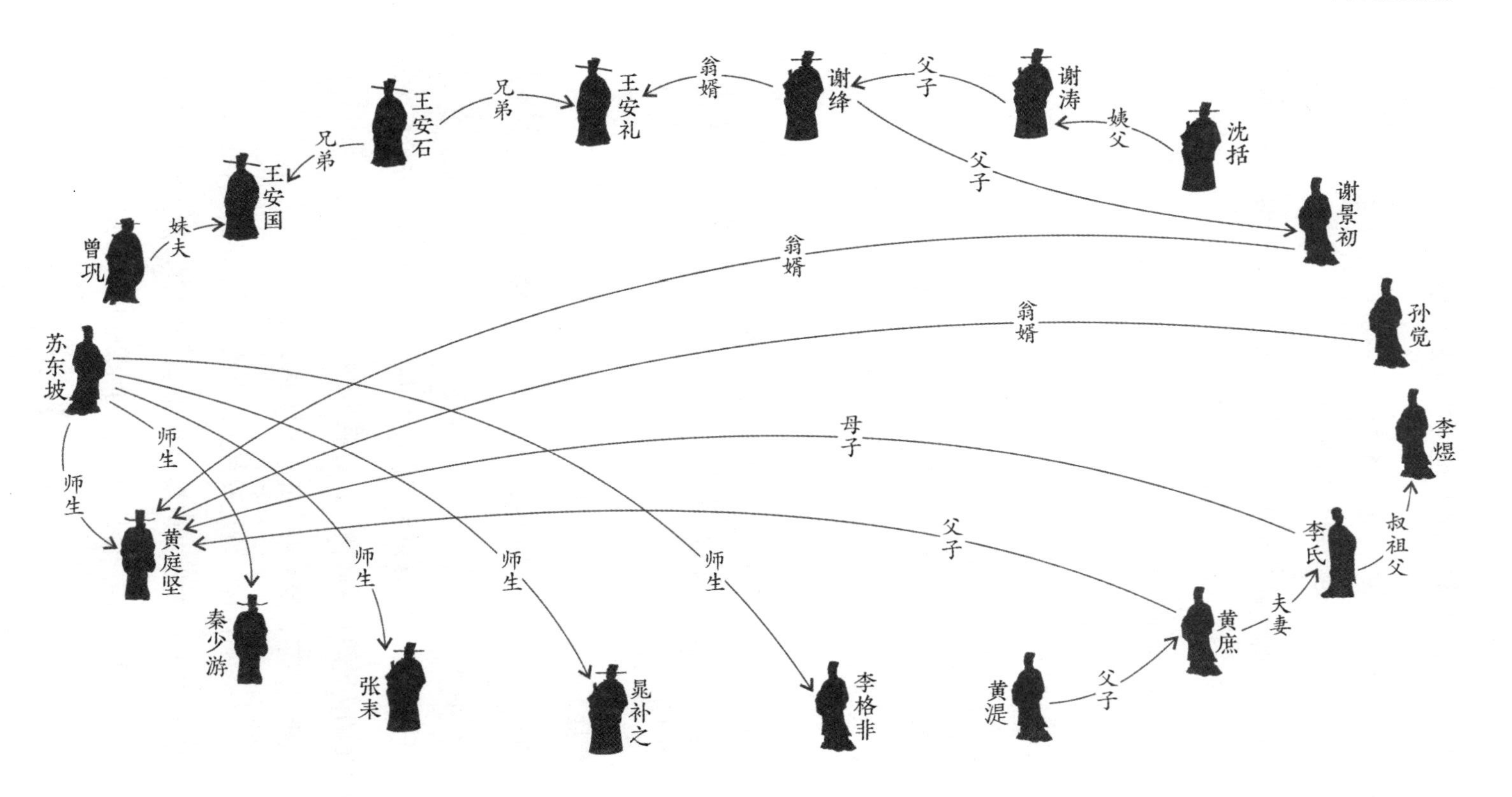
曾巩
妹夫
王安国
兄弟
王安石
兄弟
王安礼
翁婿
谢绛
父子
谢涛
姨父
沈括
父子
谢景初
翁婿
孙觉
翁婿
李煜
母子
李氏
叔祖父
夫妻
黄庶
父子
黄湜
父子
苏东坡
师生
黄庭坚
师生
秦少游
师生
张耒
师生
晁补之
师生
李格非

您想啊，江神发飙，索要买路钱，给火腿没用，给玉佩没用，给砚台没用，最后给了一把扇子，江神马上放行。那把扇子并不宝贵，只因为有黄庭坚的题字，所以才变得宝贵。连法力高强的江神都贪求黄庭坚的书法，世人岂不是更加贪求呢？

黄庭坚是谁？他是宋朝著名的文学家和书法家，生活在北宋后期，跟李清照的父亲李格非是同一时代的人，字鲁直，号“山谷道人”。

从年龄上说，黄庭坚比范仲淹小 56 岁，比欧阳修小 38 岁，比王安石小 24 岁，比曾巩小 26 岁，比苏东坡小 9 岁。

从籍贯上说，黄庭坚是王安石的同乡，也是曾巩的同乡，还是文天祥的同乡。王安石是江西临川人，曾巩是江西南丰人，文天祥是江西吉安人，而黄庭坚则是江西修水人。

从关系上说，黄庭坚是苏东坡的学生。北宋后期有“苏门四学士”的说法，指的就是宋哲宗在位时，拜在苏东坡门下的四个文官，他们分别是秦少游、晁补之、张耒、黄庭坚。到了北宋末年，又有“苏门后四学士”的说法，指的是拜在苏东坡门下的另外四个文官，包括廖正一、李格非、李禧、董荣。跟苏门四学士相比，后四学士名气较小，我们所熟悉的可能只有李格非，也就是李清照的父亲。

苏门四学士也好，苏门后四学士也罢，他们向苏东坡学习的主要是古文。宋朝人说的“古文”，近似于现代人说的“散文”。这种文体不追求押韵，不注重对仗，结构自然，表达自由，说理透彻，叙事生动，从记录历史和传播思想的角度来讲，它比对仗工整、辞藻华丽的汉赋要实用得多。该文体由唐朝的韩愈倡导，被宋朝的欧阳修接棒，在苏东坡手中大放异彩。

但是平心而论，黄庭坚的古文并不怎么样。苏东坡写古文，行云流水，非常潇洒。黄庭坚的古文呢？干巴巴的没有韵味。古人将黄庭坚的文章和诗词结集成《黄山谷集》，今人也整理出版过《黄庭坚集》和《黄庭坚全集》。感兴趣的朋友可以从这几部集子当中任选一个版本，读读里面收录的古文，再跟苏东坡的名篇《记承天寺夜游》做个对比，就能感觉到两者差距之大。

很明显，黄庭坚拜苏东坡为师，并没有学到苏东坡在古文方面的长项。

那么黄庭坚的长项是什么呢？其实是书法。

苏东坡是书法家，黄庭坚也是书法家。“唐宋八大家”里面有苏东坡，没有黄庭坚。可是在“宋四家”里面，苏东坡和黄庭坚的名字都赫然在列。“唐宋八大家”是明朝人推选的八位古文高手，“宋四家”则是南宋人或者元朝人推选的四位书法名家，包括苏轼、黄庭坚、米芾、蔡襄（一说蔡京），简称“苏黄米蔡”。

蔡襄是著名奸相蔡京的堂兄，字君谟，他的书法最受苏东坡推崇。苏东坡说：“独君谟书天资既高，积学深至，心手相应，变态无穷，遂为本朝第一。”蔡襄先天聪明，后天努力，练字练到了心手合一的境界，笔势纵横，变化无穷，在书法上堪称大宋第一。

但是近代大儒康有为却把黄庭坚排在第一。他评价道：“宋人之书，吾尤爱山谷，虽昂藏郁拔，而神闲意浓，入门自媚。”宋朝书法名家辈出，只有黄庭坚的书法是康有为的最爱。黄庭坚的字偏瘦偏长，仿佛大树耸立，郁郁葱葱，却又气定神闲，韵味无穷。康有为认为，学书法如果以黄庭坚为师，就不会走弯路，一出手就有精气神。

康有为自己就是书法名家，他如此推崇黄庭坚，说明黄庭坚确实有不凡之处。如果黄庭坚的书法水平称不上高超，也不可能跻身“宋四家”，跟米芾、蔡襄、苏东坡并驾齐驱。

书法是一门艺术，搞艺术不仅靠努力，更要靠天分。黄庭坚天分如何？不得而知，但我们却知道他的家庭出身相当了不起。

北宋江西有三大世家：一个是“临川王家”，就是王安石的家族；一个是“南丰曾家”，就是曾巩的家族；另一个就是“分宁黄家”，即黄庭坚的家族。这三大世家从五代十国时期就发了迹，此后世世代代出进士、出官员，家族势力庞大，人脉也都很广。

黄庭坚所在的分宁黄家发迹更早，祖上有人在唐朝当过宰相，还有人在五代十国的南唐做过官。黄庭坚的曾祖黄中理没有做官，却在江西老家创办了两座书院，是驰名江西的教育家。黄庭坚的祖父黄湜在北宋初年中了进士，父亲黄庶在宋仁宗一朝中了进士。

黄庭坚的父亲黄庶当过知州，相当于市长；三叔当过监察御史，相当于国家监察委员会委员；四叔当过国子监司业，相当于教育部副部长。再看黄庭坚这代人：他大哥黄大临当过县令，相当于县长；四哥黄叔献当过湖北转运使，相当于省长。

分宁黄家发迹很早，根基极深，世世代代与名门望族甚至皇族结亲。比如，黄庭坚的母亲李氏就是南唐后主李煜的侄孙女，黄庭坚本人则先后迎娶大臣孙觉和大臣谢景初的女儿。谢景初，字师厚，出身于江南望族“富阳谢家”。

北宋江南有两大世家：一个是“钱塘沈家”，就是《梦溪笔谈》的作者沈括所在的家族；另一个是“富阳谢家”，就是黄庭坚岳父谢景初所在的家族。

钱塘沈家和富阳谢家是在吴越国王钱镠统治江南时发迹的，此后世世代代出进士、出官员。举例言之，钱塘沈家出了沈括、沈辽、沈遘，他们并称“三沈”。“三沈”在北宋中叶与苏轼父子“三苏”齐名，其中沈遘在宋英宗一朝还当过开封知府，位高权重，声名远播。而富阳谢家则出了谢涛、谢绛等人，其中谢涛娶了沈括的姨妈，等于是沈括的姨父；谢绛则是王安石的亲戚。

钱塘沈家、富阳谢家、临川王家、南丰曾家、分宁黄家，这些家族长期通婚，彼此之间是盘根错节的亲戚关系。沈括的大姨嫁给富阳谢涛，生下儿子谢绛；谢绛又结婚生子，女儿嫁给王安石的弟弟王安礼，儿子谢景初则成了黄庭坚的岳父；王安石还有一个弟弟王安国，娶了曾巩的妹妹。也就是说，沈拓的姨妈嫁到了富阳谢家，富阳谢家的女儿嫁到了临川王家，临川王家的儿子娶了南丰曾家的女儿，富阳谢家的女儿嫁给了分宁黄家的儿子。通过婚姻关系，江南两大世家与江西三大世家紧密地连在一起，我们的主角黄庭坚也就成了沈括、曾巩、王安石等人的亲戚。

名门望族的家庭出身，根基深厚的亲朋关系，都给黄庭坚带来了极大优势。具体带来哪些优势呢？请看下节内容。

黄庭坚的朋友圈（下）

书接上回。

黄庭坚的舅舅名叫李常，是北宋著名的藏书家。李常青年时代在庐山读书，藏书近万卷。后来李常考中进士，进入官场，将藏书和书房捐给世人，命名为“李氏山房”。苏东坡是李常好友，为李常写过一篇《李氏山房藏书记》，对李常刻苦读书和捐献藏书的善举大加赞赏。

李常是苏东坡的好友，也是司马光的好友。王安石变法失败，司马光当上宰相，向少年皇帝宋哲宗和垂帘听政的老太后推荐李常，让李常当上了户部尚书。户部尚书是管财政的，相当于财政部部长。而在此之前，李常还当过御史中丞和吏部尚书，前者相当于国家监察委员会主任，后者相当于人事部部长。

有这么闪亮的舅舅罩着，黄庭坚的成长之路自然是一帆风顺。父亲亡故后，他投奔李常，在李常的官衙里读书，从书法到文章都受到了精心点拨，早早地就考中了进士。古人常说：“三十老明经，五十少进士。”

进士录取率极低，一个人能到 50 岁考中进士，就很了不起了。黄庭坚却在 23 岁那年就中了进士。

宋朝科举要通过三级考试：解试、省试、殿试。解试是地方考试，由市长或省长级别的地方官主持；省试是中央考试，由教育部部长或文化部部长级别的京官主持；殿试也是中央考试，由皇帝亲自主持。黄庭坚 19 岁在江西老家参加解试，一次就通过了，而且还中了第一名。他为什么能得第一？首先肯定是书法漂亮、成绩优异，其次与家庭背景也有关系。分宁黄家是江西数一数二的望族，从黄家走出去的高官灿若繁星，地方官怎么能不给黄家面子呢？怎么敢不让黄家的考生名列前茅呢？

不过，解试是很不严格的考试，地方官拥有几乎不受限制的裁量权，想让谁通过就能让谁通过，很多有后台的考生甚至可以不参加考试，直接就被地方官录取。到了省试环节，考题是保密的，考场是封闭的，考卷是糊名的，比解试公平，也比解试难得多。一般来说，凡是能通过省试的考生，就等于中了进士，之后参加殿试无非就是走走过场和排排名次而已。黄庭坚 20 岁来到开封参加省试，落榜了。23 岁又来开封参加省试，这回终于考中，随后顺顺利利地通过殿试，成了进士。

大概就在中进士的那一年，黄庭坚结了婚。那是他第一次结婚，妻子是京官孙觉的女儿，而孙觉又是他舅舅李常的好友。从常理推想，这门亲事应该就是李常说的媒。用现在的话说，李常向孙觉推荐："哥们儿，我有个外甥，分宁黄家的小伙子，门第又高，学问又好，跟你家姑娘年龄相当，让他当你女婿好不好？"孙觉欣然同意，于是婚事就成了。

舅舅是官员，岳父也是官员，黄庭坚做官要比平民子弟出身的进士占便宜。宋朝进士做官，必须有在职官员做担保。做了官以后再升官，也必须有在职官员做担保。朝廷制定这个规矩，一是想兼顾成绩和能力——考分高的进士不一定能力强，所以必须通过在职官员做担保，保证这些新科进士拥有处理政务的能力；二是想约束官员，免得他们贪污腐败，谁敢胡来，就把他和他的担保人一块儿收拾。朝廷本意虽好，却不公平：像黄庭坚这样的世家子弟，认识的官员实在太多了，随随便便就能给自己找到一大堆担保人。而那些平民子弟呢？首先很难拥有良好的读书环境，费尽千辛万苦中了进士，又要找官员给自己做担保，不然就当不了官。平民的亲朋网络里还是平民，哪有机会认识官员？就算认识一两个官员，靠什么能让人家提供担保呢？

1067 年，23 岁的黄庭坚春风得意，既中了进士，又娶了媳妇，还得到了担保，毫无悬念地走马上任，去叶县做了县尉，相当于现在的县公安局局长兼武装部长。但是就像绝大多数官二代、富二代和星二代那样，恰恰是因为资源太好了，机会太多了，往往不懂得把握和珍惜。黄庭坚去叶县上任时，带着新婚的妻子和大队的仆人，一路游山玩水，走走停停。从开封到叶县，区区几百里路，黄庭坚竟然在第二年才赶到。朝廷规定他在几月几号之前必须到任，他没有做到。他的大领导、时任汝州长官的大臣富弼非常生气，差点儿摘掉他的乌纱帽。幸亏舅舅李常和岳父孙觉都跟富弼有交情，才让黄庭坚躲过一劫。

宋朝地方官通常是每三年为一任，任期一满就能回京述职。黄庭坚上任迟到，所以任期也延长一年。1072 年，28 岁的黄庭坚离开叶县，回开封述职。然后他在开封参加了一个专门选拔教育官员的考试，再次顺利通过，被派到大名府担任国子监教授，相当于直辖市的教育局局长，官位比他在叶县当县尉时高一级。

在此期间，黄庭坚的第一任妻子孙氏病逝，他又续娶了富阳谢家的姑娘，岳父谢景初也是官员。同样是在这个时候，黄庭坚认识了苏东坡，成了苏东坡的学生。

当时苏东坡已经名满天下，但是从仕途上讲，黄庭坚并没有从苏东坡

本节人物关系网

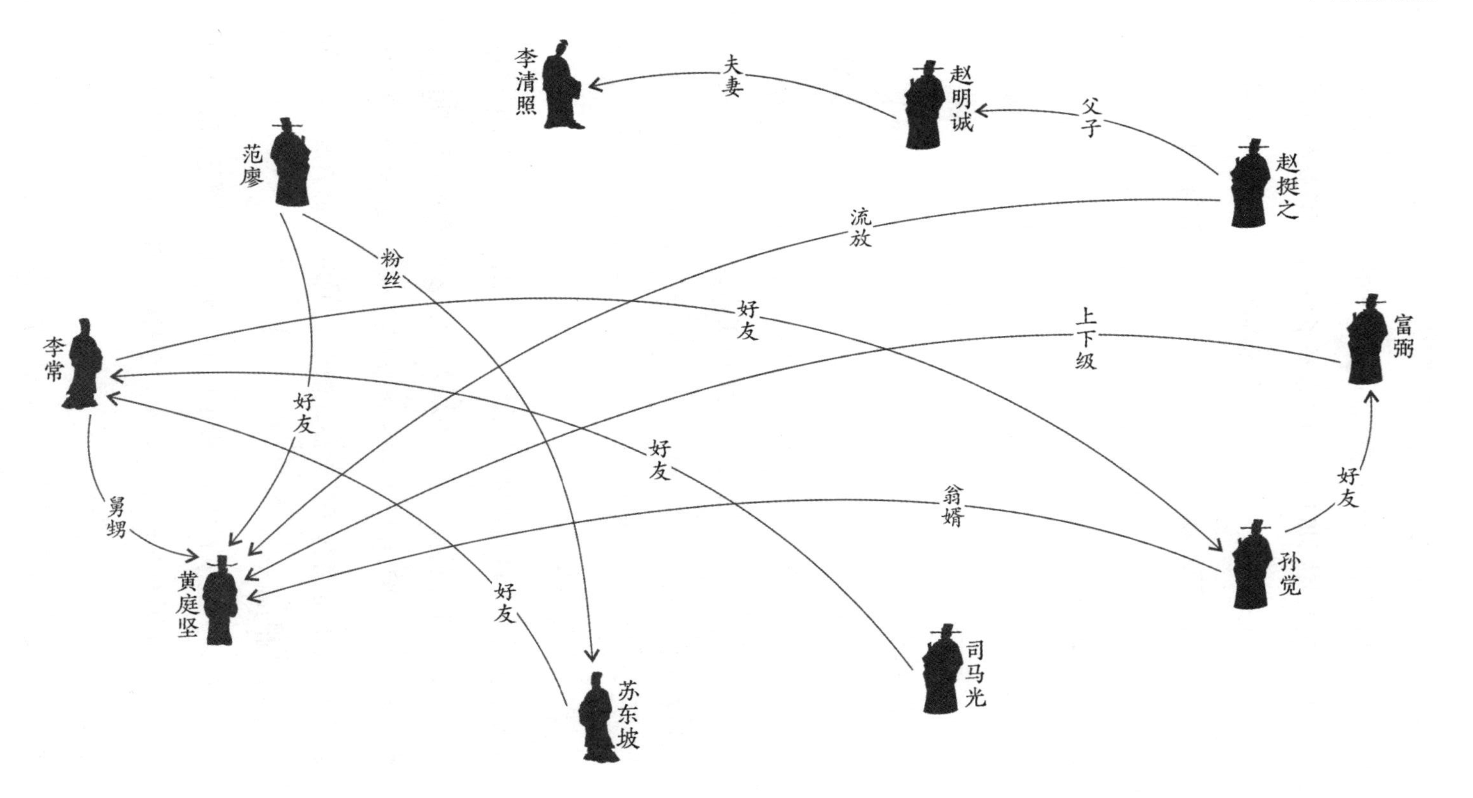
李清照
夫妻
赵明诚
父子
赵挺之
范廖
粉丝
流放
李常
好友
上下级
富弼
好友
好友
舅甥
翁婿
好友
孙觉
黄庭坚
好友
司马光
苏东坡

那里得到什么帮助。相反，因为苏东坡树的政敌太多，政敌们每次攻击苏东坡，都会把黄庭坚捎上，所以黄庭坚每每受到牵连。

1079 年，政敌从苏东坡的诗集里找到他讽刺皇帝的“证据”，将他关进御史台监狱，“乌台诗案”爆发。1080 年，苏东坡的案子审理完毕，那些与苏东坡来往密切的官员或被降级，或被罚款。黄庭坚没有被降级，但被罚了款。刚好他在大名府担任国子监教授的任期已满，于是再次回到开封，等候朝廷分派的下一个任命。

1082 年前后，当苏东坡在流放地黄州写出光耀千古的《前赤壁赋》时，弟子黄庭坚正在江西太和县做县令。身为一县之长，黄庭坚的工作绝不轻松。他要统管农业、商业、财政、治安，要裁决数不清的民事纠纷，还要完成朝廷下派的赋税征收指标。

那时候，宋神宗亲自上阵，继续推进王安石半途而废的变法大计。皇帝的大政方针被自上而下层层分解，到了基层已然面目全非。比如食盐专卖，宋神宗想让百姓吃到既好又便宜的官盐，同时还要保证政府卖盐的利润。到了州府那一级，官盐销售就变成了官盐摊派，每个县每年都要摊销固定数量的官盐，然后上缴固定数额的收入。老百姓吃不了那么多盐，一户人家可能只要买几十斤就够了，官府却强迫他们买下几百斤。百姓交不齐那么多盐钱，就得用粮食和布匹来顶账。如果粮食和布匹也没了，那就有可能被捕入狱。

黄庭坚不愿意抓人，也不愿意认真执行上级交代的变态任务，所以他总是完不成卖盐的指标，总是被上级批评。他写过一首五言长诗，这里摘抄几句：“按图索家资，四壁达牖窗。掩目鞭扑之，桁杨相推振。身欲免官去，驽马恋豆糠。”这几句诗的意思是说，如果想让上级满意，他这个县官就得用狠招对付百姓，抄家、扒房、抽鞭子、上刑具，无所不用其极。他不忍心这样做，恨不得辞官回家，可是又舍不得那点儿俸禄。

这说明黄庭坚是有良心的父母官。但是，光靠良心改变不了现状。

当然，如果你认为黄庭坚在道德上完美，那就错了，他跟我们绝大多数普通人一样，有不少坏毛病。

首先，黄庭坚自我约束能力差，总是管不住自己。他在40岁还没儿子，向神佛许下大愿，发誓永远斋戒，永远断绝酒肉。可是根据宋人笔记《道山清话》记载，他偷偷吃馄饨解馋，馄饨馅儿里还掺着好几种肉，包括猪肉、羊肉、鸡肉、兔肉。

其次，黄庭坚比较好色。40岁以前，他已经结过两次婚，后来又纳了妾。41岁之后，他调回开封，先后参加了《资治通鉴》的校对工作和《神宗实录》的编撰工作。在此期间他与王公贵族的子弟们鬼混，一下班就去狎妓喝酒。根据《黄山谷集集注》第十一卷的记载，他竟然在开封一座寺庙里携妓饮酒，闹得满城风雨。

最后，黄庭坚还喜欢嘲笑别人，跟同僚开玩笑不分轻重。他曾经与李清照的公爹赵挺之一起做地方官，回京后又一起做京官。赵挺之是山东平民子弟出身，做官后仍然给人写墓志铭，补贴家用。有一次赵挺之说："在我们老家山东，写墓志铭能赚到丰厚稿费，一篇墓志铭能换一车东西。"黄庭坚嘲笑道："想俱是萝卜与瓜虀尔！"[1]你说的是一车萝卜和酱瓜吧？赵挺之的官话不标准，方言很重，跟单位食堂的大厨交代饭菜："来日吃蒸饼。"明天主食给我们做馒头。因为带有乡音，听起来仿佛吐字不清，这也被黄庭坚当成笑话。大家下班组局，酒局上行酒令，赵挺之出上联："禾女委鬼魏。"黄庭坚马上对下联："来力勑正整！"赵挺之的上联是字谜，禾、女组成委字，委、鬼组成魏字；黄庭坚的下联也是字谜，来、力组成勑字，勑、力组成整字（整的异体字）。这个下联对得工整，但黄

[1]《宋名臣言行录续集》卷1《黄庭坚》，下同。

庭坚是在故意模仿赵挺之常给大厨说的那句方言味很重的“来日吃蒸饼”。

黄庭坚几次三番嘲笑赵挺之，对方都忍了，直到几年以后，赵挺之当上御史。御史专门负责给百官挑错，赵挺之就开始挑黄庭坚的错。那时候苏东坡已从流放地还朝，还当了大官。苏东坡要提拔黄庭坚，被赵挺之一封奏章挡了回去。赵挺之把黄庭坚在寺庙狎妓的往事翻了出来，说黄庭坚“恣行淫秽”，不仅不配升官，连当官都不配。

1094 年，黄庭坚 50 岁，被朝廷任命为知州，相当于市长。任命书刚下来，他就被赵挺之来了一记重拳。赵挺之对亲政不久的宋哲宗说，黄庭坚修《神宗实录》时，偷偷篡改史料，诋毁当年的变法派，吹捧当年的保守派，把神宗皇帝的功绩也抹杀了。坦白讲，这记重拳绝对不是凭空打出去的——在苏东坡主持下，黄庭坚和他的同门师兄弟秦少游一起修编《神宗实录》时，确实有选择地使用史料，确实故意拔高了司马光、故意贬低了王安石。

宋哲宗血气方刚，雄心勃勃，正想恢复宋神宗的政策，用变法来实现富国强兵的理想，谁跟宋神宗和王安石过不去，就等于跟宋哲宗过不去。所以宋哲宗将苏东坡再次罢官，将黄庭坚流放到四川。

1100 年，宋哲宗英年早逝，弟弟宋徽宗即位，皇太后垂帘听政，黄庭坚被召还。1102 年，他被派往太平州（今安徽当涂）当知州。遗憾的是，抵达太平州不到 10 天，他就被亲政的宋徽宗罢了官。他带着家人迁至鄂州（今湖北武昌），计划永离官场，安享晚年。但他喜欢嘲笑人的毛病始终没改，鄂州当地的读书人写诗求教，他只要觉得人家的诗不好，就会说：“这种诗怎么能拿出来现眼呢？写这种诗的人就该用艾草烧屁股，免得以后乱放屁！”所以又得罪了不少人。

仅仅是得罪普通读书人，还不可怕，可怕的是黄庭坚得罪过赵挺之。1102 年，李清照的公爹赵挺之当上了宰相，再次向黄庭坚开刀。1103 年，赵挺之将黄庭坚流放到了广西宜州。

宜州是神话人物刘三姐的家乡，不过黄庭坚在那里见不到刘三姐，只能见到世态炎凉。赵挺之给他定的处分是“编管宜州”，没有职权，没有俸禄，也没有人身自由。他不能租住公房，也不能与官员来往，只能自掏腰包租住民房，还要等着衙役定期上门搜检。

前面说过，黄庭坚是世家子弟，许多亲戚都是高官。但是在朝廷高压之下，这些亲戚都不敢跟黄庭坚来往，更不敢伸出援手。黄庭坚有妻有妾，过惯了锦衣玉食的生活，花钱大手大脚，至此几乎身无分文，连租房都租不起了。

苏东坡有一个粉丝，名叫范廖，字信中，此人与黄庭坚相识多年，在宜州城门楼上找了一间空房，让黄庭坚搬了进去。黄庭坚缺衣少食，生病无药，全靠范廖照顾。最后黄庭坚死在宜州，也是范廖给办的后事。

南宋大诗人陆游在专著《老学庵笔记》中描写了黄庭坚临终前的生活：

> 居一城楼上，亦极湫隘，秋暑方炽，几不可过。一日忽小雨，鲁直饮薄醉，坐胡床，自栏楯间伸足出外以受雨。顾谓（范）廖曰：“信中，吾平生无此快也！”未几而卒。

黄庭坚住在宜州城楼上，住所十分狭小，秋天暑气蒸腾，饱受西晒之苦，几乎活不下去。一天下起小雨，黄庭坚与范廖小酌，喝到微醺，坐在马扎上，将双脚伸到栏杆外面去淋雨，享受那一点点凉意。雨声潇潇，凉风阵阵，黄庭坚转过头来，对范廖说：“信中，我这辈子都没有这么快活过！”不久他就去世了。

黄庭坚生于 1045 年，死于 1105 年，享年 61 岁。

当秦少游遇到苏东坡

明朝末年，江南有一个书生，由于疾病和瘟疫，母亲、妻子、儿子和两个女儿都不幸丧生。书生思念亲人，他听说有个尼姑擅长扶乩，能与鬼神沟通，通晓过去未来，就将其请到家中，打听他的亲人分别投生何处。

尼姑装模作样请神上身，然后像煞有介事地对书生说："你母亲投胎在五十里外一户富人家，你儿子投胎到上海，你大女儿投胎最早，在某某寺庙出家为尼。你二女儿前生是嫦娥的侍女，如今重返广寒宫。至于你妻子，她前生与你是夫妻，下辈子还会跟你做夫妻。"

书生又问自己的前生，尼姑答道："君前生为秦太虚，……君夫人即秦太虚夫人、苏子美小女。"[1] 书生前世是秦少游，其妻子前世则是秦少游之妻，也就是苏洵的女儿、苏东坡的妹妹。

听完这些话，书生悲喜交加，重重地酬谢尼姑。

[1] 叶绍袁《续窈闻》。

本节人物关系网

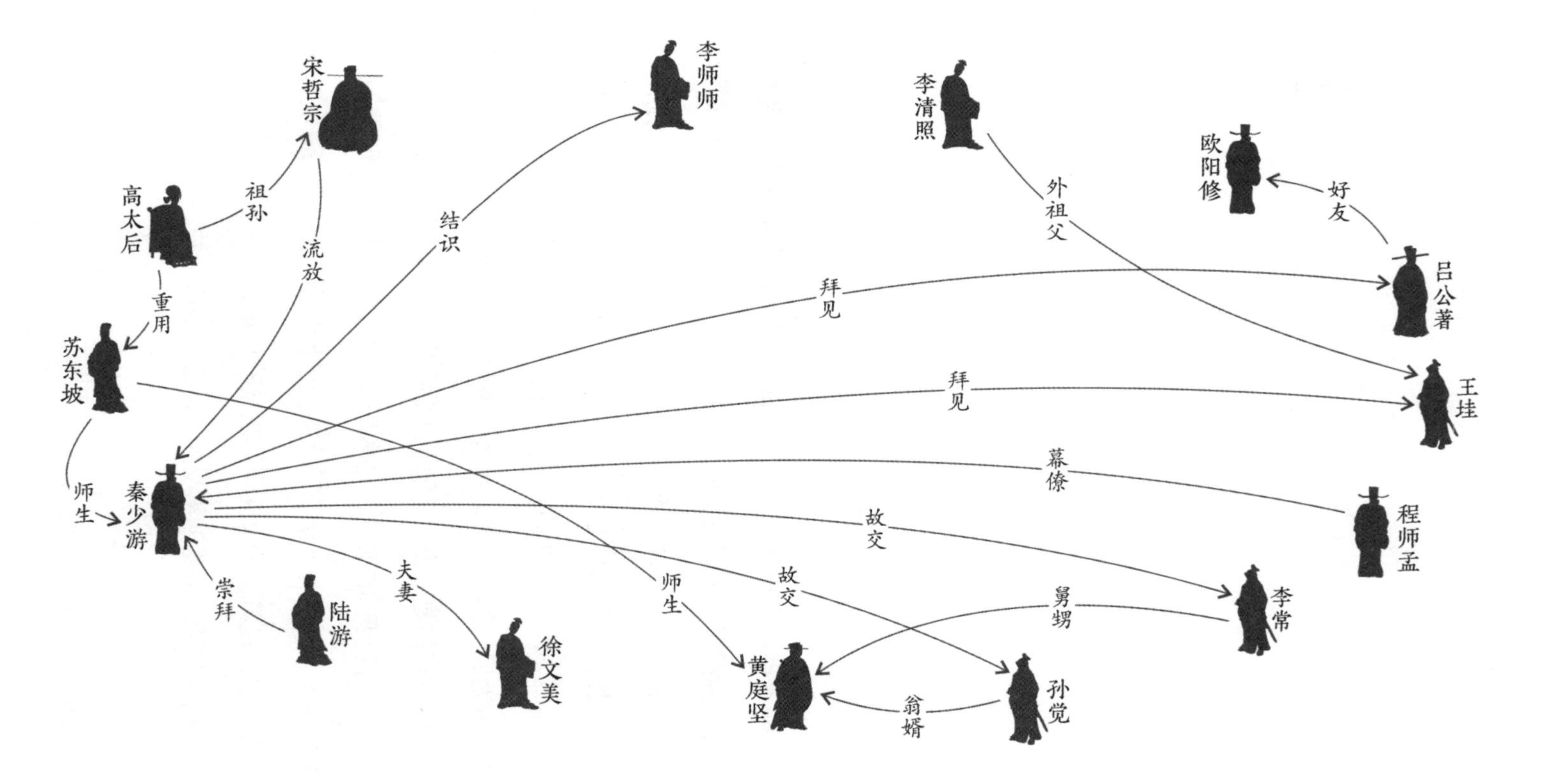

高太后
宋哲宗
祖孙
重用
苏东坡
流放
结识
李师师
李清照
外祖父
欧阳修
好友
吕公著
王珪
拜见
拜见
幕僚
程师孟
故交
李常
故交
孙觉
甥舅
翁婿
黄庭坚
师生
师生
秦少游
崇拜
陆游
夫妻
徐文美

咱们都是受过唯物主义教育的现代读书人，肯定都能看出书生受了尼姑的骗。且不说扶乩本是迷信，“前世”和“投胎”更是迷信，即便这些不是迷信，尼姑的话也不靠谱。要知道，所谓“秦少游迎娶苏小妹”，那只是宋朝以后说书人杜撰的故事。在真实历史上，苏东坡并没有妹妹，秦少游的妻子也根本不姓苏。

众所周知，秦少游名秦观，字少游，又字太虚，他是宋朝婉约派词人的代表，中年拜在苏东坡门下，与黄庭坚、晁补之、张耒并称“苏门四学士”。在苏东坡的弟子当中，秦少游的地位相当于孔子门下的颜回。孔子最欣赏颜回，苏东坡则最欣赏秦少游，夸秦少游是“今之词手”，意思是最会填词的行家里手。

秦少游填词，确实出类拔萃。“两情若是长久时，又岂在朝朝暮暮。”这句情词传唱千古，出自秦少游的名作《鹊桥仙》。“任是无情也动人。”这句描写美人的词曾被曹雪芹借用，出自秦少游另一首名作《南乡子》。秦少游还有一首《千秋岁》，前半阕写景：“水边沙外，成郭春寒退。花影乱，莺声碎……”这首词在宋朝非常流行，以至于南宋大诗人陆游做官以后，根据“花影乱，莺声碎”这六个字，与上司范成大联手建了一座“莺花亭”。陆游还为莺花亭题诗：“沙外春风柳十围，绿荫依旧语黄鹂。故应留与行人恨，不见秦郎半醉时。”诗中“秦郎”正是秦少游。

跟苏东坡的词相比，秦少游的词不够大气，但行文流畅，浑然天成，气韵饱满，音律规整。宋朝人填词，除了讲究平仄外，还讲究字音清浊，否则唱出来不好听。秦少游是音乐天才，他的词在音律上完美无瑕，最适合演唱。而苏东坡的词在音律上就差很多，所以受到李清照的诟病[1]。

刚才说过，苏东坡最欣赏秦少游。秦少游病逝时，苏东坡痛哭不止：

[1] 参见李清照《词论》。

“哀哉！痛哉！世岂复有斯人乎？”[1] 这种哀痛就像孔子哭颜回：“噫！天丧予！天丧予！”[2] 最优秀的学生撒手人寰，老师伤心欲绝，仿佛天要塌了一般。

苏东坡爱惜秦少游，爱惜的是才华，如果说到生活作风，秦少游恐怕就不值得爱惜了。秦少游的生活作风可以用两个字概括：好色。当然，每个身体正常的成年人都好色，但秦少游属于好色而不检点的那种。他 19 岁娶妻，妻子姓徐，名叫徐文美，是一个小官的女儿，家教很好，颇有文采。娶妻之后不久，他就去扬州和湖州一带游逛，跟青楼女子打得火热，甚至还勾搭朋友的小妾和侍女。有一次，他在扬州某退休官员家里做客，酒席上与歌姬眉目传情，趁着主人进内室更衣的工夫，竟与那歌姬“有仓猝之欢”[3]。他进京考进士，不用功温习，把时间和钱财都花在风月场所。他与黄庭坚的岳父孙觉是老相识，曾经寄诗给孙觉：“平康何处是？十里带垂杨。”意思是打听哪里有妓院。孙觉骂道：“这小子又贱相发也！”[4] 你这小子又开始犯贱了啊！

秦少游是官宦子弟，祖父当过县令，叔父当过转运使（相当于省长），父亲当过太学生，但还没入仕途就病逝了。因为父亲早丧，没给他留下什么遗产，所以秦少游只能在祖父和叔父的接济下过着相对贫寒的生活。他童年在祖父的衙门里玩耍，少年在叔父的衙门里读书，到了成婚以后，只能回高邮老家居住。在高邮，妻子养蚕，他种了几亩庄稼，却又吃不下耕种之苦，一得空就跑出去跟朋友鬼混。

24 岁那年，秦少游结识黄庭坚的岳父孙觉，当时孙觉是赋闲在家的官员；28 岁那年，秦少游又结识黄庭坚的舅父李常，当时李常已经当了

[1] 苏轼《与李之仪》。

[2]《论语》。

[3] 罗烨《醉翁谈录》。

[4] 王直方《直方诗话》。

京官。孙觉和李常都是苏东坡的好友，通过孙觉和李常，秦少游读到苏东坡的作品，然后他就将苏东坡当成偶像，努力模仿苏东坡的文风与笔法，梦想成为苏东坡那样的文坛大腕。到了 30 岁，他才想起自己还有养家糊口的责任，于是进京考进士，想通过做官来养活母亲、妻子和儿女。但他只擅长填词，并不会做策论，结果落榜了。落榜以后，他让叔父牵线搭桥，去越州（今绍兴）做了幕僚，帮越州知州程师孟写诗填词、草拟公文。在此期间，他又看中程师孟的歌姬，久久不能忘情。

做幕僚终究不是正途，34 岁那年，秦少游再次进京考进士，结果再次落榜。他灰心丧气，回高邮务农，抽空还写了一本“养蚕指南”。为什么会写这样一本书呢？因为在两次赶考途中，他都在山东逗留过，见过山东农民养蚕，感觉方法新奇，可以写下来给江南蚕农做参考。这说明他细心，也说明他有野心，即使是当农民，他也要当一个可以著书立说的农民。

秦少游会满足于当农民吗？当然不会。大约一年以后，他把主要的农活交给妻子，自己去各地拜码头，仿佛盛唐诗人漫游那样，四处结交名人大腕，以便得到强者的举荐。他拜见过李清照的外公王珪，当时王珪在当宰相。他还拜见过欧阳修的好友吕公著，当时吕某主政扬州。但他拜见最多的，还是苏东坡和苏辙哥儿俩。苏东坡爱他的才华，苏辙夸他是“谪仙人”，两兄弟都非常热心地向朝中大佬举荐他。

37 岁那年，秦少游第三次考进士，终于得中，被派到地方当小官。三年任满，他回京等候新的任命，苏东坡举荐他参加制科考试。当时制科考试就像现在的中央机关公务员遴选考试，如果通过，就能做京官。但是秦少游没有通过，又被派到地方当小官。42 岁那年，苏东坡再次举荐他参加制科考试，这回他通过了，得以在京城工作。俸禄高了，食饱衣暖，秦少游饱暖思淫欲，娶了小妾，并且流连于京城花柳巷。他还结识了京城名妓李师师，专门为李师师创作了几首词。那时候宋徽宗还没即位，李师师还没成为皇帝的老相好，否则借秦少游十个胆子，他也不敢去碰禁脔。

秦少游有才，又有苏东坡扶持，本来可以青云直上，但他风流好色的名头太响了，每次要被提拔的时候，都有御史说怪话，所以他一直是八品小京官。后来苏东坡担任礼部尚书，把他和黄庭坚、晁补之、张耒都推荐到国史院，一起整理编订已故皇帝宋神宗的实录，此时他才从八品升为七品。

宋神宗搞过变法，变法期间打击过保守派。宋神宗死后，宋哲宗即位，神宗之母高太后执掌实权，老太后思想保守，将保守派请回朝廷，又开始打击变法派。苏东坡属于保守派，秦少游作为苏门弟子，也属于保守派，对当年的变法大臣王安石、吕惠卿等人深怀不满。他们将不满表现在行动上，竟然篡改史料，将《神宗实录》里不利于保守派的证据大量删改，又私自增加一批对变法派不利的“证据”。这下触犯了朝廷大忌，不久宋哲宗亲政，以“篡改实录”为罪证，将苏东坡及其弟子一网打尽，统统赶出京城，或下放，或流放。秦少游是苏东坡爱徒，当然不能幸免，他先被罢官，再被流放，长期辗转于湖南与广东，直到52岁死于流放途中。

秦少游的词才不亚于苏东坡。从才华上讲，他完全不用苏东坡扶持，自己就能成名成家。但从仕途上看，如果没有苏东坡多次举荐，秦少游可能连进士都考不上（宋朝科举仍然残留唐朝“行卷”之遗风，得到举荐的考生更容易得中），就算中了进士，也未必当得上京官。可是反过来说，正是因为苏东坡举荐，秦少游才参与编修《神宗实录》，进而篡改实录，进而被揪住小辫子，进而师徒几人被一勺烩。

秦少游的故事告诉我们，一个人要想有所成就，应该寻求别人的帮助，但是千万不能陷进一个小圈子里出不来。

第五章　婚嫁之网

寡妇改嫁，宰相落马

欧阳修编家谱

王安石的家风

从苏小妹到苏八娘

苏东坡的孙子娶了谁？

谁是李清照的亲戚？

假如李清照是男人

寡妇改嫁，宰相落马

我们来深挖一个八卦，一个发生在北宋开封的历史八卦。

这八卦可不简单，因为它的主角不是娱乐圈的小明星，而是官场上的大领导。

先点一下这几个领导的名字。

第一位，寇准。

相信大伙都非常熟悉“寇准”这个名字，评书《杨家将》里有他，戏曲《清官册》里有他，电视剧《大宋奇案之狸猫换太子传奇》里有他，前些年葛优主演的电视剧《寇老西儿》，演的还是他。此人在历史上也是赫赫有名，我们中学时学历史，都学过“澶渊之盟”，是谁力劝宋真宗亲征？是谁站在城头上督战？是谁让大宋和辽国维持了一个世纪左右的和平共处？就是这位北宋名相，寇准寇老西儿。

第二位，薛居正。

这是一个老前辈，比寇准出道早得多，宋太祖在位时他就当过宰相。

关于薛居正，《宋史》着墨不多，只说他酒量极大："饮至数斗不乱。"一顿能喝几斗酒（宋朝一斗有6000毫升，装酒12斤），喝完还不至于烂醉，该干吗干吗。除了爱喝酒外，他老人家还爱服用仙丹，希望益寿延年甚至长生不老。可惜事与愿违，有一回他服用丹砂过多，中毒了，肚子里发生剧烈的化学反应，"吐气如烟焰"。从嘴里喷出火来，死在了宰相任上。

第三位，张齐贤。

在北宋历史上，张齐贤绝对算得上一个奇人。他出身贫寒，3岁就没了父亲，靠寡母抚养长大，一边耕作，一边苦读经书。青年时白手游天下，斗过劫匪，住过黑店，几次死里逃生。虽是书生，秉性却像武士，胆量、力量和饭量都远超常人。拙著《吃一场有趣的宋朝饭局》曾用整整一个章节描述张齐贤的饭量，他吃饭论桶，喝酒论缸，是真正的大饭桶和大酒缸。别人生病吃药，一丸两丸搞定；张齐贤吃药，必须吃几十丸，用一张大饼送服。因为他身躯魁伟，五大三粗，体重是常人两三倍，服药少了不济事。宋太宗北征契丹时，杨家将第一代老帅杨业死于沙场，张齐贤自告奋勇，接杨业的班，领兵驻守山西代州，使辽国兵马无法前进一步。后来宋真宗即位，拜张齐贤为兵部尚书，挂"同中书门下平章事"的衔儿，成为事实上的宰相。

第四位，向敏中。

这位是我的开封老乡，宋太宗时中进士，被太宗选为智囊。宋真宗即位后，开国大将曹彬任枢密使（相当于国防部部长），向敏中任枢密副使（相当于国防部副部长）。宋真宗咸平四年（1001），向敏中升任宰相。多年以后，向敏中的曾孙女嫁给了宋真宗的曾孙宋神宗，册封为皇后，史称"钦圣宪肃向皇后"。宋徽宗在位期间，这位向皇后以太后身份垂帘听政，为稳定朝局做出了不可磨灭的贡献。当然，这些都是向敏中去世后的事情了。

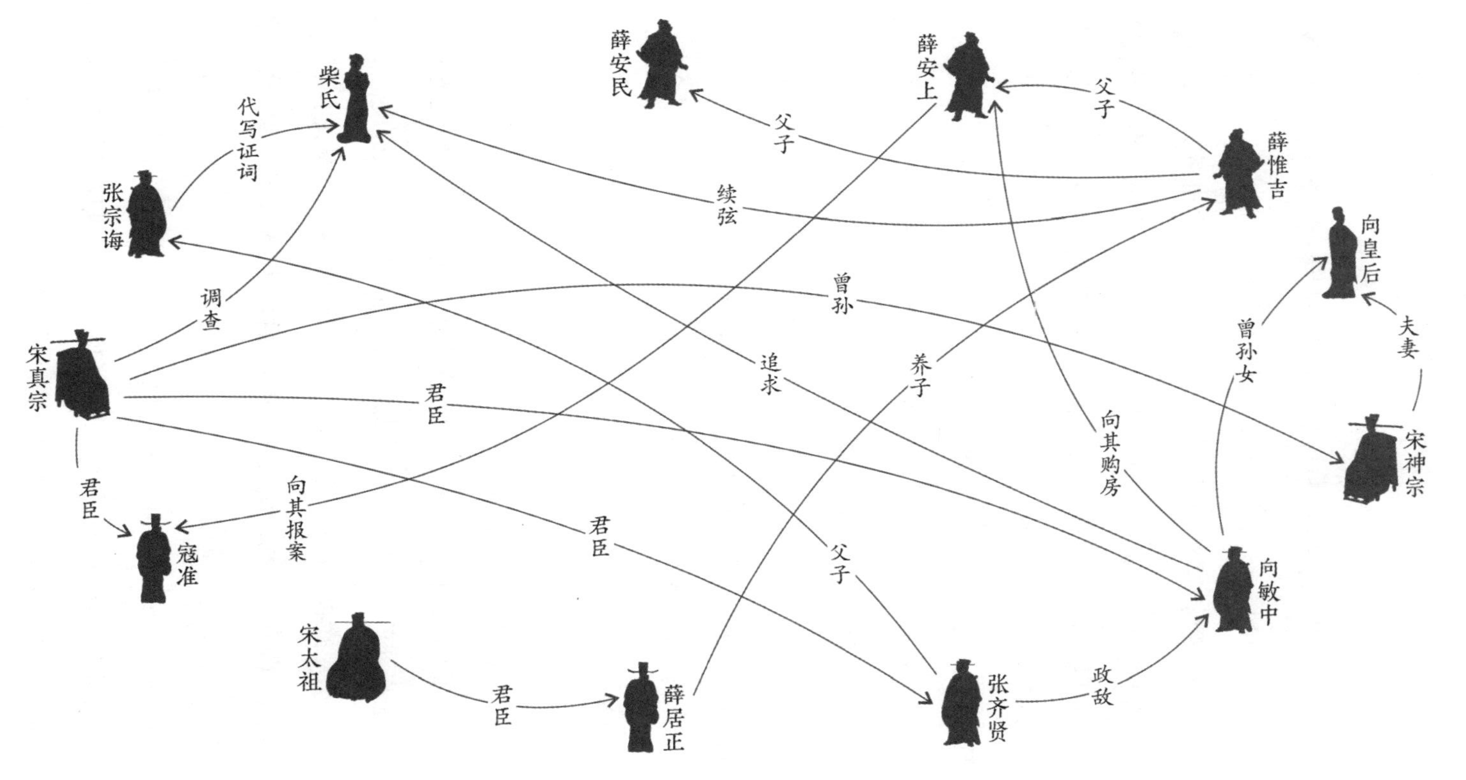
柴氏
薛安民
薛安上
薛惟吉
向皇后
宋神宗
向敏中
张齐贤
薛居正
宋太祖
寇准
宋真宗
张宗诲
代写证词
调查
续弦
父子
父子
曾孙
曾孙女
夫妻
追求
养子
向其购房
君臣
君臣
君臣
君臣
向其报案
父子
政敌

本节人物关系网

上述四位宰相，跟我们今天要聊的八卦都有或多或少的关系。究竟有什么关系呢？小孩没娘——说来话长，咱慢慢聊。

话说老宰相薛居正，一辈子没有儿子，最后收养了一个，取名薛惟吉。薛惟吉生下两个儿子，一个叫薛安上，一个叫薛安民。生下两个儿子不久，薛惟吉的妻子死了，薛惟吉又续娶了一个，续娶的女子娘家姓柴，人称柴氏。

薛惟吉寿命短，只活到 40 岁出头，他一死，柴氏自然就成了唯一的当家人。当时柴氏才 20 岁，比薛惟吉跟前妻生的那两个儿子薛安上和薛安民大不了多少，但是论地位论名分，薛府上上下下都得听她的，老宰相薛居正留下的大笔遗产都得归她支配。

柴氏在薛府守了六年寡，最后守不住了，她想改嫁。其实这也很容易理解。第一，她还年轻，没必要守一辈子活寡；第二，在北宋时期，朱熹那一套“饿死事小，失节事大”的道德标准还没有开始流行，离婚和改嫁都非常正常；第三，她有追求者，而且还不是一般的追求者。

谁在追求柴氏呢？从目前的史料来看，至少有两个人，一个是那位大饭桶兼大酒缸宰相张齐贤，一个是我的开封老乡向敏中。张齐贤是宰相，向敏中也是宰相，两大宰相一齐向一个寡妇展开进攻，是贪图人家的美色呢？还是真的对人家动了感情了呢？

其实都不是，他们贪图的是柴氏的财产。更准确地说，是想得到老宰相薛居正的遗产。您想啊，柴氏改嫁，肯定不会两手空空地嫁过去，肯定会带上一大笔嫁妆。我们知道，宋朝流行厚嫁之风，富家女子过门，往往会用金银、珠宝、土地、商铺、丫鬟当嫁妆。柴氏改嫁，用什么当嫁妆？当然要用薛府的财产嘛！

那时候，张齐贤和向敏中都不年轻了，张齐贤 60 岁，向敏中 50 多岁。两大宰相都结过婚，都有子女，都成了糟老头子。假如柴氏愿意嫁给他们当中的任何一个，肯定不是因为爱情，而是因为权力——与其在已故宰相的家里当寡妇，不如去现任宰相的府上当夫人，这就是柴氏的算计。

柴氏是一个很有心计的女人，她一面偷偷转移薛府的财产，“尽畜其货产及书籍论告”[1]，将财产和藏书都据为己有；一面暗暗比较向敏中和张齐贤的优劣。比较来比较去，她觉得还是张齐贤更有魄力，更有胆识，能为自己提供庇护。于是乎，她向60岁的张齐贤抛出了幸福的橄榄枝。

张齐贤收到消息，马上准备迎娶柴氏。但就在这时候，薛惟吉的儿子薛安上不干了，他可以容忍他名义上的寡母改嫁，却不能容忍这位后妈带走他们家的财产。

薛安上写出状子，向时任开封知府的寇准报了案，举报后妈转移家产，举报宰相道德败坏。因为涉及宰相，寇准无权过问，赶紧把这个案子上报给皇帝，让宋真宗亲自处理。

宋真宗不明内情，派一个亲信去问柴氏。柴氏喊冤道：“我从来没想过要改嫁，也从来没有转移过薛家的财产，这都是不孝子薛安上的一派胡言，转移家产的其实是他。你们要是不信，可以调查一下，问他前段时间有没有卖过一所房子给向敏中！”

真宗皇帝接到回奏，又找向敏中询问此事。向敏中说：“回陛下，臣没有买过薛家的房子，这是政敌在背后暗算我，请陛下彻查，还臣一个清白。”

向敏中说的政敌，其实暗指张齐贤。要知道，宋朝搞的是“群相制”，朝中宰相不是一个，而是一堆，宰相与宰相之间往往互相告黑状。向敏中的意思是说，张齐贤想扳倒他，以便独揽大权。

向敏中说的是不是实情呢？据《续资治通鉴长编》第五十三卷记载，宋真宗咸平五年（1002），宰相向敏中从已故宰相薛居正的孙子薛安上

---

[1]《宋史》卷265。

那里买了一所房，花了 500 万文。

我考证过宋朝的物价，宋真宗时期，铜钱 500 万文的购买力相当于现在的 300 万元人民币。300 万元在开封买一套房，如今听起来可能觉得有点儿贵，其实一点儿也不贵。因为那是北宋，开封在北宋是首都，地位相当于现在的北京。还有，向敏中买的那所可不是普普通通的商品房，而是相府旧邸，是地地道道的花园豪宅。只花几百万就能在首都买一所花园豪宅？这买卖也太划算了吧！

拙著《千年楼市：古人安心成家指南》有专章论述北宋时期的开封房价，平民房屋且不谈，贵族府邸易手之时，售价多在万两白银以上，折合铜钱几千万文，向敏中花 500 万文买到，说明他捡了一个大便宜。

这笔买卖成交之后，有人站出来表示反对。这人是谁呢？她就是薛安上的后妈、老宰相薛居正的儿媳妇、相府公子薛惟吉的遗孀柴氏。

上面说过，柴氏想要改嫁宰相张齐贤，薛安上控告她转移家产，宋真宗派人调查，柴氏倒打一耙，说转移家产的其实是不孝子薛安上，薛安上偷偷把房子卖给了向敏中。宋真宗又问向敏中有无此事，向敏中矢口否认，并向真宗皇帝暗示，可能是政敌张齐贤在捣鬼。

真宗皇帝继续调查，很快就查明了向敏中购买薛家房产的真相。

原来向敏中想娶柴氏，但柴氏让他吃了个闭门羹，投入了另一宰相张齐贤的怀抱。向敏中很生气，恰好得知柴氏正跟她名义上的儿子薛安上争夺家产，就来了一个浑水摸鱼，从薛安上那里低价买下一所房子——虽然得不到人，能得到房也是好的嘛！

宰相也是人，普通人可以买房，宰相当然也可以买房，但他千不该万不该，不该去买薛家的房。因为老宰相薛居正去世后，继子薛惟吉守不住家产，已经卖过一次房了。真宗皇帝看不过去，让国家财政出钱，赎回了薛家房产，还专门下了一道旨："为了不让老宰相泉下寒心，不许任何人动他的遗产，不许任何人买他家的房子！”现在你向敏中居然贪图便宜，居然敢从薛家买房，这不是抗旨不遵吗？

单是抗旨不遵倒也罢了，最要命的是，你买了房还不承认，还对皇帝说是别人想陷害你，这可是欺君之罪啊！

向敏中犯的不是一条欺君之罪，而是两条。宋真宗得知他买房以后，又调查到了他曾经追求柴氏的消息。真宗问道：“向敏中，你是不是想娶那个柴氏？”向敏中说：“陛下圣明，我都50多岁了，怎么可能会再娶妻？”真宗不信，继续调查，发现“向敏中议娶王承衍女弟”。王承衍是当朝驸马，向敏中不久前刚刚请媒人去驸马家里提过亲，想娶王驸马的妹妹。你看，明明在提亲说媒，却对皇帝说谎，谎称自己不可能再娶，这又是一条欺君之罪。

一条抗旨不遵，两条欺君之罪，向敏中的罪过大了去了，这要搁到明清两朝，他肯定要掉脑袋。好在宋朝皇帝比较厚道，比较有人情味儿，不会轻易拿掉大臣的脑袋，只拿掉了向敏中脑袋上的宰相乌纱帽，让他去洛阳当了闲官。

向宰相倒台了，还有一个张齐贤张宰相。前面不是说吗？张齐贤要娶柴氏，柴氏也想嫁给他，双方你情我愿，是否可以喜结连理呢？对不起，不可能。

宋真宗接连受到向敏中欺骗，于是对相臣们充满了不信任。他继续调查柴氏，又发现当初柴氏控告向敏中买房时，所写的证词居然是别人代笔。代笔的这个人叫张宗诲，是张齐贤的二儿子。那不用说，肯定是张齐贤授意儿子替柴氏代笔，整了向敏中的黑材料。好啊，朕让你们当宰相，以为你们能以国家社稷为重，能以天下百姓为重，能把所有精力都用在替朕分忧解难上，哪知道你们私底下蝇营狗苟，钩心斗角，整天搞这些见不得人的鬼蜮伎俩！那好，你不仁，休怪朕不义，向敏中不是滚蛋了吗？你张齐贤也给我滚蛋吧！

第二天上朝，宋真宗罢免了张齐贤，也打发他去洛阳当闲官了。

那个柴氏呢？真宗皇帝会给她什么处分呢？我查《宋史》，查《续资治通鉴长编》，查张齐贤和向敏中的墓志铭，都没有见到记载。但我对她甚是佩服：一个寡妇改嫁，能惊动皇帝亲自调查，能让两大宰相先后倒台，不佩服行吗？

其实柴氏的影响还不止于此，她的改嫁一案，不仅让两个宰相下了台，还让一个宰相上了台。上台的这个宰相，就是寇准寇老西儿。

论才能，寇准比向敏中强得多，甚至比张齐贤都强，他胆识过人，办事果决，用人不疑，疑人不用，在民政、军政和财政上都有一套，是朝野闻名的实干家。但宋真宗迟迟不敢让寇准当宰相，因为寇准脾气不好，爱得罪人，在皇帝跟前都不留面子，年轻时与太宗皇帝争辩一件事，竟然扯着皇帝袖子不放，唾沫星子直喷到皇帝脸上。宋真宗说过："准诚有才，奈使性何！"寇准确实很有才干，可他要是对我使性子可怎么办呢？

现在呢？向敏中下台了，张齐贤下台了，真宗手里能用的宰相不多了，那就只好让寇准上台了。1004年，在柴氏改嫁一案的两年以后，寇准与另一位大臣毕士安一起升任"同中书门下平章事"，成了宰相。

四个宰相和一个寡妇的八卦到此结束，希望您从中看到的不仅仅是八卦，还能借此了解到宋朝的政局，了解到宋朝的世态人情。

欧阳修编家谱

提到欧阳修，您会想起《醉翁亭记》，想起“唐宋八大家”，可能还会想起一个不太常用的成语：画荻教子。

“画荻教子”这个成语，出自欧阳修小时候的励志故事。说是欧阳修从小就没了父亲，跟着母亲长大，家里很穷，买不起文具，母亲教他认字，只能用荻当笔，在泥土地上写写画画。生活如此艰苦，欧阳修仍然发奋学习，后来考中进士，当上大官，还成了北宋时期的文坛领袖和中国文学史上的散文大家。

就像大多数励志故事一样，以上故事也有虚构的成分。欧阳修 4 岁那年，父亲欧阳观就不幸病逝，母亲郑氏开始守寡。所以，欧阳修自幼丧父是历史事实。但即使在丧父以后，欧阳修也没有断绝经济来源，因为他和母亲去投奔了另一个做官的亲人——在湖北做官的叔叔欧阳晔。宋朝官员俸禄优厚，一个大官可以养活整个家族，一个小官也可以养活好几个家庭，叔叔欧阳晔虽是小官，却能让欧阳修母子衣食无忧，并且给欧阳修提供了学习条件。画荻教子的场景，可能是母亲带欧阳修郊游时偶尔为之，绝非常态。

现在互联网上能找到的《欧阳修墓志铭》，是北宋名臣韩琦写的。按韩琦的描述，欧阳修自幼绝顶聪明，过目不忘，一览成诵，长大后参加科举考试，三次考中第一。这种描述有夸大成分，真实情况是，欧阳修第一次参加解试（类似明清时期的举人考试）落榜了，第一次参加省试（类似明清时期的会试）也落榜了。落榜以后，他通过叔叔介绍，拜访文坛老将兼朝中官员胥偃，做了胥偃的学生兼女婿，然后由胥偃推荐到国子监就读，又过了两年才考中进士。

中进士后，欧阳修走上仕途，升官很快，降级也很快，一生当中几起几落。他被下放到安徽滁州，写成千古流芳的《醉翁亭记》那一年，其实还不到 40 岁，却自称“苍颜白发”，意思是官场坎坷，头发都白了。每当读至此，我都窃喜，自以为比欧阳修强得多——我已经过了 40 岁，却没有一根白发，因为连黑头发都没有了。

欧阳修 65 岁退休，退休时官职不小，是“观文殿学士、特进、行兵部尚书、知青州军州事兼管内劝农使、充京东东路安抚使、上柱国、乐安郡开国公，食邑四千三百户，食实封一千二百户”。前面那些头衔都是虚的，只代表朝廷恩宠和社会地位，但“食实封一千二百户”是实打实的，意思是每年能从朝廷那里领到 1200 户农民缴纳的赋税。有了这么一大笔补贴，欧阳修晚年完全不用发愁过日子的问题。吃喝不愁，衣食无忧，做什么事情来打发退休生活呢？他编写家谱，自己家的家谱。

在欧阳修编写的家谱上，第一代祖先是唐初书法家欧阳询，欧阳询生欧阳通，欧阳通的孙子叫欧阳琮。欧阳琮生活在唐朝末年，黄巢起义时曾率领乡民抵挡土匪。从欧阳询到欧阳琮，总共 5 代人，却跨越整个唐朝将近 300 年历史，平均代际间隔将近 60 岁。奇不奇怪？非常奇怪。

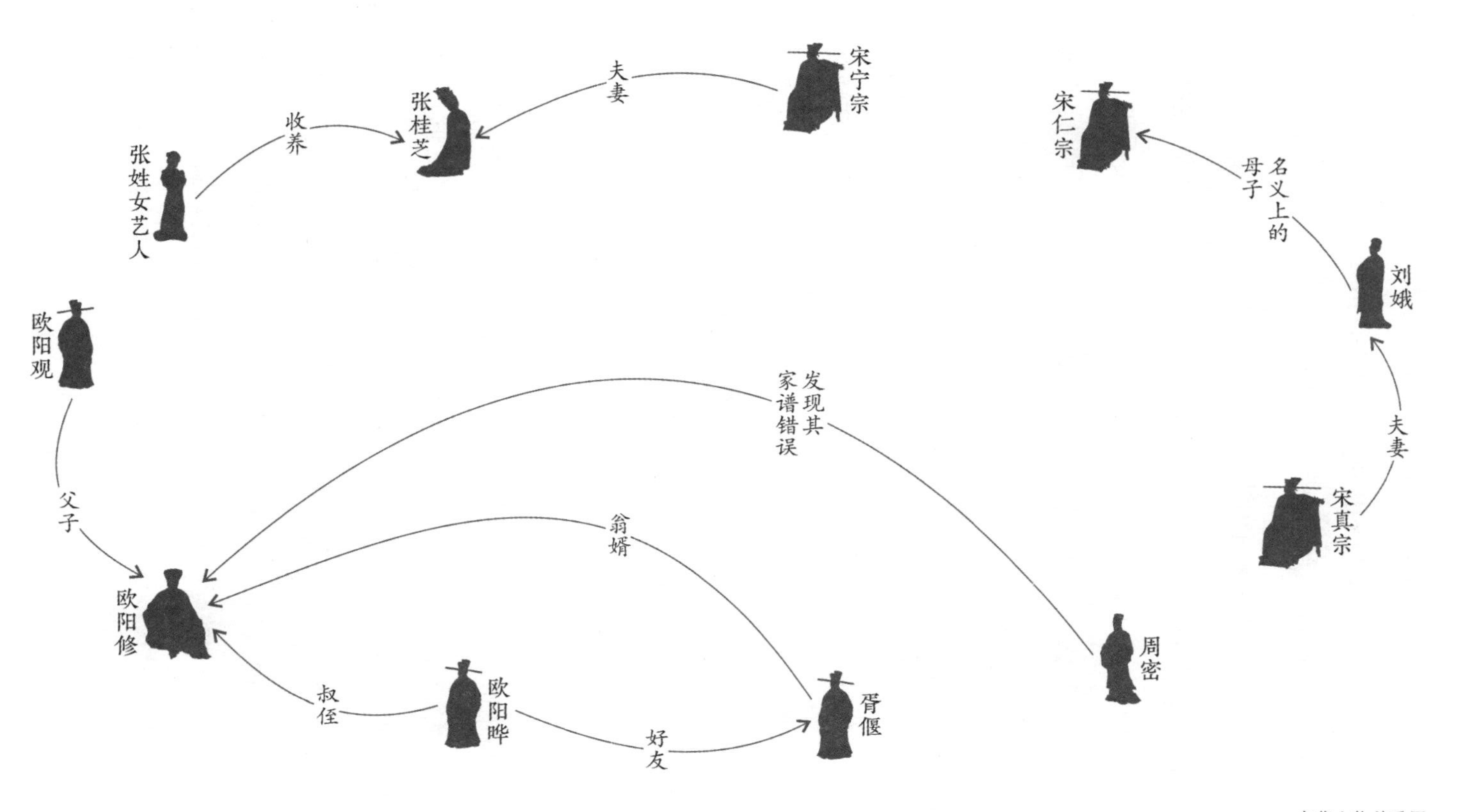
宋宁宗
夫妻
张桂芝
收养
张姓女艺人
宋仁宗
名义上的母子
刘娥
夫妻
宋真宗
欧阳观
父子
欧阳修
发现其家谱错误
周密
翁婿
叔侄
欧阳晔
好友
胥偃

本节人物关系网

再看欧阳修家谱的后半部分：从唐朝末年的欧阳琮算起，到北宋中叶的欧阳修为止，区区 150 年历史，竟然多达 16 代人，平均代际间隔还不到 10 岁。更加奇怪，对不对？

我们知道，父子之间相差 20 岁或者 30 岁左右是正常的，十几岁就生育也不是没可能，五六十岁再生育也完全没问题。问题是，欧阳修家谱上的前面几代平均相差近 60 岁，后面十几代平均相差又不到 10 岁，这就违背了人类繁衍的客观规律。唯一合理的解释是，欧阳修考证和梳理家谱时，工作不够仔细，前面漏掉了几代人，后面又多写了几代人。

南宋后期有个太学生，名叫周密，也发现了欧阳修家谱里存在的错误。他评价道："后世谱牒散亡，其难考如此，欧阳氏无他族，其源流甚明，尚尔，矧他姓也？"[1] 朝代更迭，战火绵延，老辈人要么把家谱弄丢了，要么根本就没有家谱。在这种情况下，后辈再想编家谱，困难重重，容易出错。像欧阳修的家族，同姓不多，名人不少，编写家谱相对容易，还搞出这么多错误，更何况其他姓氏编写的家谱呢？错误肯定更多。

周密的意思是，欧阳修的家谱之所以出错，是因为年代久远，信息丢失，考证难度极高。这样分析对吗？对，但还有别的因素。什么因素呢？那就是欧阳修故意编造。欧阳修为何要故意编造呢？容我讲个故事。

北宋前期，四川闹灾，有一个姓刘的小姑娘，父母都死了，在外婆家长大，十几岁时嫁人，嫁给一个银匠。小两口为了挣钱，千里迢迢来开封打工，到太子府上打造银器，她被当时还是太子的宋真宗相中了。宋真宗给了银匠一大笔钱，于是她改嫁宋真宗。真宗登基，她备受宠爱，从美人升为嫔妃，从嫔妃升为皇后。虽然贵为皇后，但她却没有生养儿子，倒是身边一个宫女给宋真宗生了儿子。她又妒又恨，将宫女的

[1]《齐东野语》卷 11《谱牒难考》。

儿子夺走，当成自己的儿子来抚养。后来真宗驾崩，这个被夺来的儿子登基，他就是宋仁宗。

相信您已经听出来了，这个姓刘的小姑娘，就是传统剧目《狸猫换太子》的主角——宋真宗最宠爱的皇后、宋仁宗最惧怕的母后、北宋时期垂帘听政时间最长的章献明肃太后，名叫刘娥。《狸猫换太子》属于传说，但刘娥父母双亡、先嫁银匠、后嫁真宗、夺走皇子、垂帘听政的故事，在《宋史·后妃列传》和多种宋人笔记当中均有记载，大概率属于史实。

刘娥本是平民，一步登天成为贵妃，进而成为皇后，进而就觉得自己的出身是个短板。她想跟朝中姓刘的官员攀亲戚，将自己的门第挂靠到别人家，结果碰了一鼻子灰，因为她找的那位刘姓官员太耿直，太实事求是，不愿意冒认皇亲。刘娥一不做，二不休，干脆假造一本家谱，直接跟死人攀上亲戚，说她父亲就是早已牺牲的开国大将刘通，说她祖父就是五代十国时期赫赫有名的武将刘延庆。宋真宗知道刘娥假造家谱，但并不揭穿，甚至还主动帮刘娥圆谎，因为让开国大将的女儿做皇后，比让平头百姓家的女儿做皇后更有面子。

类似的故事，在南宋也发生过。南宋有一个杨皇后，出身更加贫贱，无父无母，没有姓名，是教坊司一个张姓女艺人捡来的孩子，于是跟着姓张，取名张桂芝。张桂芝长大以后，被宋宁宗相中，一路升为皇后。成了皇后以后，张桂芝不想让世人知道她是艺人收养的（古代艺人地位偏低），于是跟朝中一个姓杨的出身很好的官员攀亲戚，改姓为杨，成了杨桂芝。就像刘娥刘皇后一样，杨桂芝杨皇后的权力也很大，后来也曾垂帘听政。她垂帘听政时，大修杨氏家谱，以至于元朝人撰写《宋史·后妃列传》时，误以为她本来就姓杨，误以为她是贵族出身的大家闺秀。

古人编造家谱，不仅仅是为了虚荣。早在魏晋时期，官场上最看重门第，平民子弟为了做官，有时不得不将祖上十八代都换成贵族。为了让这种编造显得更有说服力，他们还会请专业人士编造家谱，或者从贵族手里高价购买家谱。直到隋唐时期，编造家谱仍然是一门长盛不衰的产业。唐朝后期，“安史之乱”平息过后，原本欢迎西域移民的唐朝开始转向排外，胡人感受到了强烈的敌意，那些留居长安的突厥人、粟特人、契丹人、回纥人都纷纷改成汉姓，假造家谱，让外人以为他们自始至终都是中华士族。

最后我必须说明，我不认为欧阳修故意编造了家谱，我只是想借家谱出错的故事阐述两个观点：第一，我们后人查阅历史文献时，家谱未必可靠；第二，当很多人都开始在某个事物上造假时，就不是道德问题了，而是制度问题。

王安石的家风

有宋一朝，多出才女，最著名的当然是李清照，其次是朱淑真，再次就是那些在今天不太知名但在宋朝颇有影响的才女，例如王安石的妻子、妹妹和几个女儿。

先看一首七言绝句：

西风不入小窗纱，秋气应怜我忆家。
极目江山千里恨，依前和泪看黄花。

这首诗是王安石大女儿在出嫁后写的，表达了她对娘家的思念。诗意浅白，意境算不上高远，但平仄工巧，韵律舒缓，是非常规整成熟的七言律绝。“极目江山千里恨”，这句相当大气，格局一下子上去了。

还有一些没能完整流传下来的诗词片段，分别出自王安石的妻子、妹妹和侄女之手。“待得明年重把酒，携手，那知无雨又无风。”这是王安

本节人物关系网

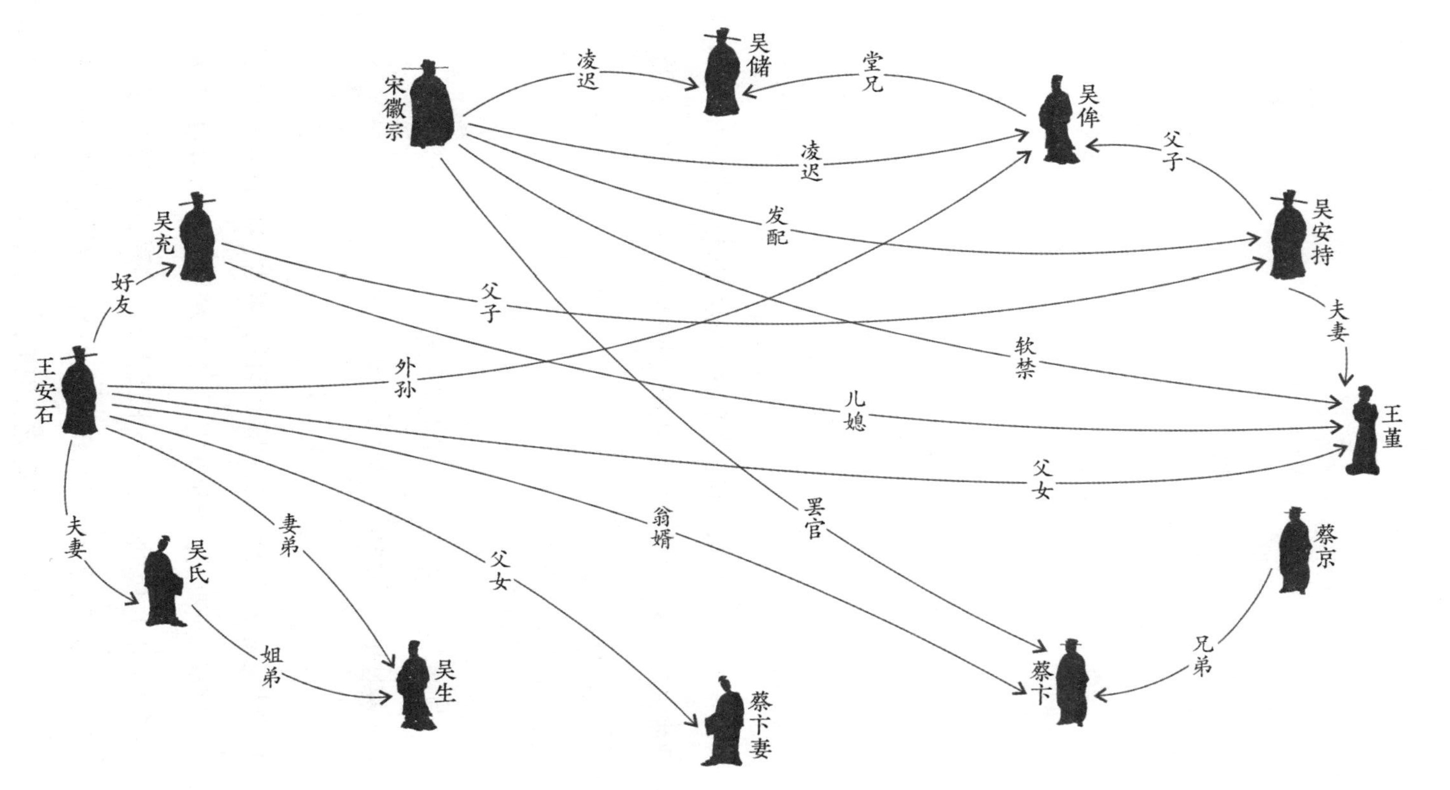
宋徽宗
吴储
吴侔
吴安持
吴充
王安石
王堇
蔡京
蔡卞
蔡卞妻
吴氏
吴生
凌迟
堂兄
凌迟
父子
发配
父子
夫妻
好友
软禁
外孙
儿媳
父女
罢官
翁婿
夫妻
妻弟
父女
兄弟
姐弟

石妻子的词；“草草杯盘供笑语，昏昏灯火话平生。”这是王安石妹妹的诗；“不缘燕子穿帘幕，春去春来那得知。”这是王安石侄女的诗。

宋朝文学评论《临汉隐居诗话》有云：“近世妇人多能诗，往往有臻古人者，王荆公家最众。”意思是说宋朝多出才女，王安石家更出才女。但是，才和德是两回事，才女也好，才男也罢，文采了得，品德未必一定高尚，我们不能说“女子无才便是德”，同样也不能说“女子有才便有德”。

说到才女无德，王安石的妻子吴氏是个典型。宋人笔记《萍洲可谈》记载，王安石从江宁知府的职位上退休，需要搬出知府衙门，回自家私宅里定居。衙门里有一张藤床，系公家所有，吴氏喜欢这张床，竟让下人搬回了家。王安石是清官，从不吞占公物，劝吴氏把床还回去，吴氏不听。知府衙门的差役赶到家里索取，百般求情，吴氏不理。逼得王安石无计可施，穿着鞋子躺在那张床上。吴氏有洁癖，见那张床已被老公弄脏，就不想要了，最后总算还给了公家。

吴氏还护短，有时因为护短，竟置国法于不顾。宋人笔记《东轩笔录》记载，吴氏的弟弟吴生到南京（时称“金陵”）游玩，住在南京某寺行香厅。那行香厅宽敞雅洁，南京官府经常借用此厅举行仪式。有一天，皇帝生日，南京官员要在行香厅集合，为皇帝祝寿，好言好语请求吴生搬到别屋去住，等仪式完毕再搬回来。吴生嫌麻烦，不搬。不但不搬，他还当场辱骂那些官员，犯下辱骂官长的罪。大家都知道他是王安石的小舅子，有的看在王安石面子上，不跟他一般见识；有的忍不下这口气，等仪式一结束，就对他签发了逮捕令。吴生吓坏了，一溜烟躲进王安石府里。几个官员去拜见王安石，诉说吴生辱骂官长的经过，得到了王安石的准许，开始进屋抓人。吴氏却拦住不让进，大声呵斥这些官员：“相公罢政，门下之人解体者十七八，然亦无敢捕吾亲属于庭者，汝等乃敢尔耶！”我们家老王虽说不是宰相了，老部下们也大都退休了，但是瘦死的骆驼比马大，再大的官儿也不敢到我们府上放肆，你们竟敢拿我家属，莫非吃了熊心豹子胆？吴氏这劈头盖脸一顿骂，骂得南京官员不敢还口，只得将吴生放走。

有其母必有其女，吴氏的泼辣也被女儿所继承。《宋史·蔡卞传》记载：

> 蔡卞妻王夫人，荆公女，颇知书，能诗词。蔡每有国事，先谋之床第，然后宣之庙堂，时执政相语曰："吾辈每日奉行者，皆其咳唾之余也。"

说是蔡京的弟弟蔡卞娶了王安石的二女儿，这位王家二小姐知书而不达礼，写诗填词之余，大搞裙带关系。蔡卞当副相时，每有重大决策和重大任命，都要先回家跟老婆商量，老婆怎么说，他就怎么办，老婆说让用谁，他就升谁的官。

据南宋文献《容斋三笔》记载，王安石的二女儿让蔡卞提拔一个人，那个人是王安石连襟的外孙。蔡卞一听是这层关系，赶紧去向哥哥蔡京说情，通过蔡京的权力，让王安石连襟的外孙做了大官。

再看王安石的大女儿，也就是"极目江山千里恨，依前和泪看黄花"的作者，她叫王堇，乳名"伯姬"，嫁给了王安石同年好友的儿子吴安持，生下一个儿子叫吴侔。吴侔有一个堂兄叫吴储，宋哲宗时期出任某地知州。吴储迷信相术，有道士给他看相，夸其相貌"贵不可言"。吴储既兴奋又紧张，将这件事告诉吴侔。吴侔年轻不知深浅，竟然劝吴储造反。这对堂兄弟暗地里经营多年，直到宋徽宗即位，也没有完成招兵买马的计划。公元1107年，吴储、吴侔以及那个看相道士密谋造反的计划被人告发，随后他们被关进天牢，凌迟处死。

吴侔兄弟造反时，王安石早已去世，但王安石的女婿吴安持和女儿王堇都还健在。身为造反者的亲生父母，他们当然会受到牵连。吴安持对儿子知情不举，被判死缓，后来减为徒刑，发配到了长沙（时称潭州）；王堇对儿子失于管教，从轻发落，被软禁起来。另外还有几个亲戚，平日与吴侔有过来往，虽未参与造反，却有知情不举的嫌疑，例如前面提到的蔡京之弟蔡卞，也因此被罢官。

吴侔造反事件成了王安石家族命运的转折点。在此之前，王安石家族蒸蒸日上，王安石的儿子、侄子、侄孙相继进入官场并受到重用；在此之后，王家子孙不得不揖别政坛，甚至不得不揖别文坛。从北宋末年到南宋灭亡，我们再也没有听说过任何一个名人出身于王安石家族，就是这个原因。

问题在于，吴侔为什么要造反？一是因为迷信，竟然相信相士的信口雌黄；二是因为狂妄，竟然认为他们堂兄弟俩有能耐掀翻大宋王朝。除此之外，我觉得跟他的生活环境也有很大关系：外祖父王安石当过宰相，祖父吴充是王安石的同学好友，当过副相。身为宰相的外孙和副相的孙子，他养尊处优，锦衣玉食，每天见到的官员都在拍他马屁，如果再缺乏理性的家庭教育，怎会知道天高地厚呢？而如果吴侔没有受过好的家教，那么王安石的大女儿王堇就有难以推卸的责任，因为她是吴侔的母亲。

王堇有才，可能也有德，以她的聪颖和见识，绝对不会蠢到去撺弄儿子造反。但是考虑到她的生活环境，她应该很难让儿子学会遵纪守法。前文不是说过吗？王安石的妻子吴氏，也就是王堇的母亲，贪婪，护短，泼辣，能指着鼻子将知府级别的官员骂得狗血淋头，事后却不必承担任何责任。王安石的女儿们看在眼里，极有可能有样学样，将同样的任性和张狂传给下一代。

平心而论，王安石在道德上堪称完人，他不贪财，不好色，不倚仗权势欺人，也不喜欢溜须拍马的下属，别人反对他的变法主张，他力图用道理和实效来说服人家，实在说不服，也绝不会打击和陷害反对者。但他的家风实在成问题，他家出了许多才女，同时也出了一个贪婪、护短和暴戾的妻子（吴氏），还出了一个不断向丈夫吹枕头风提拔这个提拔那个的女儿（蔡卞之妻），至于他去世以后外孙造反，那更说明他的家风有问题。更准确地讲，吴侔造反说明王安石家族及其好友吴充家族的家风都有问题。

现在让我们多想一步，王安石的妻子、女儿和外孙之所以走到那一步，仅仅是因为家风有问题吗？仅仅是因为王安石没管好家属吗？恐怕不是。真正的病根儿恐怕不是家风，而是整个官场的风气。

北宋文献《东轩笔录》载有一段故事，说是王安石执掌相权时，“每生日，朝士献诗颂，僧道献功德疏以为寿，舆皂走卒皆笼雀鸽，就宅放之，谓之放生”。王安石每年过生日，百官纷纷献诗，僧道纷纷祝寿，连商贩都提着鸟笼子到门前放生。有一个京官名叫巩申，渴望得到王安石的提拔，“以大笼贮雀，诣客次，搢笏开笼，且祝曰：‘愿相公一百二十岁。’”用大笼子装上许多麻雀，来到王安石的寿宴上，一边给王安石祝寿，一边打开笼子放生。

王安石变法，反对者多，拥护者少，为什么文武百官、小商小贩和出家人都来给他祝寿呢？并不是羡慕他的人品，而是羡慕他手中的权位。谁手中有权，就向谁拍马屁，这是历朝历代都有的惯例，也是权力缺乏制衡之时的必然现象。王安石的妻女生活在这种环境下，想不走上嚣张的道路，实在太难。

从苏小妹到苏八娘

传说苏东坡有个妹妹，芳名不详，人称“苏小妹”。她冰雪聪明，博学多识，才气不亚于苏东坡，后来嫁给了苏东坡的门生——著名词人秦少游。

《醒世恒言》第 11 卷《苏小妹三难新郎》，写的就是苏小妹故事，情节较长，我们简单转述如下：

苏小妹 10 岁那年，父亲苏洵构思一首七言律诗，刚写完前四句，有客来访，撂下笔去见客。苏小妹溜进书房，帮父亲续上了后四句。苏洵送客回来，发现诗已完工，不但平仄严整，而且意境高远，又跟自己写的前四句诗意相连，就像是同一个人写的一样，一问是出自女儿之手，忍不住叹道：“可惜是个女孩子，要是个男孩，考进士、中状元，易如反掌！”

苏小妹 16 岁那年，读到王安石之子王雱的大作，很是欣赏，但她认为王雱的文笔有点儿华而不实，王雱成名会很早，寿命却不会长久。后来果然如她所料，王雱年纪轻轻就病死了。

本节人物关系网

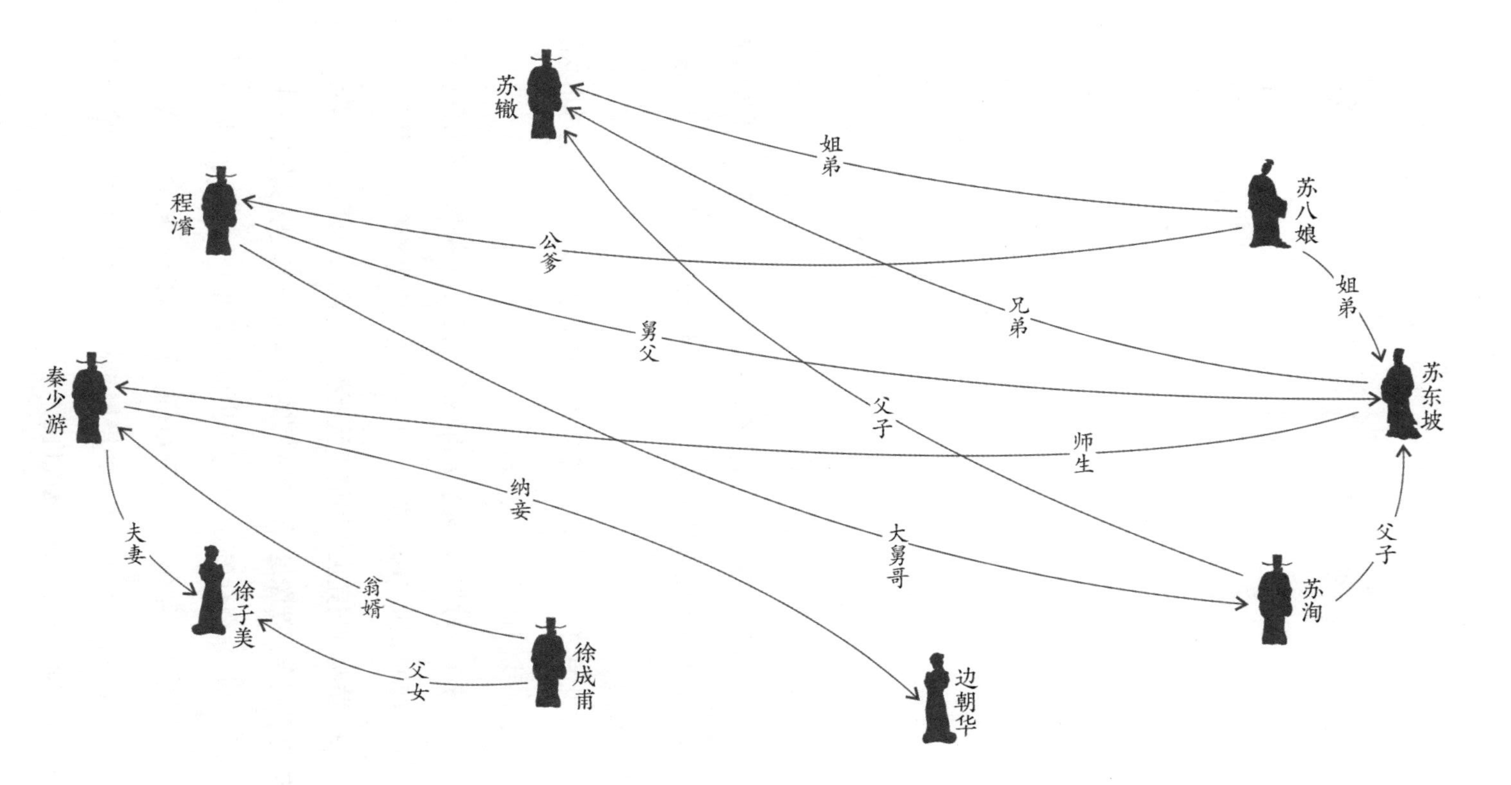
苏辙
程濬
苏八娘
姐弟
公爹
姐弟
兄弟
舅父
秦少游
苏东坡
父子
师生
纳妾
夫妻
大舅哥
父子
徐子美
翁婿
苏洵
徐成甫
父女
边朝华

秦少游仰慕苏小妹的才华，上门提亲，苏洵、苏东坡都欣然应允，苏小妹也答应了。但在新婚之夜，苏小妹出了三个题目，让秦少游作答，答得不好就不许入洞房。秦少游没有苏小妹机智，在第三个题目上犯了难，苦苦琢磨到半夜，多亏苏东坡暗中帮忙，才满分交卷，鸳鸯得谐。

苏小妹婚后省亲，进京看望苏东坡。苏东坡刚收到佛印和尚寄来的一篇长歌，死活看不懂，而苏小妹只看了一遍，就帮哥哥解开了难题。苏东坡大惊，说："我妹妹真厉害，比我强得多，要是生为男身，官位远胜于我！"

苏小妹才气大，容貌却不够出众，她额头凸起，眼窝深陷，奔儿头大脑袋，宛如女版寿星。苏东坡跟她开玩笑："未出庭前三五步，额头先到画堂前。"苏小妹不甘示弱，立马顶回去："口角几回无觅处，忽闻毛里有声传。"意思是嘲笑苏东坡满脸胡须，把嘴都遮住了。苏东坡又笑小妹眼窝深："几回拭脸深难到，留却汪汪两道泉。"苏小妹马上讽刺哥哥下巴长："去年一点相思泪，至今流不到腮边。"

以上故事广为流传，不仅出现于话本小说，也被编为戏曲，搬上电视，拍成电影，画进漫画。查考其源头，早在冯梦龙编撰《醒世恒言》之前，元杂剧《花间四友东坡梦》里就有了苏小妹——饰演苏东坡的演员开场念白："小官眉州眉山人，姓苏名轼，字子瞻，别号东坡，乃老泉之子，弟曰子由，妹曰子美，嫁秦少游者是也。"而在元杂剧之前，南宋时期就流传的《东坡居士佛印禅师语录问答》里，已经出现苏小妹与秦少游、苏小妹与苏东坡的诸般趣事、往来书信和诗词对联。可见苏小妹的传说源远流长，至少在南宋时期就基本成形了。

不过，传说流传再广，也不能代替历史，真实的历史可能会让我们大失所望。

首先，秦少游的妻子并非苏小妹。据秦少游的《徐君主簿行状》，他的妻子姓徐，名叫徐子美，是湖南宁乡主簿徐成甫的大女儿。秦少游中年纳妾，这个小妾是河南开封人，名叫边朝华。也就是说，秦少游一妻一妾，都不姓苏，都跟苏小妹扯不上关系。

其次，苏东坡并没有妹妹。苏洵死后，欧阳修为其写传，说苏洵生了六个孩子，三男三女，大儿子苏景先早早夭折，二儿子就是苏东坡，三儿子就是苏辙，三个女儿都在苏东坡之前出生，她们是苏东坡的姐姐，而非妹妹。

古代医学落后，儿童成活率低下，苏东坡三个姐姐只有一个长大成人，她的名字可不是苏小妹，而是苏八娘。宋朝惯例，男孩为“郎”，女孩为“娘”，前面加上排行，就是现成的名字。例如“武大郎”是武家第一个男孩，“宋三郎”是宋家第三个男孩，“苏八娘”呢？当然是苏家第八个女孩。

读者朋友可能会质疑：不对啊，刚才不是说苏东坡三个姐姐吗？怎么会冒出“苏家第八个女孩”来呢？

原因很简单，古代中国家族观念重，排行都是在整个家族里去排的。如果一个男孩在同辈兄弟中排行第七，那就是七郎；如果一个女孩在同辈姐妹中排行第八，那就是八娘。像苏东坡和苏辙哥儿俩，在眉山苏家同辈兄弟中的排行分别是九十二和九十三，所以苏东坡晚年被堂孙尊称为“九二丈”，而苏东坡则亲昵地称呼苏辙“九三郎”。

苏八娘排行第八，却是苏洵一家的独女，苏洵夫妇爱如掌上明珠，从小教她读书写字，像男孩一样学习诗书。苏洵晚年写诗悼念女儿，诗前有一段序文：“女幼而好学，慷慨有过人之节，为文亦往往有可喜。”可见苏八娘与传说中的苏小妹有些相像，也是一个才女。

但这个才女遇人不淑，婚姻特别悲惨，竟然被公婆虐待至死。苏洵《自尤》诗序记载：

> 濬本儒者，然内行有所不谨，而其妻子尤好为无法。吾女介乎其间，因为其家之所不悦。适会其病，其夫与其舅姑遂不之视而急弃之，使至于死。

这段话说的是，苏八娘公爹人品差，生活作风不好，婆婆更是作恶多端。苏八娘生病，公婆不给她请医生，还虐待她，致使她早早离世。

苏洵用一首长诗回顾了女儿被公婆虐待的经过，其中几句写道：

“生年十六亦已嫁，日负忧责无欢欣。归宁见我拜且泣，告我家事不可陈。”16 岁过门，天天受气，只能回娘家哭诉。

“人多我寡势不胜，只欲强学非天真。昨朝告以此太甚，捩耳不听生怒嗔。”婆家人多势众，苏洵不敢替女儿出头，反而逼迫她坚守妇道，忍气吞声。

“谁知余言果不妄，明年会汝初生孙。一朝有疾莫肯视，此意岂尚求尔存？……此时汝舅拥爱妾，呼卢握槊如隔邻。狂言发病若有怪，里有老妇能降神。”苏八娘 17 岁分娩，产后得了一场重病，婆婆不管不问，任凭儿媳自生自灭。公爹更过分，搂着小妾，大呼小叫地赌博，还说苏八娘不是生病，是中了邪，应该让巫婆给她驱邪。

“婴儿盈尺未能语，忽然夺取词纷纷。传言姑怒不归觐，急抱疾走何暇询。”苏洵夫妇心疼女儿，把苏八娘接回娘家医治。婆婆竟然赶到苏家，以儿媳不孝为由，强行把孩子抱走。苏八娘重病之下，气急身亡。

“深居高堂闭重键，牛虎岂能逾墙垣？登山入泽不自爱，安可侥幸遭麒麟？”苏洵哀悼女儿，痛恨自己，后悔不该把女儿嫁到狼窝，假如当初不是他答允这门糟糕的亲事，女儿怎么会不幸离世呢？

苏洵确实该为女儿的死负些责任。第一，他不该屈服于亲家公和亲家母的嚣张气焰，任凭他们虐待苏八娘；第二，起根儿上说，他不该攀高附贵，把女儿嫁过去。

苏八娘公爹姓程，名叫程濬，是眉山的大乡绅，也是苏洵的大舅哥，因为苏洵娶了程濬的妹妹，也就是苏东坡的母亲。当年苏洵成亲，程家还不太富裕，与苏家的地位和财富大致相当。等到苏八娘成亲时，程家接连出了两个进士，程濬甚至做到夔州路转运使（相当于副省长），气焰大涨，在眉山堪称一霸。苏洵在《苏氏族谱序》里或明或暗大骂程家："其舆马赫奕，婢妾靓丽，足以荡惑里巷之小人，其官爵货力足以摇动府县，其矫诈修饰言语足以欺罔君子，是州里之大盗也。"但他仍然将女儿嫁给"州里之大盗"。所以苏洵被朋友批评："子自知其贤，而不择以予人，咎则在子，而尚谁怨？"你明知程家是个火坑，还让你那么贤惠的女儿跳进去，难道怪得了别人吗？

苏洵当初并不是没有考虑过这些问题，他有三个想法：首先，程家成了官宦，苏家还是平民，与官宦结亲可以提升苏家的地位。其次，两家本来就是亲戚，亲上加亲岂不更好？女儿嫁给表哥，公爹是她舅舅，应该不至于受气。再次，"乡人婚嫁重母族，虽我不肯将安云？"[1]女儿嫁到舅舅家是乡里风俗，苏洵不得不按风俗走。但他没有料到，他的大舅哥竟然那么不是东西，断送了他的女儿。

女儿的死让苏洵深受刺激，他发奋攻读，也让两个儿子努力向上，争取考中进士，与程家相抗衡。后来苏东坡和苏辙果然都中了进士。苏洵本人虽然屡次不第，但仍然靠欧阳修的举荐，做了一个小官。

这个故事并不励志，至少对苏八娘而言，从头到尾都是悲剧。问题在于，这悲剧是怎样酿成的呢？是因为苏洵包办婚姻吗？也不全是。包办婚

[1] 苏洵《自尤》。

姻若不幸福，离婚就是了。但古代中国“好女不嫁二男”的观念根深蒂固，苏洵不敢让女儿离婚，苏八娘也未必会想到离婚。

还是让我们用苏洵的诗来结尾吧：“嗟哉此事余有罪，当使天下重结婚！”女儿婚姻不幸，这都怪我，希望天下父母能从中吸取教训，好好考虑儿女的婚姻。

苏东坡的孙子娶了谁？

上回说到，苏东坡的父亲苏洵攀龙附凤，将女儿苏八娘嫁给夔州路转运使程濬的儿子，因为门不当户不对，致使女儿受尽虐待，不到20岁就香消玉殒。

上回没有说的是，苏东坡与苏辙做官以后，苏家马上改换门庭，婚姻圈子不断扩大，与欧阳修、曾巩、范镇等高级官员结成亲家，儿子们迎娶尚书的孙女，女儿们嫁给知府的儿子……

下面继续这个话题，说说苏东坡以及苏辙孙辈的婚姻对象。

我们知道，苏东坡三个儿子（小妾王朝云生下第四个儿子，但不幸夭折），分别是苏迈、苏迨、苏过。这三个儿子又给苏东坡生下十几个孙子，有名可考的不到十人，能查到妻门出身的仅有两人，这两人分别是苏符、苏篑。

苏符是苏迈的二儿子，字仲虎，生于1086年，天资聪明，几岁就会作诗，深受苏东坡的宠爱和器重。早年苏辙在许昌买房，苏东坡流放时，部分子孙依附苏辙，去许昌定居，所以苏符在许昌长大。后来又因为苏东坡葬在郏县，所以苏符搬到郏县守墓，与苏东坡的三儿子苏过一起在郏县安家。又过几年，苏辙去世，朝廷为了纪念苏辙的功劳，给苏辙的儿子、孙子和侄孙封官，苏符也得到一顶乌纱帽，被派到确山县（今属河南）当县丞，相当于副县长。再后来，北宋灭亡，南宋建立，苏符衣冠南渡，被宋高宗提拔为蜀州知州，相当于市长。岳飞遇害的前一年（1141），苏符又一次被提拔，担任礼部侍郎，相当于副部长。

苏符娶妻王氏，王氏是王适的女儿。王适又是谁呢？他是苏辙的女婿、苏东坡的侄女婿。苏符作为苏东坡的孙子，迎娶苏东坡侄女的女儿，属于亲上加亲。另外，王适还是苏东坡的爱徒，苏符娶王适的女儿，正是苏东坡亲自提的亲，相当于让孙子娶了徒弟的女儿。

王适学问很好，可惜死得早，没有做官。王适的父亲王正路是朝廷命官，与苏东坡交情不浅。从这层关系上讲，苏符娶的又是祖父好友的孙女。

再说苏东坡的另一个孙子苏篔，苏东坡二儿子苏迨所生，生卒年不详，只知道苏东坡活着时，苏篔尚未出世。

苏篔的母亲复姓欧阳，是欧阳修第三个儿子欧阳棐的第七个女儿。苏篔长大后，娶妻范氏，范氏是大臣范镇的曾孙女。对北宋历史不太了解的朋友，未必熟悉范镇这个名字。我要说明一下：范镇年轻时与司马光同住一室，同在一个院落办公，同时担任主考官，后来又与欧阳修一起编撰《新唐书》。范镇的恩师是薛奎，而薛奎是包拯的同僚兼挚友。苏东坡的父亲苏洵曾在开封老郑门（又名宜秋门）外买房，钱不够，向范镇借了许多钱。因为这层关系，苏东坡和苏辙都将范镇视为亲长，苏东坡的三儿子苏过娶了范镇的孙女，苏辙的三儿子苏逊娶了范镇另一个孙女。从苏过、苏逊到苏篔，苏家与范家世代结亲。

苏东坡有三个儿子，巧合的是，苏辙也有三个儿子。苏辙这三个儿子分别是苏迟、苏适、苏逊，其中苏迟官至工部侍郎，相当于副部长，苏适和苏逊官至通判，相当于副市长。

苏东坡有十几个孙子，刚巧苏辙也有十几个孙子。其中苏迟二子：苏简、苏策；苏适四子：苏籀、苏范、苏筑、苏筥；苏逊四子：苏筠、苏箴、苏箱、苏簦。别的孙子暂不可考。

苏辙的长子是苏迟，苏迟的长子是苏简，所以苏简是苏辙一门的长门长孙。身为长门长孙，苏简没有辜负苏氏家族的厚望。他在北宋末年当官，在郑州当过司刑（相当于司法干部），南宋初年去江西饶州当通判（相当于副市长），宋高宗绍兴年间（1131—1162），又接替李清照婆家大哥赵存诚的职位，出任广东安抚使，相当于广东省省长。苏简娶妻韩氏，韩氏是“忠献公之四世孙”[1]，即北宋名相韩琦的玄孙女。

苏适的长子苏籀，本为苏辙长子苏迟所生，由于苏辙次子苏适最初没生儿子，于是被过继给了苏适。苏籀一生经历曲折，幼年和少年时期都在许昌度过，北宋末年当上小官，刚当官不久，父母相继过世，只能回许昌守孝，直到金兵南侵，他也像绝大多数士大夫后代一样，背井离乡，向南逃难。他先到湖南，后到浙江，可能还去过福建。直到南宋建国十几年后，宋高宗想起苏东坡的文章风流，下旨征召苏东坡以及苏辙的后代为官，苏籀才再次走上仕途。他渴望光宗耀祖，重振苏家声威，为此不惜溜须拍马，捧秦桧的臭脚，与设计陷害岳飞的奸臣王次翁结成死党，并且对主战派大臣李纲落井下石。在秦桧提携下，苏籀不断升官，从县衙门的小小秘书升到通判。

苏籀活了 70 多岁，娶妻不止一次，我能考证到的一任妻子姓方，来自福建莆田方家。唐宋时期，方家一直是莆田名门望族，前几代都是唐朝

[1]《宋宜人韩氏墓志铭》。

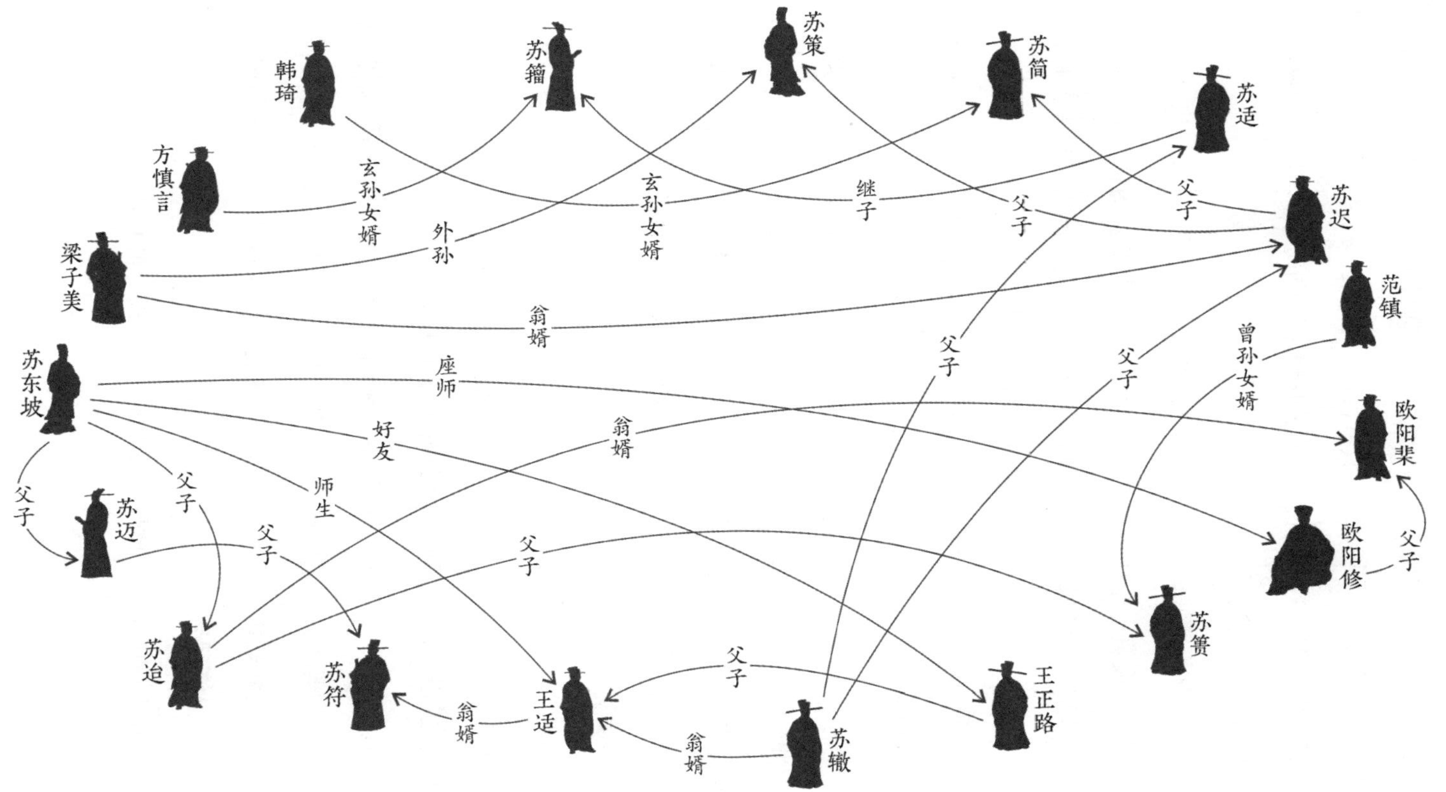

韩琦
苏籀
苏策
苏简
苏适
方慎言
玄孙女婿
玄孙女婿
继子
父子
父子
苏迟
梁子美
外孙
翁婿
范镇
苏东坡
座师
父子
父子
曾孙女婿
欧阳棐
好友
翁婿
父子
苏迈
父子
师生
父子
父子
欧阳修
父子
苏箕
苏迨
苏符
翁婿
王适
父子
翁婿
苏辙
王正路

本节人物关系网

进士，入宋以后，又出过一个方慎言，与欧阳修的父亲欧阳观和《卖油翁》的作者陈尧咨是同榜进士。方慎言曾任广东转运使、广州市舶使、广东兵马钤辖，相当于广东省省长、海关关长兼军区副司令。苏籀娶的妻子方氏，是方慎言的玄孙女。

苏东坡和苏辙都是进士，到了儿子辈，如苏迈、苏过、苏迨、苏迟、苏适等人，没有一个考中进士；再看孙子辈，苏符、苏篔、苏简、苏籀、苏策、苏筑、苏籥等人，至少就墓志铭和正史记载而言，也未见有人考中进士。但是，这并不影响苏氏兄弟的儿孙们做官，他们当中仕途平顺的，竟能升到省级、部级，比那些十年寒窗金榜题名的进士还要辉煌得多——宋朝大部分进士终其一生，都只能在府县两级打转。

苏东坡的儿孙为什么能如此幸运呢？是因为他们能力强吗？未必。是因为他们学问大吗？也未必。主要因为他们是苏东坡和苏辙的儿孙，有机会得到“父荫”或“祖荫”，有机会不经过科举考试，直接被朝廷封赏一官半职。其中还有一些儿孙，没有得到苏东坡哥儿俩的恩荫，却得到外祖父或者舅父的恩荫，例如苏迟的儿子苏策，“以外祖梁子美恩授将仕郎，主新郑簿”[1]。苏迟娶了湖南提刑梁子美的女儿，所以梁子美是苏策的外公，所以苏策靠着梁子美的恩荫，得到“将仕郎”（文官初级官阶）的乌纱帽，去新郑当上了县政府办公室主任（主簿）。

不仅在做官上优先，苏东坡的儿孙在谈婚论嫁时同样占尽优势。如前所述，苏迈等人娶欧阳修和范镇的孙女，苏简等人娶韩琦和方慎言的玄孙女，都是与朝廷重臣结亲，与名臣后代婚嫁，都将“门当户对”这四个字演绎到了淋漓尽致。

苏东坡的儿孙一定很帅、很能干、很有钱、很有才华吗？当然不是。

[1]《宋史翼》卷4。

那为什么能同时在事业和婚姻上占便宜呢？我有一个不太恰当的比方——像苏东坡这种大腕的后代，家庭教育和综合素质可能比一般人强。就像常春藤名校的毕业生，在职场上总是更受欢迎。藤校生未必一定优秀，但是茫茫人海，应聘者云集，一张藤校文凭意味着你是优秀人才的概率比别人大，意味着你能迅速降低雇主的选择成本。

谁是李清照的亲戚？（上）

众所周知，李清照是宋朝最著名的才女。但大家未必知道的是，李清照还有许多著名的亲戚。

先说李清照的父亲李格非。他跟李清照一样，自幼聪明，少年成名，年纪轻轻就在文坛上崭露头角，在文学史上留下了浓重的一笔。

《宋史》上是这么描述李格非的："其幼时，俊警异甚。"小时候特别聪明，是远近闻名的神童。"著《礼记说》数十万言，遂登进士第。"学问精湛，博学深思，为《礼记》写了几十万字的注解，随后考中进士。"为郓州教授，郡守以其贫，欲使兼他官，谢不可。"初入官场，在山东郓城当教育局局长（宋代州学"教授"相当于市教育局局长），俸禄不高，家境贫寒，领导让他兼任别的官职，以便增加收入，被他谢绝了。由此可见，李格非不贪钱财，居官清廉，不仅有才，而且有德。"入补太学录，再转博士，以文章受知于苏轼。"从郓城调进京城，去国立最高学府太学当教授，因为文学成就高，受到了苏东坡的赏识。

李格非擅长散文和诗赋，最有名的代表作是《洛阳名园记》。这篇文章描写北宋时期洛阳城中达官显贵和富商大贾建造的花园别墅，辞藻华丽，对仗工整，还有深刻的寓意。李格非说："洛阳之盛衰，天下治乱之候也。"国家升平则洛阳繁盛，胡虏入侵则洛阳凋敝，从洛阳一城之兴衰，可以预见天下大势。

《宋史》上还说："妻王氏，拱辰孙女，亦善文。"李格非的妻子王氏，是北宋名臣王拱辰的孙女，同时也是个才女。王拱辰是开封通许人，19岁中状元，既是著名文学家欧阳修的同榜进士，又是欧阳修的连襟——欧阳修娶了大臣薛奎的四女儿，王拱辰则娶了薛奎的五女儿。

因为王拱辰的孙女嫁给了李清照的父亲，所以王拱辰应该是李清照的曾外祖父，俗称"太姥爷"。但是，李清照并非王拱辰的孙女所生，在李格非跟王拱辰的孙女结婚之前，李清照已经出生了。确切地说，王拱辰的孙女是李格非的第二任妻子，而李清照却是李格非第一任妻子生的。

有意思的是，李格非的第一任妻子，也就是李清照的亲妈，同样姓王，同样出身名门。北宋大臣李清臣《王文恭公珪神道碑》记载："女，长适郓州教授李格非，早卒。"这个"王文恭公珪"，即北宋名相王珪，谥文恭，是著名政治家王安石的同榜进士。后来宋神宗推行变法，王安石担任"同中书门下平章事"，相当于宰相；王珪担任"参知政事"，相当于副宰相。再后来，王安石提前退休，去金陵（今南京）养老，王珪升任"同中书门下平章事"，从副宰相变成了宰相。

王珪的大女儿嫁给时任郓州教授的李格非，生下了李清照，却不幸在李清照5岁左右撒手人寰。公元1091年，也就是李清照8岁时，李格非续娶王拱辰的孙女，给李清照找了一个后妈。

南宋时期有一部笔记体文献《鸡肋编》，该书第二卷有不同记载：

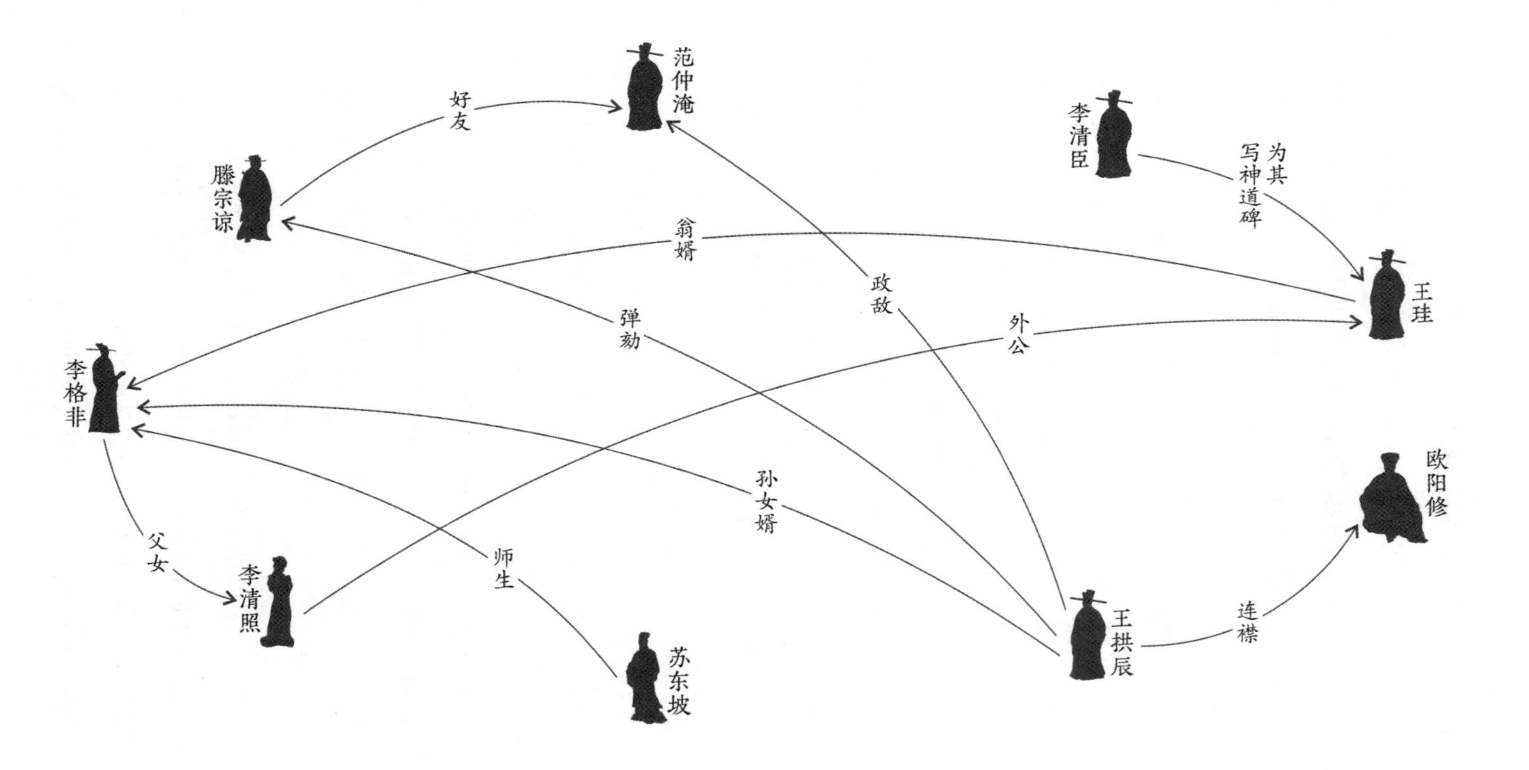
本节人物关系网
范仲淹
好友
滕宗谅
李清臣
为其写神道碑
王珪
翁婿
弹劾
政敌
外公
李格非
孙女婿
欧阳修
父女
李清照
师生
苏东坡
王拱辰
连襟

“歧国公王珪在元丰中为丞相，……孙婿九人：余中、马珝、李格非……”照此记载，李格非竟然不是王珪的女婿，而是王珪的孙女婿。但这个记载并不可靠，因为《鸡肋编》问世时，王珪和李格非都已去世多年，《鸡肋编》作者与王珪、李格非和李清照都没有交集，只能依据第二手或者第三手资料转述。您知道，未经详细考证的转述往往会产生错误信息。

比较起来，李清臣的《王文恭公珪神道碑》还是可靠的。李清臣与王珪生活在同一时代，与王珪同朝为官，交情不浅。再者说，神道碑与墓志铭一样，都是受死者家属委托而撰写的陪葬文字，对死者事迹的描述或许会有夸大和吹嘘，但绝对不可能将死者和死者亲属的辈分搞错。李清臣在《王文恭公珪神道碑》说李格非是王珪的女婿，肯定比《鸡肋编》作者说李格非是王珪的孙女婿更可信。

读者诸君乍听“李清臣”这个名字，可能会觉得此人是李清照的同辈兄弟。其实他比李清照辈分高得多，也比李清照出世早得多。李清臣比李清照早出生半个世纪，与李清照的祖父和外祖父同辈。论起李清臣和李清照的关系，那就像李开复和李开周的关系一样，仅仅是名字相似而已。

闲言少叙，我们接着八卦李清照的亲戚。

李清照 6 岁那年，李格非从郓城调任开封，在开封御街以西租了一所小房，取名“有竹堂”。大概就是在那一年，李清照来到开封，跟着父亲定居于“有竹堂”。

李清照 8 岁那年，李格非续娶王拱辰的孙女。

李清照 12 岁那年，李格非带着李清照去洛阳探亲，在那里写下《洛阳名园记》。

李格非为什么要去洛阳探亲呢？因为王拱辰的妻儿老小住在洛阳。

宋人笔记《画墁录》记载：“王君贶拜三司，二十有七岁矣，自尔居洛起第，至八十岁，位至宣、徽二府，尽其财力，终身而宅不成。”王拱辰字君贶，当过三司使（相当于财政部部长）。从他当上三司使开始，就在洛阳盖房，直到晚年掌管宣徽院（相当于外交部）、主政大名府以及应天府（今河南商丘），还在不停地扩建宅邸。王拱辰去世后，洛阳府邸由李格非的岳父继承，那是一座连续建造了几十年的府邸，自然非常豪华。李格非在《洛阳名园记》里写的“王开府宅园”，就是这座豪宅。用李格非的话说：“园中树松桧花木千株，皆品别种列，除其中为岛屿，……凉榭、锦亭，其下可坐数百人。宏大壮丽，洛中无逾者。”花园里点缀着一千种以上珍奇植物，有山有水有小岛，亭子下面能坐几百人，论宏大和壮丽，在洛阳能数第一。

王拱辰是状元出身，文章好，学问好，在历史上的名声却不完美。宋人笔记《麈史》记载，王安石变法期间，朝中大臣和卸任的大臣都喜欢在洛阳盖房，其中包括王拱辰，也包括司马光。司马光居官清廉，生活俭朴，房子低矮窄小，还有一部分是地下室，为的是冬暖夏凉；王拱辰俸禄优厚，生活奢侈，房子雄伟壮丽，堂屋盖了三层，如同宫殿一般。洛阳的士绅将司马光比作圣人，将王拱辰当作小人。

如果仅仅是生活奢侈，并不足以证明人品有瑕疵。王拱辰在宋朝士大夫主流舆论中受批评，是因为他曾经为了权力排挤他人。当年范仲淹搞“庆历新政”，他极力反对，将范仲淹及其好友滕宗谅赶出朝廷，搞得范仲淹郁闷不已，然后才写下那篇流传千古的《岳阳楼记》。

还记得《岳阳楼记》开头吗？“庆历四年春，滕子京谪守巴陵郡。”滕子京就是范仲淹的好友滕宗谅，文武双全，战功卓著，本来有望进入权力中枢。为什么“谪守巴陵郡”呢？就是因为李清照的太姥爷王拱辰不断地上书弹劾，说滕子京贪污公款，德不配位。实际上，滕子京并没有贪污公款，而是将招待过往官吏公款吃喝的“公使钱”省出来，犒赏了将士，安抚了流民，不仅无过，反而有功。

王拱辰是李清照后妈的祖父，对李清照影响并不大，下回我们说说李清照的亲姥爷，也就是北宋名相王珪。

谁是李清照的亲戚？（下）

公元 1084 年，李清照出生。公元 1085 年，她的亲姥爷王珪去世。从时间上看，王珪应该见过李清照。但即使王珪见过李清照，李清照也未必记得，因为那时她还是不满周岁的婴儿。

按李清臣的《王文恭公珪神道碑》记载，王珪有五个儿子和四个女儿。大儿子王仲修，中了进士；二儿子王仲瑞，靠王珪恩荫当上小官；三儿子王仲嶷、四儿子王仲岏、五儿子王仲煜，在王珪去世时年纪尚幼。大女儿嫁给李格非，生下李清照；二女儿嫁给李格非在太学工作时的同事闾丘吁；三女儿嫁给一个名叫郑居中的人；四女儿在王珪去世时还未出嫁。

所以，王仲修、王仲瑞、王仲嶷、王仲岏等人，都是李清照的舅舅。又据宋人笔记《玉照新志》记载，王仲岏在宋钦宗即位后改名“王仲山”，将女儿嫁给了宋朝最著名的奸臣秦桧。王仲岏是李清照的舅舅，又是秦桧的岳父，所以秦桧是李清照的表姐夫或者表妹夫。再看年龄，秦桧生于 1090 年，比李清照小 6 岁，所以秦桧应该是李清照的表妹夫。

北宋末年，开封沦陷，被金兵占领。南宋初年，金兵不断南侵，当时李清照为躲避战火，辗转逃奔于江苏和浙江等地，而李清照的舅舅王仲嶷在江西做官。金兵打到江西，王仲嶷弃城投降。

因为舅舅降金，李清照也受到牵连，她和丈夫赵明诚陷入一场政治危机，靠捐献藏品才摆脱危机。不过这是后话，我们先说说李清照和赵明诚成婚前后的故事。

据李清照《金石录后序》记载，她 18 岁那年嫁给赵明诚，当时赵明诚正在开封太学读书，而赵明诚的父亲赵挺之正担任礼部侍郎，相当于文化部副部长。李清照为何会嫁给赵明诚呢？这又要从她父亲和赵明诚父亲的关系说起。

李清照的父亲李格非是山东人，赵明诚的父亲赵挺之也是山东人，李格非进入官场不久，就认识了赵挺之。两人的关系最初是这样的：李格非与苏东坡的学生晁补之是同榜进士，而晁补之的好友黄庭坚则是赵挺之的下属。李格非从山东郓城调任开封做官时，经过晁补之介绍，结识了黄庭坚，又经过黄庭坚介绍，结识了赵挺之。后来，赵挺之任礼部侍郎，李格非升任礼部员外郎，成了赵挺之的下属，两人既是上下级，又是同乡，儿女年龄又相近，自然就成了儿女亲家。

李格非出身于山东平民家庭，全靠科举考试改换门庭；赵挺之也没什么特殊背景，也是靠科举考试进入官场。但是，李格非性格方正，没有赵挺之城府深，在官场上没有赵挺之吃得开，更没有赵挺之升官快。宋哲宗即位后，赵挺之发觉皇帝有疏远苏东坡的迹象，就顺应时势，攻击苏东坡以及苏东坡的弟子。

赵挺之这样弹劾苏东坡和黄庭坚："苏轼专务引纳轻薄虚诞有如市井俳优之人，以在门下，取其浮浅之甚者，加以论荐。……二人轻薄无行，少有其比。……庭坚罪恶尤大。"说苏东坡聚敛小人，其中黄庭坚罪行尤

本节人物关系网

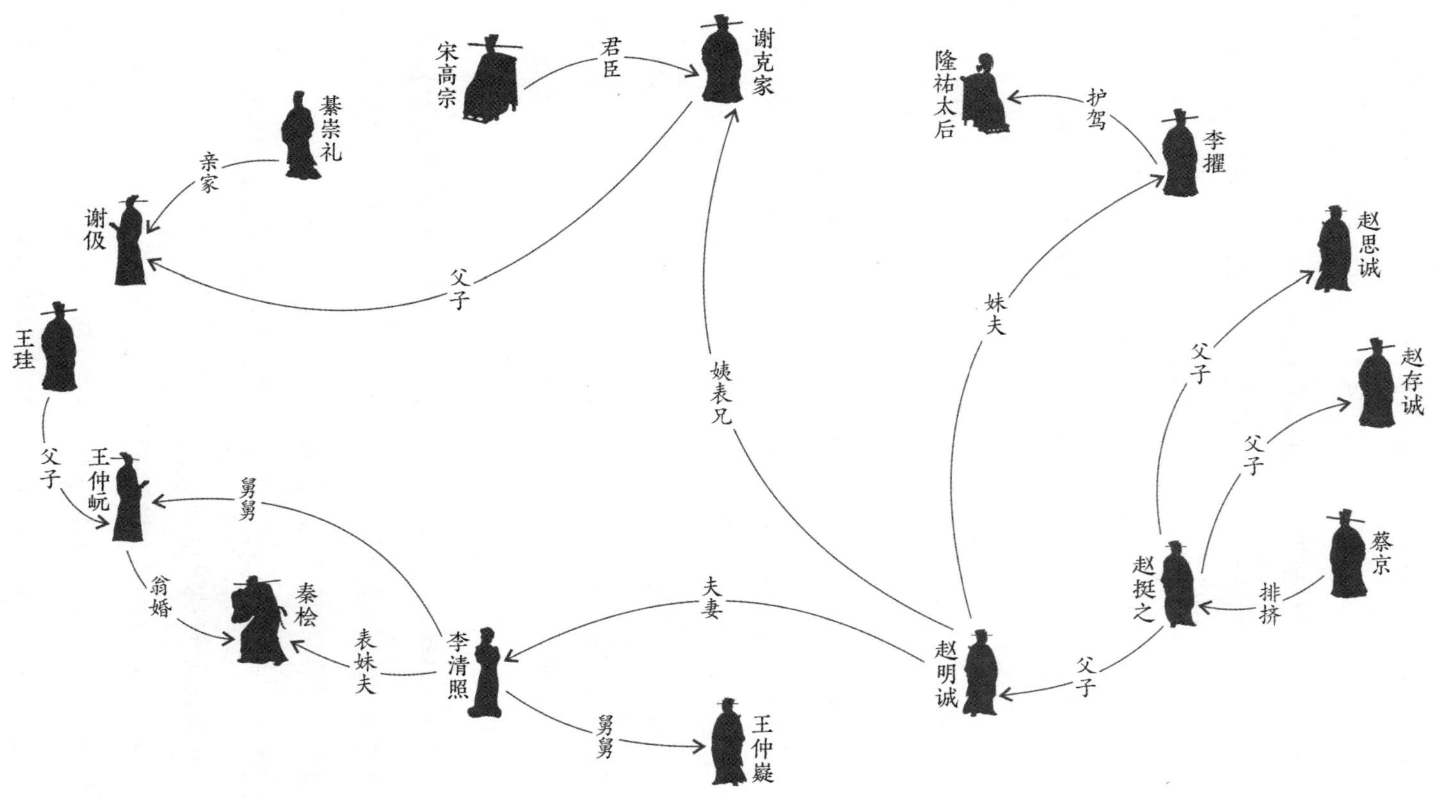

宋高宗
君臣
谢克家
隆祐太后
护驾
李擢
綦崇礼
亲家
谢伋
父子
妹夫
赵思诚
王珪
姨表兄
父子
赵存诚
父子
父子
王仲岏
舅舅
蔡京
翁婚
秦桧
夫妻
赵挺之
排挤
表妹夫
李清照
父子
赵明诚
舅舅
王仲嶷

其深重。

苏东坡则予以回击："挺之险毒，甚于李定。"赵挺之这个人啊，比当年"乌台诗案"时诬陷我的奸臣李定还要阴险毒辣。

苏东坡回击赵挺之，没有成功。赵挺之攻击苏东坡，却得到了皇帝的认可。宋哲宗一亲政，就将苏东坡再次流放。宋徽宗即位后，赵挺之已经成了副宰相，将黄庭坚流放到了广西。

李格非文章好，受到苏东坡的赏识，被列名于"苏门后四学士"。由于苏东坡不受待见，李格非也被贬官。李清照嫁给赵明诚的第二年，李格非被宋徽宗列入"元祐奸党"名单，并且被赶出朝廷，永远不许做京官。李清照希望公爹赵挺之施以援手，先后两次给赵挺之写诗，都没有得到回应。

李清照这两首诗都已经散佚，现存文献里只能找到两句，其中一句是"何况人间父子情"，另外一句是"炙手可热心可寒"。前一句是用亲情求告，希望赵挺之看在她与李格非父女关系的面子上，拉李格非一把；后一句是见赵挺之不理会，非常生气，讽刺公爹手握大权而心肠刚硬。在封建礼教禁锢人性的时代，儿媳敢于讽刺公爹，说明李清照是很有胆量的。但李清照或许不知道，制定"元祐奸党"名单是宋徽宗和权相蔡京的主意，并不是赵挺之的初心。当时赵挺之名列副相，却只能屈从于蔡京的淫威，就算他出面搭救亲家李格非，也起不到任何实际作用。

再后来，蔡京完全把持朝政，赵挺之作为潜在的竞争对手，又被蔡京排挤。1107 年，赵挺之在开封病逝，死后就被蔡京诬陷，其家属先被捉拿审问，后被赶出京城。那一年，李清照 24 岁，被迫与赵明诚回山东定居。

好在宋徽宗不想让蔡京一家独大，几年后念起赵挺之的功劳，又让赵挺之的几个儿子做了官。赵挺之有三个儿子：赵存诚，赵思诚，赵明诚。这三个儿子后来都做了大官。

北宋末年，赵明诚先后在莱州和淄州（今山东淄博）当知州（相当于市长）。南宋初年，赵明诚升任江东安抚使，兼江宁（即今江苏南京，原称“金陵”，后改称“江宁”，继而改称“建康”）知府，负责供应军饷和主持防务。赵明诚有文化，搞收藏、鉴定、历史研究都是一把好手，但他不是合格的领导干部。1129年，江宁城中闹兵变，赵明诚手握调兵权，却不敢平定叛乱，唯恐被乱兵攻进府衙。最终竟然让亲兵把他和李清照缒下城墙，半夜里偷偷溜走了。

弃城逃跑是最严重的渎职行为，赵明诚立即被罢官。大概在罢官前后，某书生带着一把玉壶请赵明诚鉴定，鉴定完就带着玉壶离开了。后来那书生投降金国，于是官场上纷纷传闻，说赵明诚里通外国，将玉壶送给了金国间谍。与此同时，李清照舅舅投降金国的消息也传到了朝廷耳朵里。赵明诚连续遭遇兵变、罢官和通敌传闻这三大变故，吓得卧床不起。幸亏李清照还能撑得住，将家中值钱的藏品收拾了一船，带上仆人去找朝中大臣，总算打通关节，获得了分辩的机会，赵明诚才没有锒铛入狱。

两个月后，赵明诚被宋高宗重新起用，派到湖州当知州，与李清照洒泪分别。还没到湖州任上，他就死于中暑和疟疾。那一年，李清照46岁。

安葬完赵明诚，李清照大病一场。她和赵明诚无儿无女，父亲李格非和公爹赵挺之都已去世，而金兵继续入侵，江南各地战火连绵。李清照只能带着藏品东躲西藏，直到她年近五旬时，宋金两国议和，战事暂时平息，才得以在浙江安居。

赵明诚不是合格的官员，也未必是合格的丈夫，但在文学、历史和收藏方面，却是李清照最重要的知己和靠山。赵明诚死后，为李清照提供帮助的那些朋友，其实都是赵明诚的亲戚。

比如，李清照带着大量藏品南渡，因为得到赵明诚妹夫李擢的帮助，才得以免遭乱兵和土匪抢劫。当时李擢是兵部侍郎，相当于国防部副部长，

正率领一支军队转战江西，为宋高宗的伯母隆祐太后保驾护航。

再比如，赵明诚死后，一些达官显贵觊觎他的藏品，有人出钱购买，有人强行去“借”。李清照孀居在家，独力难支，幸亏赵明诚的姨表兄谢克家出面，才拦住了这些觊觎者。当时谢克家官居兵部尚书，相当于国防部部长，也是宋高宗倚重的元老级大臣。

又比如，李清照 49 岁时改嫁张汝舟，婚后才知道张汝舟人品卑劣，还有家暴倾向，最后依靠赵明诚的远房亲戚綦崇礼帮忙，才得以跟张汝舟离婚。

宋人笔记《云麓漫钞》收录有李清照写给綦崇礼的求救信，大意说：“清照误听张汝舟花言巧语，错嫁此人，婚内百日，日日殴打，受他欺凌，无处申诉。您身为翰林学士、兵部侍郎、朝廷近臣，文笔华美，人品端方，希望您能念在亡夫是您亲戚的分儿上，帮我这个无依无靠的苦命女子脱离苦海。”

綦崇礼收到此信，向宋高宗进言，使张汝舟被流放，帮助李清照脱离了苦海。

綦崇礼到底是赵明诚的什么亲戚呢？原来綦崇礼与谢克家的儿子谢伋是亲家，綦崇礼的女儿嫁给了谢克家的孙子，而谢克家是赵明诚的姨表兄。换句话说，綦崇礼是李清照的前夫赵明诚的姨表兄的孙媳妇的爸爸，他帮助李清照摆脱了第二任丈夫张汝舟的魔掌。

假如李清照是男人

我是河南开封人，在开封本地的朋友相对多一些，其中有一哥们儿，搞房地产发了财，热心公益，想在开封搞一个宋词主题公园，还想在主题公园里搞一个“李清照纪念馆”。

您可能会质疑：李清照不是生在山东济南吗？不是嫁在山东青州吗？晚年不是定居在浙江金华吗？济南搞“李清照故居”，青州搞“李清照故居”，金华搞“李清照纪念堂”，这都说得过去，你们开封算怎么回事，凭什么跟李清照攀扯关系？

其实，李清照在开封也定居过。

前文《谁是李清照的亲戚？》提到过，李清照 6 岁那年，也就是宋哲宗元祐四年（1089），父亲李格非在京师开封租了一所小房，取名“有竹堂”。北宋文学家晁补之是李格非的好友，曾经去有竹堂参观，参观完还写过一篇《有竹堂记》。

有了房，家小就有了落脚之地，李格非请假回了趟山东老家，把李清照接到开封。从那时起，一直到公元1094年李格非被调去外地当通判（相当于副市长），他们父女始终住在开封，始终住在有竹堂里。

两年后，李格非重回开封当京官，李清照当然也要跟着回去。直到公元1101年，18岁的李清照出嫁，嫁给李格非的山东老乡赵挺之的儿子赵明诚，她才离开有竹堂，去赵明诚家里居住。

那时候赵明诚家也在开封。赵明诚是太学生，还没毕业，大半时间要在开封太学上课。赵明诚的父亲赵挺之是京官，官居礼部侍郎，必须守在开封，除非奉有出京视察的特旨。李清照的父亲李格非也是京官，此时官居礼部员外郎，相当于文化部的司局级干部。老公在开封上学，公爹在开封做官，父亲也在开封做官，李清照不在开封住，还能去哪儿住呢？

不过需要说明的是，李清照嫁给赵明诚的时候，赵明诚家在开封并未买房。不但李清照小两口没有婚房，就连公爹赵挺之都没有属于自己的住所。没错，赵挺之是大官，是礼部侍郎，可是在北宋时期，没有买房的文武官员实在太多了。南宋大儒朱熹说过："且如祖宗朝，百官都无屋住，虽宰执亦是赁屋。"[1]翻译成白话文就是说，在北宋一朝，大多数官员都没有买房，包括宰相和副相那个级别的大臣都是租房住。我们都熟悉北宋名臣寇准吧？做到参知政事，相当于副宰相，始终没有在开封买房，当时人们说"有官居鼎鼐，无地起楼台"，说的就是寇准虽官居高位，却没有私宅。

本来在探讨李清照定居开封的经历，结果扯到了宋朝官员购房政策，扯远了，赶紧收回来，继续说李清照。

李清照嫁到赵家，赵家没买婚房。但是不要紧，四年以后，也就是李清照22岁那年，赵挺之升任中书侍郎，成为宰相群体的一员。宋徽宗听

[1]《朱子语类》。

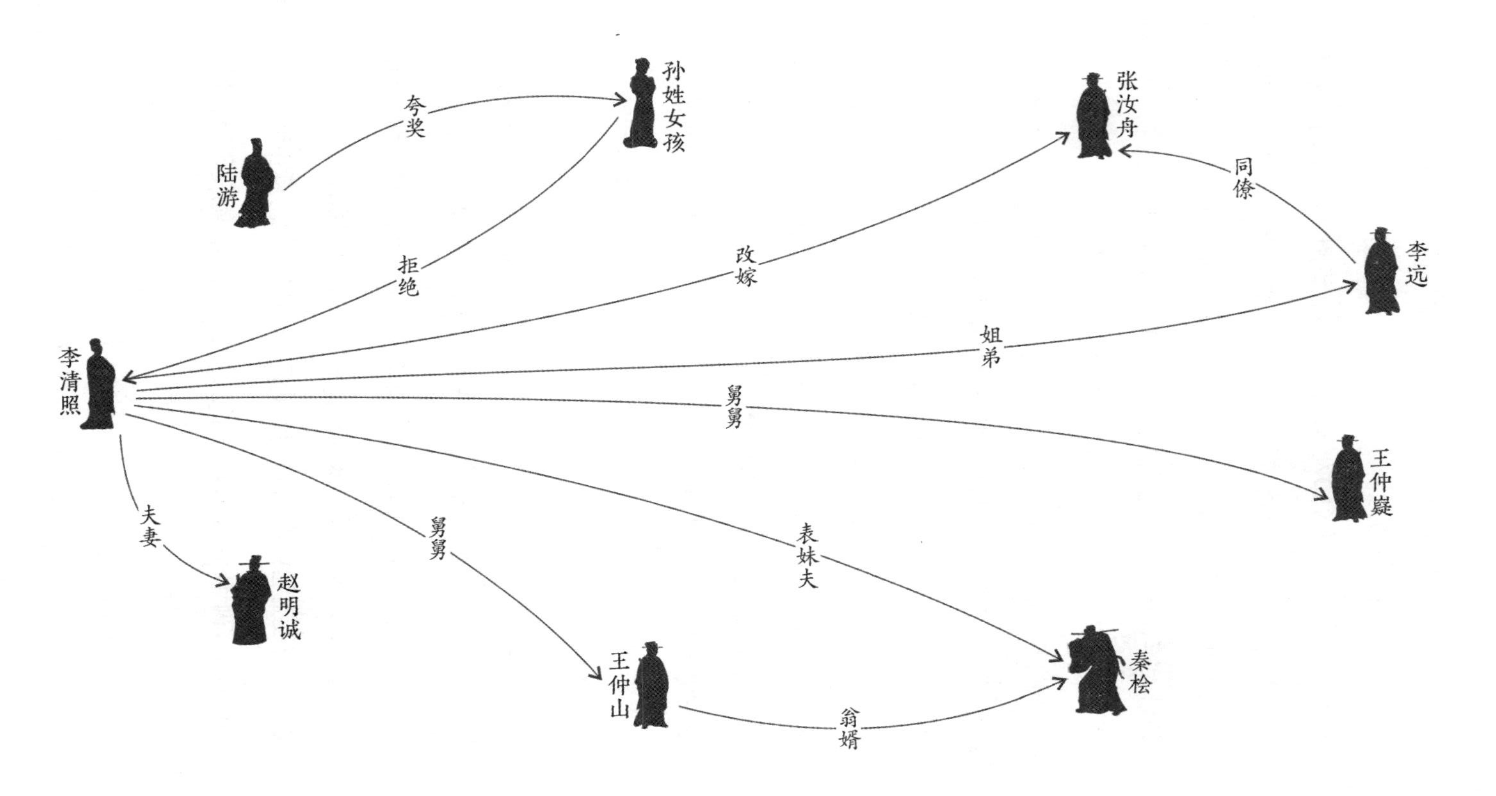

本节人物关系网

说赵挺之既没有买房也没有盖房，直接赏了他一所房。从此之后，李清照夫妇在开封终于不用再租房。

但是好景不长，公元1107年，也就是李清照24岁那年，公爹赵挺之病逝，他生前的政敌蔡京立马向宋徽宗打报告，说赵挺之生前事君不忠，并且还拿出了证据。宋徽宗相信了，派人查抄赵府，把李清照的两个婆家哥哥都关进大牢，不久又开恩释放，但不许他们继续留在开封。李清照只好跟着赵明诚离开京城，回山东青州定居。

现在我们不妨掰指头算一算：李清照是6岁进京，24岁离开的，她在开封住了大约17年，把最好的青春时光都留在了开封。

李清照的一生相当坎坷，而且是越往后越坎坷。

她父亲李格非是著名作家，写过《洛阳名园记》，文章好，诗词也很棒，所以她从小可以受到不错的家庭教育。但是她母亲早逝，大约在她5岁时就死了。8岁那年，她父亲又给她找了一个后妈。

她亲生母亲姓王，是神宗朝宰相王珪的大女儿；她后妈也姓王，是仁宗朝状元王拱辰的孙女。这个后妈比较厉害，有一回李格非生病，李格非的老师苏东坡想去探望，却不敢去，怕李格非续娶的这位新夫人拒客。苏东坡给李格非写信说："闻公数日不安，又恐甲嫂见骂，牵率冲冒之过。闻已渐安，不胜喜慰，得之亦安矣。大黄方录去，可常服也。"听说你前几天患病，我想去看看你，又恐怕你妻子骂我是不速之客。现在听说你痊愈了，我很开心，给你寄去一张药方，平日可以照方服用。

这位后妈有没有善待李清照呢？史料里不见记载。反正现存所有宋朝文献里都没有李清照怀念母亲的文字。生母死得早，她没印象；后妈跟她没感情，不值得她怀念。

除了"早年丧母"这一条缺憾以外，李清照的家庭背景和亲朋网络还是值得绝大多数人羡慕的：父亲有才，是东坡门生；公爹有权，生前做到宰相；老公精于收藏，是金石学家；前一个外祖父王珪是宰相，后一个外曾祖父王拱辰是状元；她婆家的大伯哥，也就是赵明诚的哥哥，曾经做到安抚使，相当于军区司令；她婆家的几个表哥，还有赵明诚的妹夫，有做到兵部侍郎的，有做到礼部尚书的，有做到参知政事的，个个都是高官。至于她本人，天资聪颖，文采出众，不但是整个古代中国最著名的女词人，而且在文玩收藏和棋牌游戏上也极有造诣，否则怎么写得出《金石录后序》和《打马图经》呢？

但是，李清照后半生也吃了亲朋网络和自身文采的亏。

您已经知道，李清照有一个最不光彩的亲戚——秦桧。秦桧娶妻王氏，该王氏是王仲山的女儿，王仲山是谁呢？就是李清照的舅舅。如此一来，李清照就成了秦桧的内表姐。

李清照还有个不光彩的亲戚，是她另一个舅舅王仲嶷。南宋初年，王仲嶷在江西做官，金兵一打到江西，他就投降了。不但投降，王仲嶷还帮着金兵搜刮金银。

李清照又有一个同父异母的弟弟，名叫李迒，南宋前期做到工部侍郎。李清照投奔这位弟弟，弟弟帮她牵线搭桥，让她改嫁给一个名叫张汝舟的小官。结局大家都知道，张汝舟人品低劣，跟李清照感情不和，两人闹离婚，官司打到宋高宗那里，李清照与张汝舟一起被关进大牢。

对李清照来说，第一任老公赵明诚其实也不是十分光彩。他们夫妻伉俪情深，这没错；赵明诚有才，也没错。但赵明诚在人品上至少有两个污点：第一，为了搞到心仪的文物，不惜巧取豪夺；第二，他在南京当市长（知江宁府）时，南京闹兵变，他不但不敢弹压，还偷偷逃走，结果丢了官。

李清照对赵明诚应该是不佩服的。据南宋笔记《癸辛杂识》记载，赵明诚丢官之前，李清照每逢大雪天气必登南京城墙，写出诗词让赵明诚唱和，赵明诚写不出来，见了李清照都想绕着走。

李清照对南宋君臣和当时的文坛新秀也是不佩服的。“生当作人杰，死亦为鬼雄。至今思项羽，不肯过江东。”她这首诗不是在歌颂项羽，而是在讽刺大宋君臣无能。49岁那年，她在杭州听说有人靠拍宋高宗的马屁中了状元，也忍不住写对联讽刺，讽刺新科进士尽在文辞末艺和揣摩皇帝心思上用功，丝毫不关心百姓疾苦。

但李清照不幸生在宋朝，不幸生在男权至上和君权至上的时代，她有才有识，却不能用自己的才识改变什么。为了躲过金兵，她甚至还要跟着宋高宗的御驾东奔西逃；为了保住藏品，到了节日她也要像其他命妇一样，恭恭敬敬地向皇帝献上一堆肉麻的贺词；为了能与张汝舟离婚，她还要写信向那些当权的亲戚求助……

陆游在《渭南文集》里记录了一件关于李清照的逸事。陆游说，李清照72岁那年，自知大限将至，想把毕生所学传给一个姓孙的15岁的女孩。结果呢？那女孩“谢不可，曰才藻非女子事”。更要命的是，陆游居然赞颂那个女孩有见识，做了最正确的选择。

于是李清照郁郁而终，终年73岁。